KB036821

농민시장의 사회학

미국 사례를 중심으로

농민시장의 사회학

미국 사례를 중심으로

지은이 | 김원동

초판 1쇄 발행 | 2017년 12월 15일

펴낸곳 | 도서출판 따비
펴낸이 | 박성경
편　집 | 신수진·차소영
디자인 | 이수정

출판등록 | 2009년 5월 4일 제2010-000256호
주소 | 서울시 마포구 월드컵로28길 6 (성산동, 3층)
전화 | 02-326-3897
팩스 | 02-337-3897
메일 | tabibooks@hotmail.com
인쇄·제본 영신사

값 20,000원
ISBN 978-89-98439-39-2 93330

이 책은 2014년 정부(교육부)의 재원으로 한국연구재단의 지원을 받아 수행된 연구이다(NRF-2014S1A6A4027385).

김원동 지음

농민시장의 사회학

미국 사례를 중심으로

| 차례 |

| 일러두기 |

- 지명과 인명 등은 외래어표기법을 따랐다.
- 인터뷰 대상자의 말을 인용한 문장 안에서 〔 〕에 넣은 말은 가독성을 높이기 위해 저자가 삽입한 것이다.
- 미국에서 농민시장은 farmers' market과 farmers market이 모두 사용되는데, 본문에서 시장 이름을 표기할 때는 해당 농민시장의 공식표기를 따랐다.
- 본문의 사진은 모두 저자가 직접 촬영한 것이다.

서문

사회적 불평등에 대한 관심과 미국 농민시장의 조우

저의 지인들은 제가 미국 농민시장에 관해 공부하고 있다고 말하면 흥미로워하면서도 다소 생뚱맞다는 느낌을 받는 것 같습니다. 그도 그럴 것이, 저의 주된 관심사가 정치사회학이나 사회계급론 또는 정보사회론 같은 분야임을 알기 때문입니다. 최근의 연구 주제와 평소의 관심 영역이 잘 맞아떨어지지 않는다는 것이겠지요. 특히 연구 대상이 한국이 아니라 미국인 것도 의외라고 여깁니다. 그래서 미국의 농민시장을 어떤 계기로 연구하게 되었는지, 여기서부터 얘기를 시작하려 합니다. 결론부터 말씀드리면, 저의 농민시장 연구는 사회적 불평등 문제와 미국 사회에 대한 궁금증이 우연한 기회에 미국의 농민시장을 만나면서 시작되었습니다.

그 결정적인 계기는, 2008년 안식년을 보내던 미국 포틀랜드주립대학교에서 접한 농민시장이었습니다. 캠퍼스의 잔디밭과 보도의 양쪽에 길게 늘어선 장터를 목격했던 것입니다. 알고 보니 매주 토요일 주기적으로 열리는 '포틀랜드주립대학교 농민시장Portland State University Farmers Market'이었습니다. 농민판매인farmer-vendors과 소비자 간의 활발한 거래, 시장통 여기저기서 담소를 즐기는 소비자, 장터 곳곳에서의 흥겨운 연주, 연주자 주변에서 신이 나 뛰어다니는 어린 아이, 미소를 머금고 이곳저곳을 오가며 장을 보는 젊은이, 형형색색의 과일과 채소 같은 다채로운 먹거리가 묘하게 어우러져 풍요롭고 평화로운 분위기를 발산하던 농민시장의 전경이 필자의 눈길을 강렬하게 사로잡았습니다. 이미 여러 해 전에도 미국의 농민시장에 몇 차례 가본 적이 있었지만 무심코 지나치곤 했습니다. 그때의 기억과 견주어보면, 이날의 느낌은 각별한 것이었습니다. 어느 날 갑자기 눈에 들어오기 시작한 미국 농민시장의 풍광이 필자의 농민시장 연구에 불을 지피는 시발점이 되었기 때문입니다. 이후 필자는 농민시장, 공동체지원농업 같은 대안농업에 대한 미국 현지조사를 지속적으로 추진했습니다.

농민시장이라는 주제는 뜻밖의 만남에서 얻었지만, 연구의 방향과 내용은 지금껏 가진 문제의식과 관심을 반영한 것이었습니다. 사회학을 공부하면서 언제나 뇌리를 맴돌던 물음은 사회적 불평등social inequality 문제였습니다. 몇 가지 들어보면 이런 것들입니다. 어떤 영역에서든 열심히 노력하면 기회는 모두에게 균등하게 주어지는 것일까? 열심히 같이 달려도 승자와 패자로, 혹은 촘촘한 서열 사다리의 그 어딘가에 등수로 분류되는 현실에서, 패자나 후순위 주자가 사람답게 살아가기 위해서는 무엇을 해야 할까? 전쟁터 같은 경쟁사회임에도 패자 부활전이 언제든 가능하다고 말하는 것은 무언가 이룬 사람이나 할 수 있는 과시적 발언은 아닐까? 어떤 제도와 문화가 구축되어야 경쟁의 대열에서 뒤처진 이들도 배제되지 않고 공동체의 구성원으로 함께 살아갈 수 있을까? 어떤 직업에 종사하든 생계를 위협받지 않고 자부심과 인간적 존엄성을 가지고 살 수 있는 사회의 구현이 현실적으로 가능할까? 한국 사회도 가정적 배경과 무관하게 공동체가 구성원들의 의식주와 교육, 가치와 이념의 선택을 책임지고 보장하는 그런 사회가 될 수 있을까? 우리 사회가 그간의 경제성장 과정에서 구조적 불이익을 강요당한 집단의 고통을 이제라도 인정하고 이들을 감싸 안으면서 미래를 함께 열어갈 수 있을까? 타인의 작은 과오나 과거를 비판하는 데 열중하기보다는 자신의 더 큰 실수에 예민하고 타인을 포용할 줄 아는 원숙하고 품격 있는 공동체의 형성은 불가능한 것일까? 가진 사람들이 사회적 혜택에 보은해야 할 사회적 책임을 인식하고 도움의 손길이 절실한 이들을 배려하는 사회의 건설은 이상에 불과한 것일까?

몇 가지만 열거해도 어느 것 하나 현실적으로 온전한 답변을 내놓기가 쉽지 않음을 감지할 수 있습니다. 이 모두가 여러 갈래로 벌어지고 고착화된 우리 사회의 불평등 구조와 밀접하게 연결되어 있기 때문입니다. 어느새 한꺼번에 풀기에는 너무나 복잡한 문제가 되고 말았습니다. 이런 상황에서, 객관적 진단과 해결책을 모색해야 할 연구자가 취할 수 있는 입장은 전략적 접근일 것입니다. 여기서 말하는 전략적 접근이란, 사회적 불평등의 시각을 기본적으로 유지하되 연구 대상을 좁혀서 구체화하고, 그에 관한 객관적 분석으로 불평등한 사회적 현실을 개선하는 데 일조할 대안을 하나씩 찾아가는 장기적인 접근법을 의미합니다. 또 여기에는, 이런 의식을 가진 개별 연구자들의 성과가 공동체적으로 축적되고, 정치적·정책적 가교를 매개로 반영되다 보면 뒤얽혀 있는 사회적 불평등의 고리들도 하나둘 풀릴 것이라는, 점진적이면서도 전망적인 문제의식이 담겨 있습니다. 그렇다면, 이 같은 관점에서 출발할 때 어떤 사회의 어떤 대상을 연구의 전략 지점으로 선택해야 할까요?

굳이 막스 베버Max Weber를 들먹이지 않더라도, 구체적인 연구 대상은 연구자의 주관적 관심에 따라 선택될 수밖에 없습니다. 사회적 불평등의 관점을 가지면서도 연구자의 관심에 따라 다양한 사회와 대상이 연구 주제로 선택될 수 있다는 것이지요. 또 그것은 개별 연구자의 일생에 걸친 학자적 삶의 긴 여정에서 여건과 세부 관심의 변화에 따라 얼마든지 새로운 것으로 바뀔 수도 있습니다. 앞서 자문한 의문들의 답을 찾아가는 과정에서 '미국의 농민시장'과 조우한 필자는 이를 전략적 연구 주제로 선택하기에 이르렀습니다. 사회적 불평등을 염두에 두고, 농민시장 분석의 주된 대상으로 농민판매인과 그 가족, 피고용 판매인, 소비자, 시장 관계자를 연구하기로 마음먹은 것입니다.

그러면, 이제 왜 하필 '미국' 사회이고, '농민시장'은 어떤 점에서 사회적 불평등 문제와 연관성이 있다는 것인지 얘기해야겠습니다. 미국을 선택한 첫 번째 이유는 자본주의적 발전의 선두에 서 있는 국가가 미국임을 부인할 수 없기 때문입니다. 한 저명한 정치학자의 말을 빌리자면, 오늘날 미국의 세계적 위상은 역사상 그 전례를 찾아볼 수 없을 정도의 강대국입니다. 전성기의 영제국Great Britain이나 로마Rome를 넘어서는 세계적인 패권 국가가 지금의 미국이라는 것입니다(Putnam, 2003: 252). 보는 이의 시각에 따라 다소 차이는 있겠지만, 미국이 세계 최고의 국력을 자랑하는 자본주의 국가라는 점에는 별다른 이견이 없을 듯합니다. 그렇다면, 미국은 그간의 자본주의적 경제성장 과정에서 어떤 혜택과 부작용을 경험했고, 또 어떤 개선책을 추진해왔을까요? 미국 사회의 변화 과정을 사회적 불평등의 관점에서 살펴보면, 어떤 특징을 발견할 수 있을까요? 혹시 미국 사회에서 한국 사회의 자본주의적 발전 과정에서 야기된 복합적인 사회적 불평등의 심화를 해결하거나 개선할 수 있는 단서를 찾을 수는 없을까요? 이런 문제의식을 갖고 필자는 미국 사회의 불평등 실태와 변화 추이를 약간의 기대감 속에 살펴보았습니다. 미국 사회의 소득 불평등 추이에 관한 객관적인 분석과 해석에 주목한 것은 이런 관점과 배경에서였습니다. 자세한 논의는 이 책의 본문에서 하겠지만, 전반적인 느낌의 무게는 희망과 가능성보다는 실망과 우려 쪽으로 확실하게 기울었습니다. 물론 농민시장 부문에서의 소감은 이와 많이 달랐습니다만, 이 또한 본문에서 자세히 다루기로 하고 여기서는 이 정도만 언급하려 합니다.

미국에 관심을 갖게 된 또 다른 이유는, 해방 이후 미국의 막강한 영향력으로 인해 우리 사회의 거의 모든 영역에 미국식 제도와 프로그램들이 이식되어 작동해왔기 때문입니다. 이런 관점에서 우리 사회의 불평등 현실을 바라볼 때 불길한 느낌이 드는 것은, 중산층의 붕괴나 계급 양극화가 이미 심각한 사회적 쟁점으로 급부상했다는 점입니다(김문조, 2008; 신광영, 2004; 유팔무·김원동·박경숙, 2005). 물론 이 같은 상황 전개가 전적으로 미국식 자본주의의 영향에서 기인했다고 단정하는 것은 조악한 해석일 것입니다. 하지만 이 맥락에서 자연스럽게 떠오르는 한 가지 물음이 있습니다. 그동안 한국 사회에 총체적으로 지대한 영향을 끼쳤던 미국 사회도 사회적 불평등 문제에서 우리와 비슷한 경로와 심각성을 경험했을까 하는 질문입니다. 만약 그랬다면 미국의 경과와 현실이 우리에게 시사해주는 것은 무엇일까 하는 또 다른 의문도 필자의 관심사입니다. 이와 관련된 의문들을 모두 해소하려는 시도나 욕심은 이 책의 주제를 훨씬 넘어섭니다. 따라서 여기서는 이 책의 주제와 관련해 미국의 경우에 사회적 불평등의 추이가 어떤 양상으로 전개되었고, 그것에 영향을 끼친 주된 요인은 무엇이었는지에 국한해 살펴보려 합니다. 분명한 것은, 한국 사회의 불평등 문제에 대한 필자의 지속적인 관심이 현대 한국 사회의 구조를 틀 지우는 데 결정적인 영향력을 행사한 미국 사회에 대한 궁금증과 항상 이어져 있었다는 점입니다.

미국 사회에 대한 필자의 관심에는, 한국의 산업화 과정에서 농민과 농업에 덧씌워진 사회적 불평등의 굴레를 탈피할 실마리를 미국 사례에서 발견할 수 있지 않을까 하는 좀 더 구체적인 기대감도 내포되어 있었습니다. 물론 농지나 농가의 규모, 영농 방식, 소득수준, 농가의 사회적 비중, 농업의 대내외적 환경 등에서 미국과 한국은 판이하게 다릅니다. 그래서 한국의 농업과 농민을 생각하면서 미국 사례를 쳐다봐야 건질 게 별로 없으리라고 생각하는 연구자들도 적지 않을 것입니다. 양적 지표로 비교해보면, 타당한 지적일 수 있습니다. 하지만 미국의 농민, 특히 적어도 대안농업에 종사하는 미국 소농의 영농 환경, 소득수준, 가치관, 삶의 방식 등을 점검하면 얘기는 많이 달라질 수 있습니다. 우리의 농민보다는 경작 규모나 소득수준, 공동체적 환경 등에서 이들의 처지가 양호한 것은 사실이지만, 도농 간의 상대적인 소득 격차, 영농의 어려움이라는 측면에서는 기본적으로 우리와 유사합니다. 이런 점에서 그저 남의 얘기만은 아니라는 것이고, 따라서 이에 관한 분석과 시사점을 도출해내려는 시도가 일정한 의미를 지닐 수 있다는 것입니다. 미국의 소규모 가족농이 농민시장을 찾는 중요한 이유 중의 하나는 농민시장이 영농의 지속성을 뒷받침하는 판로가 되기 때문입니다. 농가 생존 전략의 측면이 배어 있다는 것이지요. 물론 이들이 농민시장의 판매인으로 참여하는 것이 경제적 이유 때문만은 아닙니다. 이에 관한 자세한 논의도 본문에서 할 것입니다.

다시 하던 얘기로 되돌아가면, 미국의 농민시장과 농민에 관한 필자의 초점은 한국 사회의 경제성장 과정에서 저곡가 정책의 담지자라는 역할을 강요받아온 우리 농민과 농업의 운명, 그리고 오늘의 현실에 대한 관심과 맞닿아 있습니다. 주지하다시피, 한국 사회에서 자본주의적 산업화는 농업 이외 부문에서 새로운 직종들을 양산해왔고, 도시화와 맞물려 농업노동력이 산업노동력으로 빠르게 전환되었습니다. 한국의 농민이 산업화 과정에서 도시 저임금노동자들의 생계유지에 필요한 저렴한 농산물 공급자라는 역할을 감내할 수밖에 없었다는 점은 이미 오래전에 우리의 상식이 되었습니다. 도농 간의 소득 격차가 확대되면서 젊은이가 떠나버린 농촌은 농업인구의 과소화와 고령화로 인한 가족해체, 영농 후계자의 단절을 우려할 정도로 피폐해졌고, 먹거리 자급률은 20퍼센트대까지 추락했습니다. 물론 이런 일련의 구조적 위기 상황을 조성하고 악화시킨 원인 중에 '지구화globalization'와 '초국적 농식품 복합체transnational agri-food conglomerate'의 농업 시장에 대한 개방 압력도 빼놓을 수 없습니다(김철규·김태헌 외, 2012; 김원동, 2012b). 우리 농민과 농업이 극단적인 구조적 위기상황으로 끝없이 내몰린 데에는 이런 국내외적 요인들의 영향이 컸습니다. 이 같은 산업화의 현대사적 과정에서 틀 지워진 한국의 농업과 농민의 처지를 되짚어보면서 더욱 안타깝고 비관적일 수밖에 없었던 것은 우리의 현실 여건 속에서는 좀처럼 이렇다 할 출구를 발견할 수 없었기 때문입니다. 사회적 불평등의 관점에서 어렴풋하게나마 미국의 농민이나 농업 사례에 관심을 가지게 된 이면에는 이런 배경이 있었습니다.

이번 저술 작업에서는 농민시장을 중심으로 농민, 사회적 불평등, 공동체, 사회적인 것 같은 복합적인 차원의 문제가 갖는 상호 연관성을 그간의 선행연구들을 토대로 좀 더 심도 있게 살펴보려 합니다. 그간의 연구를 추동해온 필자의 주된 문제의식은 미국의 농민시장이 미국 사회의 불평등 문제를 풀어가는 하나의 작은 실마리가 될 수 있는지, 농민시장이 농민, 소비자, 공동체에서 어떤 의미를 가지며, 또 어떤 사회적 기능을 수행하는지에 관한 것이었습니다. 다시 말해, 농민시장에서의 거래에 내재된 사회경제적 기능과 사회적 불평등의 완화를 위한 시사점들을 여러 측면에서 탐색해온 것입니다. 필자는 최근 몇 년간 이에 대한 관심을 1년 단위의 연구과제 형태로 진행해왔습니다. 이제는 후속 연구의 기반을 마련한다는 차원에서도 그간의 조사 결과들을 전체적으로 재분석하고, 종합적인 중간 점검을 시도할 시점이라고 생각했습니다. 이 저술은 이런 필요성에서 연유한 것입니다.

책의 구성과 자료

이 책은 서문과 3부 11개의 장으로 되어 있습니다.

제1부는 미국 사회의 불평등과 농민시장의 관계를 다루는 2개의 장으로 구성했습니다.

1장에서는 미국 사회의 불평등을 소득 불평등에 초점을 두고 그 추이와 실태를 살펴보려 합니다. 이어서 소득 불평등의 특징적 추세와 그 원인들을 분석하고, 그것의 정치사회학적 함의를 짚어볼 것입니다. 미국 사회의 불평등 문제에 관한 진단과 대안에는 공공사회학적 문제의식이 내재해 있다는 점도 논의해보고자 합니다. 이 같은 시각이 사회학뿐만 아니라 경제학, 정치학에서도 줄곧 강조되어왔음을 확인하게 될 것입니다. 또 그런 관점에서 이 책에서 다루고자 하는 농민시장과의 연계성에 관해 생각해보려 합니다. 결국 달리 표현하면, 1장은 미국의 농민시장에 접근하는 필자의 기본적인 문제의식과 관점에 관한 논의라고 할 수 있습니다.

2장에서는 사회적 불평등의 관점에서 미국의 농민시장을 이해할 때 알아두어야 할 몇 가지 주요 사항을 검토하고자 합니다. 미국 농민시장을 둘러싸고 있는 거시적·구조적 배경과 그 현실을 선별적으로 짚어보려는 것입니다. 이것은 세부 주제에 해당하는 나무들을 보기에 앞서, 전체 주제 격인 숲의 주요 지형을 파악하려는 시도라고 할 수 있습니다. 이런 작업에 관심을 기울이는 이유는, 이 연구가 기본적으로 농민시장의 사례 분석에 기초한 것이기 때문입니다. 다시 말해, 미시적인 사례 분석에 초점을 둘 때 자칫 잘못하면 농민시장의 전반적인 흐름이나 거시적인 정책적 배경 등을 소홀히 할 수 있음을 경계함으로써 이 연구의 객관성을 보강하려는 것입니다. 여기서는 미국 농민시장의 개념과 성장 추이, 소비자 직거래 현황, 미국 농무부의 주요 먹거리 프로그램, 슈퍼마켓의 성장과 변화 과정, 슈퍼마켓과 먹거리사막의 관계, 먹거리사막과 저소득층, 미국인의 일반적인 먹거리 구매 양식, 유기농 같은 세부 주제들이 농민시장과의 연계성 속에서 다루어질 것입니다. 또한 2장의 말미에서는 농민시장에 내재해 있는 특징을 '배태성embeddedness'의 개념으로 포착해보려 합니다. 칼 폴라니(Karl Polanyi, 2009)와 마크 그라노베터(Mark Granovetter, 2012) 같은 연구자들로부터 비롯된 개념이지만 농민시장의 사회학적 이해에도 유용하게 활용될 수 있다고 보기 때문입니다.

제2부는 미국의 농민시장 사례들을 하나씩 장별로 분석한 7개의 장으로 짰습니다. 각각의 사례는 필자가 2011년부터 2014년까지 매년 한 차례씩 현지 면접조사를 한 곳들입니다. 페리 플라자 농민시장(3장), 도시의 심장 농민시장(4장), 알레머니 농민시장(5장), 레인 카운티 농민시장(6장), 스프라우트 농민시장(7장), 포틀랜드주립대학교 농민시장(8장), 피플스 농민시장(9장), 이렇게 7개의 농민시장이 이번 연구의 사례분석

대상입니다. 물론 필자는 일련의 조사 기간 중에 위의 7개 농민시장 외에도 포틀랜드와 그 인근 지역에서 열리는 힐즈데일 농민시장Hillsdale Farmers' Market, 할리우드 농민시장Hollywood Farmers' Market, 로이드 농민시장Lloyd Farmers' Market, 오리건 보건대학교 농민시장Oregon Health & Science University Farmers' Market, OHSU Farmers' Market 등을 둘러보면서 별도의 조사를 병행했습니다. 하지만 이번 분석에서는 사례로 선정한 농민시장과 지역적으로 인접해 있어 다소 중첩되는 곳, 방문은 했지만 조사 대상자가 너무 적었던 곳, 또는 시장의 유형이 기존 조사 대상과 흡사한 곳은 제외했습니다. 이렇게 해서 필자가 방문했던 10여 개의 농민시장 중 7곳이 최종 분석 대상으로 선정된 것입니다.

한 가지 더 짚어보아야 할 점은, 저술 작업을 마무리하는 2017년 현재의 시점에서, 각 농민시장의 자료들이 길게는 6년에서 짧게는 3년 전에 수집된 것들이라는 사실입니다. 따라서 최근의 내용까지 포괄하려면 어떤 식으로든 그간의 변화를 반영할 수 있는 추가 작업이 필요했습니다. 필자는 그 방법으로 개별 농민시장 웹사이트에 소개된 최근까지의 내용을 최대한 포함시켜 분석, 종합하는 방법을 택했습니다. 이런 방식의 활용을 통해 이번 연구가 '현재성'을 갖출 수 있고, 심층적인 후속연구를 위한 출발점도 될 수 있으리라고 보았기 때문입니다.

제3부에서는 미국 농민시장의 현실과 사회학적 함의, 과제 그리고 미국 농민시장 연구가 한국 사회에 주는 메시지를 10장과 11장에 배치했습니다.

저술을 매듭짓는 단계에서 제3부를 하나의 장으로 할지, 아니면 2개의 장으로 나누어 서술할지를 놓고 고심했습니다. 한국의 농민시장 연구 성과들을 점검하면서 미국 농민시장에 대한 필자의 분석 결과를 토대로 양자를 비교하며 함의를 찾아내는 별도의 장을 설정하는 게 나을

지 여부를 고민한 것입니다. 필자가 미국 농민시장을 연구한 저변에는 이를 통해 종국적으로 한국의 농민시장 육성에 도움이 될 모종의 시사점들을 찾아 활용해보려는 목적의식이 깔려 있었기 때문입니다. 생각을 거듭한 끝에, 이 저술의 주된 분석이 미국 농민시장 그 자체에 맞추어져 있고 실제로 한국 사례를 적극 검토한 것은 아니라는 점에서 한국에 관한 논의는 이번 연구의 초점을 흐리게 하거나 논지의 비약이 될 수 있겠다고 판단했습니다. 그래서 한국과 연관된 부분은 추후 별도의 저술이나 논문에서 본격적으로 검토하기로 하고, 제3부에서도 미국의 농민시장에 초점을 맞추기로 생각을 정리했습니다. 그럼에도, 한국 농민시장에 관한 후속연구를 추진할 징검다리를 마련한다는 의미에서 이번에 진행한 미국 농민시장 연구가 한국 사회에 주는 핵심 메시지 정도는 짚어볼 필요가 있습니다. 제3부를 2개의 장으로 꾸리되 한국 사례와 연관된 내용을 마지막 11장에서의 두 번째 소주제로 비중을 축소해 간략하게 다루기로 한 데에는 이런 고민과 과정이 있었습니다.

이번 저술 작업에서는 아래와 같은 여러 자료를 동시에 활용했습니다.

첫째, 미국 농무부United States Department of Agriculture, USDA를 비롯한 정부와 관련 기관, 연구자 등이 생산한 다양한 통계, 그림 같은 자료들입니다. 필자는 주로 관련 기관들의 웹사이트, 연구보고서, 논문 등에서 각종 자료들을 찾아내 정리, 이용하고자 했습니다. 복잡한 것은 가능한 한 간명하게 재구성해 제시함으로써 독자의 이해를 돕고자 했습니다. 또 자료들을 편집할 때에는 독자가 최근 동향을 파악할 수 있게 입수 가능한 범위 내에서는 최대한 현 시점에 가까운 자료를 포함하려고 애를 썼습니다. 물론 자료에 따라서는 2017년 전후 시기까지 조사가 이루어지지 않은 것이 많았기 때문에, 그런 경우에는 부득불 구할 수 있는 것만 가지고 작업했습니다.

둘째, 이번 연구의 분석 대상 중 핵심은 2011년부터 2014년까지 필자가 수행한 미국 농민시장 현지에서의 면접조사 자료입니다. 한국연구재단의 지원을 받아 이루어진 일련의 미국 농민시장의 조사 자료들에 대한 분석 결과는 그동안 4편의 단독 연구논문으로 발표한 바 있습니다(김원동, 2011, 2014a, 2014b, 2016). 이번 저술에서는 그간의 조사 자료들 중 필자의 기존 논문에서 충분히 검토하지 못한 부분을 중심으로 재분석했습니다. 이와 함께, 당시에 조사는 했지만 주된 연구 대상이 아니었던 터라 묵혀두었던 자료들을 추가로 분석했습니다. 앞서 언급했듯이, 필자는 현지 조사를 갈 때마다 주된 연구 대상으로 설정한 농민시장뿐만 아니라 관심을 갖고 있었던 다른 농민시장을 별도로 방문해 틈틈이 간단한 조사를 실시한 바 있습니다. 분석하지 못한 채 지금껏 보관되어 있던 것들은 이런 자료들입니다.

셋째, 미국의 농민시장들을 방문하면서 필자가 현장에서 보고 느낀 점들을 정리한 자료입니다. 이것은 일종의 참여관찰에 의한 자료라고 할 수 있습니다. 주관성이 가미될 수밖에 없다는 점에서 한계도 있지만, 현장을 직접 방문하지 않고는 얻을 수 없다는 점에서 소중한 자료라고 생각합니다. 따라서 개별 농민시장을 분석하는 2부의 각 장에서 적절히 활용했습니다. 물론 분석의 객관성을 최대한 확보한다는 차원에서, 이번 연구에서도 중점은 면접조사 자료들에 두고 필자의 참여관찰에 근거한 논의는 최소화했습니다.

넷째, 미국 농민시장 현지조사 과정에서 필자가 촬영한 사진 자료들입니다. 농민시장 홈페이지에도 대개 현장의 모습을 담은 사진이 많이 소개되어 있습니다. 하지만 필자가 농민시장을 방문하면서 직접 찍은 사진들을 개별 농민시장의 사례 분석에서 활용하는 것은 적어도 필자에게는 특별한 의미를 지닙니다. 〈어린 왕자〉의 '꽃'을 연상한다면 말이지요. 이런 시각적 자료는 농민시장의 웹사이트에 소개된 기존의 사진들이나 필자가 본문에서 서술한 내용들과 어우러져 독자에게도 농민시장의 현장을 이해하는 데 도움을 줄 것으로 기대합니다. 이런 생각으로 필자가 촬영한 사진들 중 일부를 선별해 해당 농민시장을 소개하는 곳에 적절히 배치했습니다.

다섯째, 미국 농민시장의 홈페이지를 비롯한 웹사이트에 소개된 자료들입니다. 이미 언급한 것처럼, 이번 연구의 주된 분석 대상은 2011년부터 2014년 사이에 주로 개별 농민시장에서 실시한 면접조사 자료들이라 2017년의 현 시점에서 본다면 각각의 조사 시점 이후에 변화된 내용은 빠져 있습니다. 이런 점을 고려해, 이번 연구에서는 해당 농민시장 각각에 대해 최종 집필 시점인 2017년 4월에서 7월 무렵까지 홈페이지에 소개된 내용들을 점검했습니다. 필자의 현지조사 시점 이후로 도입된 새로운 프로그램이나 변경된 내용을 포함시키기 위해서였습니다. 이것과 또 다른 새로운 통계 자료나 경험적·이론적 연구 성과들을 접목함으로써 미국 농민시장에서 발생한 최근까지의 동향을 현장감 있게 이해할 수 있도록 신경을 썼습니다.

이 책은 2014년 정부(교육부)의 재원으로 한국연구재단의 지원을 받아 수행된 연구(NRF-2014S1A6A4027385)의 최종 성과물입니다. 이 책을 출간할 수 있게 그동안 재정적 지원을 해준 한국연구재단에 먼저 깊이 감사드립니다. 한국연구재단은 2011년부터 2014년까지 4년간 해마다 중견 연구자 연구비를 제공해주었을 뿐 아니라 2014년부터 2016년까지 3년에 걸쳐 이 저서의 출판에 필요한 연구비를 지원해주었습니다. 그러고 보면, 이 책은 한국연구재단으로부터 받은 7년간의 후원 성과를 정리한 것입니다. 재단의 후덕한 지원에 비해 부족한 점이 많아 한편으로는 송구스럽습니다. 한국연구재단은 올해 하반기부터 향후 3년간 진행할 필자의 후속연구 계획에 대한 지원을 또다시 확정해 주었습니다. 이 연구들을 통해 그간의 미진한 점들을 계속 가다듬고 메워가겠습니다.

이번 저서에서는 기존에 발표한 논문들에서 활용한 현지조사 결과들도 분석 대상으로 삼았지만, 이전에 충분히 논의하지 못했던 항목들을 중심으로 논지를 전개하고자 했습니다. 이는 이전의 연구 성과들과의 중복을 최대한 줄임으로써 이번 저술 작업과 이전의 논문들이 미국의 농민시장을 이해하는 과정에서 상호 보완성을 가질 수 있도록 하기 위해서였습니다.

그동안 현지조사를 하면서 필자는 주변의 많은 지인과 익명의 피면접자들로부터 큰 도움을 받았습니다. 최소한 이들에 대한 고마움은 여기에 기록해두어야 할 것 같습니다. 농민시장과 농장에서 낯선 외국인의 조사 요청에 기꺼이 응해준 농민, 판매인, 소비자, 농민시장 관계자들께 감사드립니다. 한국에서 우리말로 된 이 책의 출간 사실 자체도 모르겠지만, 이들의 호의와 협조가 없었더라면 필자의 그간의 작업은 계획에 머물고 말았을지도 모릅니다.

힘든 녹취 풀이 작업을 도맡아준 김율아 양, 녹취 작업을 맡아주었을 뿐 아니라 조사 현장에도 기꺼이 동행해준 리처드 리Richard Lee와 제인 김Jane J. Kim, 아빠의 통역봉사자로 수고한 세현, 세인, 그리고 아내에게도 고마움을 전합니다. 현지조사 과정에서 생긴 각종 문제에 도움과 조언을 아끼지 않았던 이장춘·이영주 부부, 이봉훈·이현복 부부,

남윤승·장유라 부부, 조범진·조명자 부부, 전진만·이영숙 부부, 이연우·김남순 부부로부터 받은 따뜻한 배려도 잊을 수 없습니다. 고맙습니다. 이 책의 출판을 흔쾌히 수락해준 도서출판 따비의 박성경 대표와 용어에서부터 문맥에 이르기까지 어색하거나 간과한 부분들을 예리하게 포착해 조언해주고 세심하게 다듬어준 신수진 편집장에게도 감사드립니다.

자식의 작은 성과에도 언제나 기뻐하시던 어머님 생각이 간절합니다. 필자가 연구년을 마치고 돌아오던 지난해 2월 입원하셨다 퇴원하지 못한 채 소천하신 어머님 영전에 이 책을 바칩니다.

2017년을 마무리하며

김원동

제1부

미국 사회의 불평등과 농민시장

가벼운 여행에서부터 외국어 공부, 유학, 무역, 안보, 교육, 정치, 경제, 문화, 종교 등에 이르기까지 분야를 막론하고 우리와의 연관성의 강도나 깊이에 있어 대개 제일 먼저 떠올리게 되는 국가는 미국이다. 한국인에게 있어 좋든 싫든 가장 익숙한 국가가 미국인 것도 이런 총체적인 연계성 또는 유사성 때문일 것이다.

그러면 사회적 불평등, 특히 소득 불평등의 측면에서 미국은 어떤 양상을 보여왔을까? 단적으로 표현하면, 1980년대 이후로 미국 사회에서는 소득 불평등의 급속한 심화 경향을 확인할 수 있고, 이는 우리에게도 경종을 울려준다는 것이다. 소득 불평등의 전개 과정 속에서 '아메리칸 드림'의 허상을 적나라하게 엿볼 수 있기 때문이다. 이런 문제의식을 갖고, 1장에서는 먼저 미국 사회의 소득 불평등 추이를 경제협력개발기구Organization for Economic Cooperation and Development(이하 OECD) 회원국을 비롯한 주요 국가들과 비교하면서 그 실태와 심각성을 점검하고자 한다. 이어서 미국 사회의 소득 불평등을 심화시켜온 경제적·정치사회적 요인들을 짚어보려 한다. 1장의 말미에서는 미국 사회의 소득 불평등 문제와 농민시장이 어떤 맥락에서 연관성이 있고, 또 어떤 의미에서 공공사회학적 관점과 내용을 담고 있는지를 살펴볼 것이다.

서문에서도 언급했듯이, 이 책의 주된 연구 목적은 미국 농민시장에 내포되어 있는 복합적인 의미들을 사회학적 관점에서 이해하는 것이다. 주요 연구 대상은 제2부에서 다룰 7개의 미국 농민시장이다. 사례연구를 통해 미국 농민시장의 변화와 특징을 구체적으로 점검하기 위해 채택한 접근 방법이다. 사례연구는 현상에 대한 구체적 분석을 강점으로 내세울 수 있지만 그에 따른 약점 또한 지닐 수밖에 없다. 따라서 사례연구로서의 강점을 살리되 그에 수반되는 약점을 보완하기 위해 마련한 지면이 2장이다. 이 책의 구성 틀로 보자면, 미국 농민시장을 구체적으로 분석하기에 앞서, 주요 관련 항목을 개괄적으로 짚어보는 일종의 예비적 탐색이라고 할 수 있다. 여기서 점검한 내용들과의 접목과 종합이 이루어져야 각 사례가 갖는 의미도 거시적인 흐름과의 연계성 속에서 좀 더 객관적으로 파악될 수 있다.

2장에서는 먼저 농민시장의 개념, 성장 추이, 오늘의 모습 등을 전반적으로 논의하고자 한다. 농민시장이 소비자 직거래시장이라는 점을 고려해 미국 농가 중 직거래 농가, 직거래 판매액의 비중 등에 관해서도 살펴보려 한다. 미국 농무부가 농민시장을 어떻게 봐왔는지, 또 어떤 정책들을 시행해왔는지도 주요 점검 대목인데, 미국 농민시장의 변화와 성장에 영향을 끼칠 수 있는 기관이기 때문이다. 특히 '미국 농무부 농민시장USDA Farmers Market'과 '영양 지원 프로그램Nutrition Assistance Programs'에 초점을 맞추려 한다. 대다수의 미국인이 장을 보는 장소인 슈퍼마켓의 개념과 실태, 슈퍼마켓과 먹거리사막의 관계, 슈퍼마켓과 먹거리사막의 관계에서 농민시장이 갖는 의미 등도 검토하고자 한다. 이 또한 미국 농민시장의 심층적 이해를 위한 토대가 될 수 있다고 보기 때문이다. 끝으로, 유기농과 농민시장의 배태성에 관해 다루려 한다. 농민시장의 먹거리, 특히 유기농 먹거리를 다른 식료잡화점에서 판매하는 먹거리와 비교할 때 드러나는 생산자와 소비자 모두의 일반적인 인식을 통해 농민시장의 중요한 특징인 배태성에 관해 생각해보려는 것이다.

1장

미국의 사회적 불평등, 먹거리 그리고 농민시장

미국 사회의 소득 불평등 추이와 실태

먼저, 미국 사회의 소득 불평등income inequality에 관한 OECD 보고서의 조사 결과(2014)를 집중적으로 검토하고자 한다. 이 보고서는 미국의 소득 불평등에 초점을 맞추면서도, 이를 OECD 주요 회원국들의 소득 불평등 변화 추이와 비교해가며 폭넓게 이해할 수 있는 분석 자료들을 제공하고 있다.

이 보고서는 미국 사회의 소득 불평등이 다른 회원국들보다 대체로 심한 편이고, 특히 최상위 소득계층과 최하위 소득계층 간의 격차는 더 크다고 지적한다. 지니계수[1]로 가처분소득의 불평등 수준을 측정한 결과, 미국은 OECD 34개 회원국 가운데 4위였고, 최상위 10퍼센트와

그림 1-1 OECD 회원국들의 소득 불평등 수준 비교

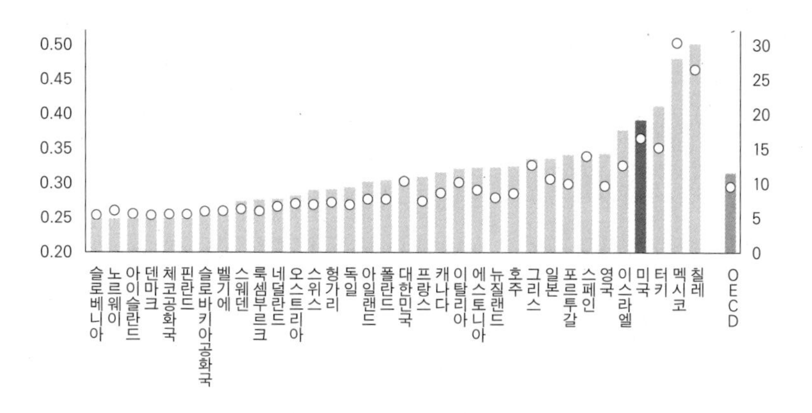

주1: 왼쪽의 숫자는 지니계수이고, 막대 그림은 회원 국가별 지니계수를 의미.
주2: 오른쪽의 숫자는 최상위 10퍼센트 부유층의 평균소득을 최하위 10퍼센트 빈곤층의 평균소득과 비교했을 때의 비율이고, 동그라미는 회원국별로 측정한 실제 비율을 의미.
주3: 국가별 자료의 해당 연도에는 차이가 있는데, 일본 2009년, 벨기에 2010년, 호주·핀란드·헝가리·한국·멕시코·네덜란드·미국은 2012년, 그리고 나머지 국가는 모두 2011년 자료.
자료: OECD(2014: 2)에서 발췌.

최하위 10퍼센트 집단의 평균소득 백분율을 기준 지표로 비교했을 때는 3위로 나타났기 때문이다. 좀 더 구체적으로 예시하면, 미국의 소득 최상위 10퍼센트 집단은 최하위 10퍼센트 집단보다 평균소득이 무려 16배나 많다. OECD 회원국들 평균이 9.6배인 점을 감안하면, 이는 매우 심각한 차이라고 하지 않을 수 없다(OECD, 2014: 1-2; 〈그림 1-1〉 참조).

이 같은 문제의 심각성은 현 시점의 불평등이 일시적 현상이 아니라 장기간에 걸쳐 진행된 소득 불평등의 결과라는 데 있다(OECD, 2014: 2). OECD 주요 회원국들의 소득 불평등 추이와 견주어 살펴본 미국의 소득 불평등 추이가 이 점을 확인해준다. 프랑스가 예외적으로 1990년대 중후반까지 감소세를 보이다 다시 증가세로 돌아섰다. 하지만 〈그림

그림 1-2 지니계수로 본 미국, 영국, 캐나다, 프랑스, 독일, 및 OECD 일부 회원국의 소득 불평등 추이(1985-2012)

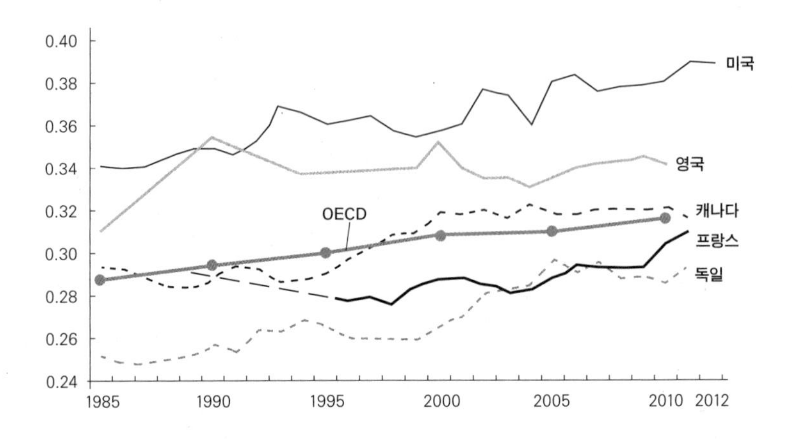

주: 제목에 언급된 'OECD 일부 회원국'이란, 해당 비교 시점에서 자료 입수가 모두 가능했던 캐나다, 덴마크, 프랑스, 독일, 이스라엘, 이탈리아, 네덜란드, 뉴질랜드, 스페인, 스웨덴, 영국, 미국 등을 말하며, 그림 속의 OECD 선은 이들 12개국의 소득에 가중치를 부여하지 않고 평균을 낸 것임. 이 중 2011년과 2012년 자료는 잠정적 통계수치임.
자료: OECD(2014: 3)에서 발췌.

1-2〉는 지난 약 30년간 OECD의 주요 회원국에서 불평등이 대체로 커졌음을 보여준다. 특히, OECD의 여러 회원국에 비해 비교 첫 시점인 1985년부터 소득 불평등이 컸던 미국은, 다소의 시기별 굴곡이 있었지만 최근까지 소득 불평등이 지속적으로 증가했을 뿐만 아니라 다른 국가들에 비해 절대적·상대적 수준 모두에서 불평등의 폭과 정도가 심화되었음을 알 수 있다(OECD, 2014: 2-3; 〈그림 1-2〉).

한 가지 더 분명하게 인지해야 할 점은, 이런 현상이 이전부터 이어진 것이 아니라 최근 30여 년 사이에 나타났다는 사실이다. 미국 최상위 1퍼센트 부유층에 초점을 맞춘 또 다른 경험적 연구(Volscho & Kelly, 2012)에서 드러난 최상위 소득계층의 소득점유율 변화 추이는 이 점의 중요성에 주목하게 한다. 이 연구는 미국인의 전체 소득 중에

그림 1-3 미국 최상위 1퍼센트 부유층의 소득점유율 변화 추이(1913-2008)

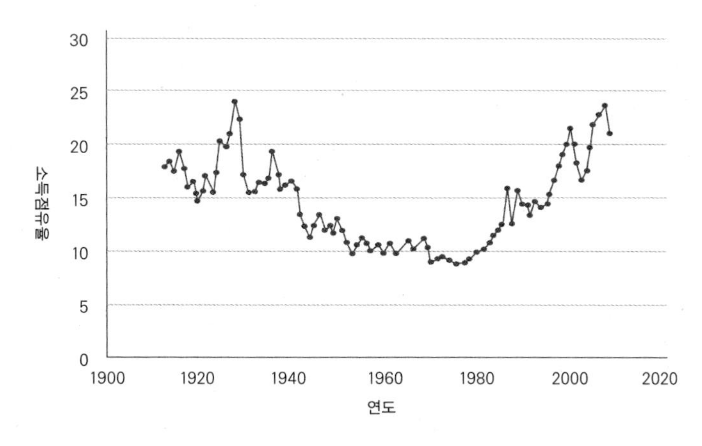

자료: Volscho & Kelly(2012: 680)

서 최상위 1퍼센트 부유층이 차지하는 소득 비중이 지난 100여 년 사이에 어떤 식으로 변화했는지 살펴보는 것으로 시작한다.

〈그림 1-3〉은 1900년부터 약 100년 동안 미국 최상위 1퍼센트 부유층의 소득점유율 변화를 보여준다(Volscho & Kelly, 2012: 679-680). 1920년대 후반 정점에 이르렀던 미국 최상위 1퍼센트 부유층의 소득점유율은 1970년대까지 대체로 하향세를 보이다 1980년 이후 극적으로 반전해 지속적인 상승세로 돌아섰다. 2007년 무렵에는 23.5퍼센트로까지 급증함으로써 이전의 최고점이었던 1920년대 후반 수준의 소득집중도에 이르렀다. 앞서의 OECD 연구보고서에 의하면, 대부분의 OECD 회원국에서도 전체 소득 분포에서 상위 소득계층의 소득점유율은 최근 30여 년 사이에 다른 소득계층에 비해 훨씬 더 높아졌지만, 미국에서 특히 현저하다. 이를테면, 미국 인구의 전체 소득에서 최상위 1퍼센트 부유층의 세금공제 이전 소득의 비중은 1980년대 이후 2배 이

그림 1-4 12개 국가에서의 최상위 1퍼센트 부유층의 점유소득 변화 비교 (1970년대 중반 대 2000년)

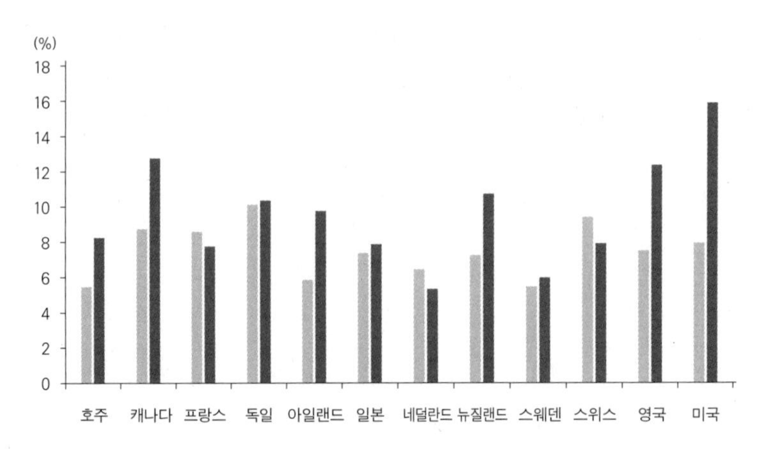

주: 옅은 색깔의 왼쪽 막대는 1973~75년, 짙은 색깔의 오른쪽 막대는 2000년 기준.
자료: Hacker & Pierson(2010: 160)에서 재인용.

상 증가했고, 2012년에는 국민 전체 소득의 20퍼센트에 근접할 정도로 커졌다. OECD의 다른 주요 국가들에 비해 미국에서는 최상위 소득집단의 소득 증가 속도가 다른 소득계층보다 훨씬 빨랐고, 이것이 경제적 불평등 심화의 중요한 한 요인으로 작용했던 것이다(OECD, 2014: 3-5). 미국 사회에서 나타난 최상위 1퍼센트 부유층으로의 소득집중 양상이 얼마나 심각한 변화인지는 이를 세계 주요 국가들의 사례와 비교한 연구들에서도 확인할 수 있다. 전체 국민 소득 중 최상위 1퍼센트 부유층의 소득 비중이 1970년대 중반에서 2000년 사이에 어떻게 변화했는지를 세계 12개 부유한 국가를 대상으로 비교한 조사 결과는 〈그림 1-4〉와 같다.

〈그림 1-4〉를 보면, 첫 비교시점보다 25년여가 지난 2000년 무렵 미국은 최상위 1퍼센트 부유층의 소득점유율이 갑절로 증가했고, 12개

비교 대상 국가들 중에서도 이 소득집단의 비중이 가장 큰 나라로 바뀌었다. 〈그림 1-4〉에서 발견할 수 있는 더욱 흥미로운 사실은 1970년대 중반만 해도 미국의 최상위 1퍼센트 부유층의 소득점유율이 다른 국가들에 비해 높지 않았다는 점이다. 즉, 1970년대 중반만 해도 미국에서 이 집단의 소득이 전체에서 차지하는 상대적 비중은 캐나다, 프랑스, 독일, 프랑스, 스위스 등의 경우보다 오히려 작았고, 스웨덴, 아일랜드, 네덜란드 정도를 제외한 나머지 국가와는 엇비슷한 수준이었다(Hacker & Pierson, 2010: 160-161). 이런 사실은 결국 이 기간에 미국에서는 나머지 11개 국가에서보다 월등하게 빠른 속도로 상위 1퍼센트 소득집단으로의 소득집중 현상이 일어났음을 일깨워준다.

이런 맥락에서 관심을 끄는 또 다른 분석은 미국 사회의 불평등 문제를 이른바 '도금시대Gilded Age'[2]부터 현재에 이르기까지 약 130년에 걸친 미국 역사의 장기적 흐름 속에서 검토한 폴 크루그먼Paul Krugman의 연구다(크루그먼, 2008). 왜냐하면 크루그먼은 19세기 후반 이후로 최근까지 굴곡을 보인 미국 사회의 불평등 양상을 경제적·정치적 상황과의 관계 속에서 앞서 검토한 다른 연구들보다 훨씬 더 장기적이고 거시적인 차원에서 집중적인 진단과 처방을 제시하고 있기 때문이다. 그의 연구에 의하면, 소수 상위계층에게 소득이 집중된 2000년대 초반 미국 사회의 모습은 1920년대와 거의 비슷하다고 할 정도로 심각해졌다. 이 사이에 미국 사회에서 일어난 변화에 관한 그의 설명에 의하면, 1870년대부터 1930년대까지 '극심한 경제적 불평등'이 지속된 미국 사회는 다행히 프랭클린 루스벨트Franklin Roosevelt 행정부의 뉴딜 정책을 계기로 제2차 세계대전 이후 '중산층 중심의 사회'로 전환되었다. 대다수의 미국인이 상대적으로 비슷한 수준의 경제적 풍요를 향유하게 된 것이다. 하지만 1980년대로 접어들면서 계층 간의 소득 격차가 다시 급속하게 확대되면서 미국 사회는 날로 심화되는 사회적 양극화[3]에 직면하기에 이르렀다(크루그먼, 2008: 17-55). 전 계층에 걸친 소득 분배의 평등화 기조가 깨지고 대기업 최고경영진을 비롯한 소수의 상류층에게 '터무니없을 정도로 후한 보상'이 흘러들어갔기 때문이다(크루그먼, 2008: 56-193).

이와 같은 연구 결과들은, 지난 20세기 초반에서 21세기 초반까지 100여 년 사이에 미국 사회에서 전개된 극소수 최상위 부유층으로의 소득편중 추이가 1920년대의 예외적 시기를 빼면 대체로 완화되다가 1980년을 전후로 지속적인 심화 양상으로 반전되었음을 보여준다. 또 그 속도와 강도가 세계 주요 국가들의 경우에서보다 매우 빠르고 강력했음도 일깨워준다.

하지만 이런 특징이 미국 사회에서 그간 있었던 소득 변화의 전체 양상을 모두 담아냈다고 보기는 어렵다. 중간 소득계층과 하위 소득계층의 소득점유율의 변화 추이에 대한 검토가 아직 빠져 있기 때문이다. 따라서 미국의 중류층과 하류층의 소득 상황 변화에 대한 점검이 요구된다.

미국은 OECD 회원국 중 전체 3위를 차지할 정도로 평균 국민소득 수준이 높지만, 최하위 10퍼센트 소득층은 서열 18위에 불과하다(OECD, 2014: 5). 미국의 상위 소득계층이나 평균적 소득수준과는 달리 최하위 소득계층이 사회 전체에서 차지하는 소득수준은 OECD 회원국 중에서도 중간 이하로 뒤처져 있는 것이다. 이는 곧 미국의 전체 국민소득이 연차적으로 증가했지만 그 효과는 주로 상류층에게 집중되었을 뿐이고 하류층으로는 흘러가지 않았음을 의미한다(OECD, 2014: 3-6).

〈그림 1-5〉는 1976년부터 2007년까지 약 30년 사이에 일어난 소득

그림 1-5 1976-2007년에 발생한 소득 증가분의 3개 소득집단별 점유 비율 비교

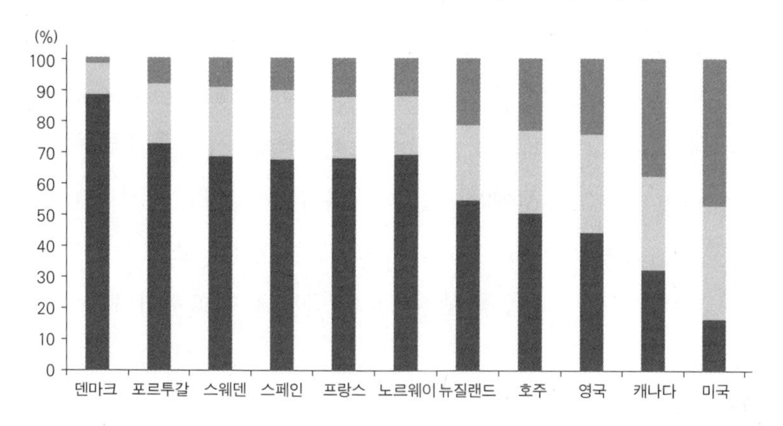

주1: 막대 제일 아래쪽의 가장 짙은 색깔은 하위 90퍼센트, 옅은 색깔의 중간 부분은 상위 10~1퍼센트, 제일 위쪽은 상위 1퍼센트 이내의 소득집단.
주2: 여기서의 소득은 '과세 이전의 소득'을 의미.
자료: OECD(2014: 5)에서 발췌.

증가의 결과가 3개 소득집단별로 범주화했을 때 국가별로 어떻게 다르게 나타났는지를 보여준다. 〈그림 1-5〉는 OECD의 주요 국가들과 비교할 때 최근 30년 동안 발생한 소득 증가의 과실이 상위 소득계층, 특히 최상위 1퍼센트 소득계층에게 과도하게 집중된 사회가 미국임을 한 눈에 식별하게 해준다. 즉, 미국에서 덴마크, 스웨덴, 노르웨이 같은 북구 국가들은 물론, 프랑스, 스페인, 포르투갈, 영국 같은 유럽 국가들과도 견주기 힘들 정도로 최상위 1퍼센트 계층으로의 소득편중이 심각한 수준으로 진전되었음을 알 수 있다.

조지프 스티글리츠Joseph E. Stiglitz는 자신의 저서에서 '균등한 기회가 보장되는 나라' 또는 '기회의 땅'이라고 불려온 '아메리칸 드림'이 신화에 불과했음이 날이 갈수록 경험적으로 입증되고 있다고 지적한다(스티글리츠, 2013: 25-113). 즉, 지난 30여 년 동안 미국인의 소득 배분

양상을 보면, 이전에는 하위 계층에게 주어지던 몫의 상당 부분마저도 지대 추구로 인해 상위 1퍼센트 계층에게 집중되는 사회적 불평등의 심화 경향을 확인할 수 있다는 것이다. 특히, 2007~08년 금융위기와 그에 뒤이은 대침체기를 거치면서 그동안 지속적으로 심화된 불평등은 더욱 심각한 수준에 이르렀고, 그와 같은 '양극화'의 심화로 인해 점점 더 '분열된 사회'[4]를 향해 가고 있다는 것이다. 스티글리츠는 불평등한 미국 사회의 현실을 단적으로 다음과 같이 묘사한다(스티글리츠, 2013: 89).

> 미국의 현재 상황은 이렇게 단순화할 수 있다. 부자는 갈수록 부자가 되고, 부자 중에서도 최상층은 더욱 큰 부자가 되고, 가난한 사람은 갈수록 가난해지고 그 수가 많아지며, 중산층은 공동화되고 있다. 중산층의 소득은 정체되거나 감소하고 있고, 중산층과 부유층 사이의 간극은 갈수록 넓어지고 있다.

한편, 엄격한 계층 또는 계급 범주에 따른 비교는 아니지만 미국 중간 소득집단도 최근 20~30년 사이의 경제성장 평균 수준에 상응하는 소득 증가 혜택을 받지는 못한 것으로 평가된다. 이를테면, 1979년부터 2005년까지 5분위 소득 범주 분류상의 4/5분위(60~80퍼센트) 집단의 가구당 소득 증가율이 6퍼센트 남짓 증가한 최하위 분위(0~20퍼센트)의 경우보다 훨씬 더 높아서 30퍼센트 정도 증가한 것으로 나타났지만, 최상위 10퍼센트 부유층의 소득은 이 기간에 배 이상 증가했다고 한다. 또 미국 중간 소득집단의 소득 증가를 가져온 원인의 일부는 이들의 평균 노동시간이 유럽 국가의 노동자들보다 더 증가했기 때문이라고 한다. 결국 미국의 중간 소득집단도 위의 기간 중에 발생한 가구당 평균소득 증가 속도만큼의 수혜는 받지 못했고, 따라서 과도한 수혜자인 부유층보다는 하류층에 훨씬 더 가까운 소득집단으로 볼 수밖에 없다(Hacker & Pierson, 2010: 155-159). 미국 사회에서 최근까지 전개된 불평등의 급격한 심화 현상을 이런 맥락에서 접근한 해커와 피어슨은 이를 '승자독식의 경제winner-take-all-economy' 또는 '승자독식의 불평등winner-take-all inequality' 현상의 대두라고 해석한다.

미국 사회에서 중간 소득집단의 소득 비중이 1980년대 이후 2000년대 중반까지 어떻게 변화했는지를 또 다른 측정 방식으로 분석한 연구 결과도 눈길을 끈다(Howell, 2013). 이 연구는 미국 중간계급의 소득 비중이 다른 국가들의 중간계급 상황과는 대조적으로 그 기간에 매우 악화되었음을 환기시켜준다. 5분위 소득 범주에서 '20~79퍼센트'에 속하는 집단을 중간계급으로 간주한 이 연구에 의하면, 미국 중간계급이 차지한 소득 비중은 1980년대 초반 약 55퍼센트로 북유럽의 중간계급들보다는 못하지만 영국, 독일, 캐나다, 호주 등과는 비슷한 수준이었다. 하지만 2000년대 중반에 이르러서 미국 중간계급의 소득 비중은 51.3퍼센트로 약 25년 전의 55.2퍼센트에 비해 4퍼센트 정도 하락했다. 이를 이전에 비슷한 수준에 있던 국가들과 비교하면, 미국의 중간계급이 자국의 전체 소득에서 차지하는 비중이 '극단적인 예외'라고 할 정도의 최하위 수준으로 추락했음을 알 수 있다(〈그림 1-6〉). 또 약 25년 전에 미국보다 중간계급의 소득 비중이 낮았던 프랑스, 스페인, 아일랜드, 스위스 같은 국가에서는 중간계급의 소득 비중이 오히려 이전보다 커졌다. 미국의 중간계급과는 정반대로, 이들 국가에서는 중간계급 소득의 개선이 이루어졌던 것이다. 요컨대, 이 연구는 미국의 중간계급이 차지하는 소득 비중이 1980년대에서 2000년대 중반에 이르는 기간에 세계의 주요 국가들과는 극적인 대비를 이룰 정도로 유독 급감했음을

그림 1-6 15개 고소득 국가에서의 중간계급의 점유소득 비중 비교(1980-1985, 2004-2007)

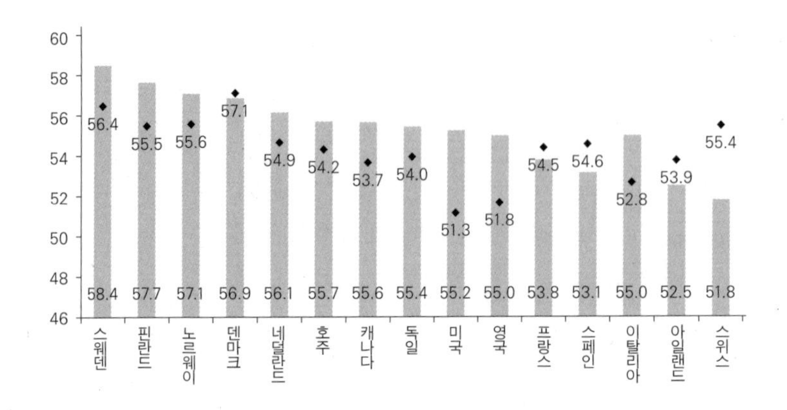

주1: 중간계급이란 5분위 소득 범주에서 '20~79퍼센트에 속하는 집단'을 의미.
주2: 중간계급의 점유소득이란 중간 소득집단의 가구당 가처분 화폐소득의 몫을 의미.
주3: 왼쪽 숫자의 단위는 백분율(퍼센트).
주4: ▒는 1980~1985, ◆는 2004~2007의 중간계급의 점유소득 비중을 의미.
자료: Howell(2013: 799).

보여준다.[5]

이상의 논의들은 한결같이 미국 사회에서 최근 30여 년간 전체 소득 증가의 몫이 계층별로 균등하게 배분되기보다는 극소수의 최상위 계층에게 과도하게 돌아갔음을 지적한다. 이런 점에서 소득 불평등의 편중 양상이 점차 심화되어온 1980년 이후의 시기는 미국 사회에서 대규모의 중간계급이 형성되고 경제적 소득이 폭넓게 분배되던 대공황에서 1973년까지의 시기와는 대조적이라는 지적을 받는다(Jacobs & Soss, 2010: 345). 1980년경 이후 미국 사회에서는 결국 전체 소득 중 소득집단별 점유소득의 분포에서 상류층과 중·하류층으로 확연하게 구분되는 양극화 현상이 급속도로 심화되었다고 정리할 수 있다.

미국 사회의 소득 불평등 심화 원인과 정치사회학적 함의

최근 30여 년 사이에 최상위집단으로의 소득편중 현상이 다른 국가들에 비해 유독 미국에서 극도로 심각해졌다면, 그 주된 원인에 관해 연구자들은 그동안 어떤 답변을 제시해왔을까?

하월Howell은 미국에서 소득 불평등이 심화된 근본 원인이 1980년경에 시작된 자유시장 정책의 실험이라고 진단한다. 그에 의하면, 이 실험은 복지비용 증대, 생산성 저조, 1970년대의 높은 인플레이션, 노조의 호전성 등에 대한 대응으로 '시장근본주의market fundamentals'로 회귀하여 경제성장을 도모하려는 '자유시장적 사회정책free market social policy'으로의 급격한 전환을 의미했다. 또 그런 경제성장의 과실을 각계각층에 스며들게 함으로써 미국 모든 가구의 소득을 전반적으로 증대하려는 것이기도 했다. 하지만 운송, 통신, 금융 부문 등을 중심으로 기업 탈규제화가 진행되면서 1980년 이후 2007년 금융위기 때까지 약 30년 사이에 미국에서 나타난 결과는 애초의 기대와는 정반대였다. 즉, 소수 최상위집단으로의 극심한 소득편중과 대다수 노동자의 실질임금 하락으로 귀결되고 만 것이다(Howell, 2013: 795-796). 앞서도 언급했듯이, 하월은 1980년 이후로 미국처럼 자유방임적 경제 실험에 동참했던 영국에서도 마찬가지 현상이 발생했다고 지적한다. 즉, 영국은 2000년대 중반에 이르러 중간계급의 상대적 위치가 악화되고 불평등은 더욱 심화되어 미국과 함께 소득 불평등에 있어 극단적인 예외 국가로 명확하게 분류될 지경이 되고 말았다는 것이다(Howell, 2013: 796-800; 〈그림 1-6〉).

하월과 유사한 입장을 취하는 해커와 피어슨Hacker & Pierson은 그 이유를 좀 더 구체적으로 언급하면서, 미국 정부의 공공정책과 그것의 형성 및 변화에 미치는 경제적 집단들의 조직적 영향력에서 근본 원인을 찾고자 했다. 앞서 살펴본 바와 같이, 프랑스, 독일, 일본, 네덜란드, 스위스 같은 국가들과 달리, 미국에서 최근 30여 년 사이에 최상위 1퍼센트 소득집단으로 급속히 소득이 집중된 것은 미국이 기업 임원과 금융 부문의 경영인들에게 최고의 소득을 보장했기 때문이라는 점을 이들은 먼저 지적한다. 또 이들은 그런 정책적 조치들이 미국뿐만 아니라 주요 국가들에게도 영향을 끼쳤다는 점에 주목한다(Hacker & Pierson, 2010: 160-161; 〈그림 1-4〉). 즉, 기업 부문의 고급 인력 확보를 두고 미국과 경쟁하던 영국도 미국의 영향을 받지 않을 수 없었고, 그로 인해 영국에서도 유사한 소득집중 경향이 나타났다는 것이다. 이들은 또한 영국만큼은 아니지만 캐나다를 비롯한 다른 영어권 국가들도 미국의 영향에 어느 정도 경쟁적으로 대응할 수밖에 없었고, 이것이 이들 국가에서도 최상위 소득집단으로의 소득편중을 야기한 요인으로 작용했다고 본다. 물론 이런 일련의 과정에서 컴퓨터를 비롯한 정보기술의 발달, 지구적 자본 흐름의 증대, 새로운 금융방식의 발달 같은 기술적·시장적 변화도 분명히 중요한 역할을 했다는 점을 이들은 인정한다. 그럼에도, 이런 소득 불평등 양상이 특히 미국에서 현저하게 나타난 것은 결과적으로 최상위층으로의 소득집중이 가속화되고 강화될 수 있는 구조를 미국 정부의 공공정책이 상당 부분 만들었기 때문이라는 점(Hacker & Pierson, 2010: 161)을 이들은 강조한다.

이들은 미국 공공정책의 성격을 그렇게 주조한 또 한 가지 결정적인 요인이 정부의 주요 정책의제를 설정하고 결정하는 데 자신들의 이익을 집단적으로 관철시켜온 기업조직체들의 성장이라고 주장한다. 사기업들로 구성된 기업공동체들이 조직적으로 자신들의 정치적 영향력을 강화하고, 이를 이용해 정부의 공공정책을 고용주나 부유층에게 유리한 방향으로 이끌어왔다는 것이다. 요컨대, 유력한 경제조직들이 자신들의 이해관계를 담은 친親기업적 조세정책이나 산업정책을 정치적 압력을 통해 조직적으로 반영하는 과정에서 미국 사회에 전형적인 '승자독식의 불평등' 구조가 형성되었다는 것이다(Hacker & Pierson, 2010).

하월(2013), 해커와 피어슨(2010) 등과 마찬가지로 정치와 정책 변수가 최근 미국 사회의 소득집중화 경향에 결정적인 영향을 미쳤다고 주장하는 볼쇼와 켈리의 연구(Volshco & Kelly, 2012)는, 이 문제를 좀 더 깊이 있게 이해하는 데 도움을 준다. 이들은 먼저, 불평등의 심화가 사회의 통제력을 벗어난 시장의 여러 힘이 작용한 자연스러운 결과일 뿐이라고 설명하는 주장들에 대해 상투적이라고 비판한다. 이런 주장에서는 정치나 정책이 중요한 설명 변수가 될 수 없지만, 자신들의 분석 결과에 의하면 결코 그렇지 않다는 것이다. 즉, 이전 시기와는 달리 1980년 이후로 의회에서의 보수당 득세, 노조 조직률의 지속적인 감소, 고소득층에게 유리한 과세제도, 교역의 개방성 증대로 인한 노동자계급의 임금교섭력 약화, 경제의 금융화 같은 정책적·정치적 변화들이 생기면서 최상위 1퍼센트 소득집단으로의 소득집중이 극도로 심화되었다는 것이다.

지금까지 살펴본 연구 결과들은, 미국 의회정치에서 보수정당의 득세, 최상위 소득집단의 정치적 영향력 증대, 노조나 중간·하류계층의 조직력 약화, 최상위 소득집단에게 유리한 각종 정부 정책 등이 미국 사회의 소득 불평등 심화, 특히 최상위 소득집단으로의 소득집중 경향을 초래했음을 설득력 있게 보여준다. 앞서도 지적했듯이, 이 같은 부류의 연구들에서도 미국 사회의 소득 불평등 심화와 양극화에 끼친 경제적 요인들의 중요성이 분명하게 언급된다. 즉, 정보기술의 획기적인 발달, 숙련노동자 수급의 불일치, 자본이나 서비스 시장의 지구화 같은 지구적 경제global economy의 영향력을 비롯한 여러 경제적 요인이 미국 뿐만 아니라 주요 선진국의 소득 불평등 심화에 적지 않은 영향을 끼쳤다는 것이다(Jacobs & Soss, 2010). 하지만 이런 경제적 요인들은 주로 경제학자들에 의해 강조된 것이고, 정치학자와 일부 사회학자들이 부각시키고자 한 것은 정치사회적 요인들이다.[6] 후자의 입장에 서 있는 연구들은 미국 사회의 불평등 심화에 영향을 끼친 수많은 경제적 요인에 앞서, 그런 방향으로의 불평등을 촉진하거나 증폭시켜온 정치사회적 요인들의 일차적 영향력을 강조하는 메시지를 중심에 담고 있다.

사실 미국 사회의 불평등 심화에 경제적 요인과 정치사회적 요인이 끼친 영향력을 명확하게 구분하는 것은 현실적으로 어렵다. 미국 사회의 현실에 정치사회적 요인과는 별개로 독자적인 영향력을 행사한 경제적 요인들도 분명히 있었을 것이고, 그것들과 결합된 형태로 중요한 작용을 한 많은 경제적 요인도 있었을 것이기 때문이다. 또 정치사회적 요인들이 그런 작용들에 선행적 영향력을 행사했을 수 있지만, 그에 뒤이어 또는 그 반대로 경제적 요인들에 의해 영향을 받는 경우도 있었을 것이기 때문이다. 이런 점에서 모든 경제적, 정치사회적 변수들을 통제해 비교하기 전에는 이 문제에 명쾌한 답변을 제시하기는 어렵다. 그럼에도, 경제적 요인과 정치사회적 요인을 구분해 분석한 연구 결과들에 주목하는 이유는 미국 사회의 소득 불평등 추이와 현실을 연구자에 의해 설정된 탐색 범위 내에서 좀 더 논리적이고 경험적으로 이해하는 데 크게 도움을 받을 수 있다고 보기 때문이다. 또 그런 연구들로부터 경제적 요인과 정치적 요인 간의 복합적인 상호작용에 관한 종합적이고 체계적인 분석 틀을 제공받을 수도 있다는 점에서도 필자는 그 연구 성과들을 활용할 필요가 있다고 본다.

지금까지의 논의를 종합하면, 오늘날 미국 사회의 소득 불평등 문제는 경제적 요인들과 정치사회적 요인들이 맞물려 진행된 결과이고, 그로 인해 매우 복잡한 사회경제적·정치적 문제가 되어버렸다고 할 수 있다. 특히, 극도의 소득 양극화와 사회세력들 간의 정치적 불균형으로 귀착되고 만 지금의 현실은 미국 사회에서 사회적 불평등의 문제가 향후 더욱 심각한 정치사회적 쟁점으로 부상할 개연성이 크다는 점을 시사한다. 그 조짐은 현 시점에서도 확인할 수 있다. 미국 사회에서 부유층과 나머지 계층 간의 경제적 불평등이 지난 10년 사이에 증가했다고 인식하는 미국 성인이 65퍼센트나 되고, 현재의 소득 및 부의 배분방식에 불만을 갖고 있다고 답한 이들이 67퍼센트에 이른다는 조사 결과(OECD, 2014: 3)는 하나의 실례가 될 수 있다. 이 같은 결과는 이미 상당수의 미국인이 미국 사회에서 일어나고 있는 경제적 불평등의 심각성을 실제로 체감하고 있음을 보여준다. 미국 사회의 소득 불평등 문제가 그저 경제적 차원에 국한된 것만이 아니라 정치사회적 차원과도 밀접하게 뒤얽혀 있는 복합적인 현안이자 언제든 폭발할 수 있는 가까운 미래의 심각한 정치사회적 쟁점이 될 수 있다고 보는 것은 이런 근거들이 있기 때문이다.

사회적 '가치' 문제와 연계된 공공사회학적 연구

로버트 퍼트넘Robert D. Putnam은 2003년 미국정치학회 회장 취임 연설에서, 정치학자의 전문가로서의 역할과 책임에 관한 자신의 입장을 강력하게 표명한 바 있다. 정치학자들은 동료 시민이 고민하는 정치사회적 관심사들에 적극적으로 동참해, 학문적 엄격함을 유지하되 그들이 이해할 수 있는 용어로 질문을 제기하고 조명하는 역할을 감당할 책임이 있다는 것이다. 과학적 진리를 추구하는 것 못지않게 근본적인 의무라고 볼 수 있는 이런 중요한 역할을 정치학자들이 근자에 소홀히 해왔다는 인식이 그의 주장의 출발점이었다(Putnam, 2003: 249-252). 퍼트넘이 그런 공적 쟁점의 대표적인 예로 지목한 것이 바로 미국의 사회경제적·정치적 불평등 현상이었다. 그의 눈에 비친 미국은 평등과 동질성, 공동체성의 세 가지 측면 모두에서 최근 수십 년간 급속히 쇠퇴한 사회였다. 퍼트넘이 사회적 불평등 문제를 미국 사회의 '가장 긴박한 현안이자 심각한 도덕적 문제'로 간주하고 문제를 제기한 것도 이 때문이었다. 따라서 그는 정치학자들이 분명한 의무감을 갖고 전향적으로 나서서 시민을 교육하고 때로는 이들로부터 배우고 진지하게 대화할 것을 촉구했다. 이런 관점에서 그는 정치학자들이 미국 사회가 직면해 있는 인종적 다양성, 평등성, 공동체성 같은 문제를 조화시키는 일에 이론적·실천적으로 기여해야 한다고 역설했다(Putnam, 2003: 253).

퍼트넘의 이런 문제의식은 미국 사회에서 경제적 불평등의 심각성이 정치적 평등의 핵심을 이루는 민주주의의 정당성마저 위협한다는 미국 정치학계의 위기의식으로 이어졌다.[7] 학력수준의 향상에도 불구하고 미국인의 정치적 지식이나 관심은 이전보다 오히려 정체되거나 쇠퇴했고, 저소득층이나 소수인종집단의 정치참여도는 여전히 저조해 사회적 약자들의 목소리가 미국 정치에 제대로 반영되지 못하고 있다는 것이다(Macedo & Karpowitz, 2006: 59-60). 이런 지적과 함께 연구자들은 특히, 지역주민의 일상적 삶에 큰 영향을 끼침에도 주민 감시의 사각지대에서 운영되는 지역의 각종 공적 기구가 사회적 약자를 배제하고 일부 기득권층의 이익을 공공연하게 뒷받침함으로써 지역의 비민주성과 불평등이 확대되고 있다는 점도 우려했다. 따라서 이들은 정치학자들이 지금부터라도 미국 사회의 불평등을 야기하는 뿌리가 지역에

표 1 사회학적 작업의 분업체계

	학술적 청중	일반 청중
도구적 지식	전문사회학	정책사회학
성찰적 지식	비판사회학	공공사회학

자료: Burawoy(2005: 11).

있음을 올바로 인식하고 주민의 정치사회적 참여 활성화와 지방정치의 민주화에 도움이 될 제도적 개선책을 제시하는 데 관심을 기울여야 한다고 강조한다(Macedo & Karpowitz, 2006).

2000년대 초기의 사회학계에서도 정치학계의 문제의식과 유사한 견해를 발견할 수 있다. 2004년 미국사회학회 회장 취임연설에서 마이클 뷰러보이Michael Burawoy에 의해 전면에 등장한 '공공사회학public sociology'이 그것이다. 여기서 전개된 뷰러보이의 주장은 앞서 살펴본 정치학자들의 논지보다 논리적으로 훨씬 더 정교하고 치밀한 개념적 분류 틀에 기초해 있다. 또 사회학 분야의 매우 다양한 선행연구를 자신의 관점에서 체계적으로 분석해 그 어떤 연구자의 주장이나 이론적 설명보다 흡인력이 있다. 뷰러보이의 연구는 필자의 현재 논의에서도 요긴한 이론적 자원이 될 수 있기 때문에 그 내용을 좀 더 구체적으로 살펴보려 한다.

그는 특정한 사회학적 작업이 지향하는 '지식'의 성격과 '청중'의 유형을 기준으로, 사회학을 〈표 1〉과 같이 전문사회학, 비판사회학, 정책사회학, 공공사회학의 4개 영역으로 재분류했다.

여기서 말하는 전문사회학이 개념, 이론, 조사 프로그램의 설계, 방법론 같은 영역에서 도구적 지식을 개발하고 검증하고 축적하는 작업을 수행함으로써 사회학의 학술적 기초를 제공하는 부문이라면, 정책

사회학은 대중이 직면해 있는 특정한 현안이나 고객이 요청한 문제들의 해결 방안 제공을 목표로 연구하는 부문이라고 할 수 있다. 비판사회학은 전문사회학이 경시하거나 간과하는 쟁점과 편견을 일깨워줌으로써 기존 조사 프로그램들을 기초부터 점검하고 바로잡는 역할을 수행하는 부문이라고 볼 수 있고, 공공사회학은 사회학자들이 개별 의제들을 놓고 그에 함축된 가치나 목표의 문제까지 공중과 함께 직접 토론하면서 조정하고 풀어가는 활동을 하는 부문이라고 할 수 있다(Burawoy, 2005: 9-11).

뷰러보이는 '우리는 누구를 위해, 그리고 무엇을 위해 사회학을 계속하는가'라는 근본적인 질문을 제기하면서(Burawoy, 2005: 11), 사회학자들은 연구자로서 전문적인 식견을 갖되 사회구성원들의 일상적 삶의 현장 곳곳에 뛰어들어 그들의 생생한 현안을 중심으로 함께 대화하며 성찰적 지식을 제공하는 공공사회학자의 역할을 해야 한다고 역설한다. 물론 뷰러보이는 일군의 사회학자들이 그런 활동을 하는 데 전문사회학, 비판사회학, 정책사회학의 연구들이 나름대로 중요한 토대가 될 수 있고, 실제로 여러 국면에서 이들 간의 관계는 상호 보완적이고 유동적임을 여러 차례 주지시킨다(Burawoy, 2005). 필자가 보기에 이 점을 분명하게 인식하는 것은 매우 중요하다. 예컨대, 사회학자가 개념적·이론적 훈련이나 지식이 불충분한 상태에서 공공사회학적 역할을 수행한다면, 시민과의 대화 과정에서는 물론이고 문제 해결의 측면에서도 생산적인 결과를 얻을 수 없을 것이기 때문이다. 전문가적 소양이 결여된 열정만으로는 공적 쟁점을 객관적으로 다루고 의미 있는 방향을 도출하는 데 제대로 된 전문가적 기여를 할 수 없다는 얘기다.[8]

뷰러보이의 글에서 필자가 각별히 주목하는 것은 다음 두 가지 측면이다. 첫째는 사회학자들의 연구와 활동의 분업 과정에서 공공사회학이 항상 역동적으로 살아 움직여야 한다는 그의 기본적인 논점이고, 둘째는 공공사회학 중에서도 중요한 공적 쟁점들에 직접적으로 관여하기보다는 신문 기고나 저술을 통해 대중 사이에 공적 논쟁의 계기를 제공했던 '전통적 공공사회학traditional public sociology'의 수준을 넘어서야 한다는 주장이다. 즉, 그는 전통적 공공사회학도 의미가 있지만 각 지역에서 적극적으로 활동하는 시민과 함께 긴밀하게 대화하면서 서로 가르치고 배우는 '유기적 공공사회학organic public sociology'을 하는 사회학자들이 우리의 사회학적 삶에서 중요한 구성부분이 되어야 함을 강조한다(Burawoy, 2005: 7-8). 이와 같은 그의 주장에서 우리가 도출할 수 있는 중요한 함의는, 사회가 나아가는 기본 방향과 추구하는 가치에 대한 끊임없는 비판적 성찰과 적극적인 현장 참여의 중요성이다. 이를 통해 시민과 늘 호흡을 맞추는 것이 사회학자의 핵심 역할 중 하나가 되어야 함을 뷰러보이는 강조한 것이다.[9] 말하자면, 사회구성원들의 일상적 삶에 큰 영향을 끼치고 있는 공적 쟁점이 무엇인지에 항상 촉각을 곤두세우고, 그들의 삶의 현장에 직접 들어가 그들과 함께 대화하면서 공감대를 만들고, 성찰적 지식을 토대로 문제 해결에 기여하는 사회학자가 되어야 한다는 것이다.

지금까지의 논의를 염두에 두고, 이제 앞서 살펴보았던 미국 사회의 현실로 되돌아가 '미국인이 일상에서 체감하고 있는 핵심적 쟁점들은 무엇이고, 사회학자는 이에 어떻게 대응해야 하는가'라는 질문을 다시 생각해보자.

이미 검토한 바와 같이, 현 시점에서 미국 사회의 중요하면서도 절박한 공적 쟁점 중 하나는 소득 불평등이다. 그렇다면, 이 문제의 심각성을 이론적·통계적 자료들에 근거해 단순하게 기술하거나 분석하는 것이 사회과학자가 할 수 있는 역할의 전부일까? 지금까지 짚어본 정치학자와 사회학자들의 주장은, 결코 그럴 수 없다는 것이었다. 서로 사용하는 용어나 표현 방식 혹은 관점에는 다소 차이가 있지만, 이들은 하나같이 이 문제를 새롭게 조명하고, 그것에 내포되어 있거나 가려져 있는 가치들을 객관적 방법론과 사실들에 기초해 점검하면서 풀어갈 것을 요구한다. 또 그런 작업을 위해서는 현장에 뛰어들어 공중과 함께 그들의 언어로 대화하면서 지속적으로 성찰하는 과정이 동시에 수반되어야 한다고 역설한다.[10] 학계가 동료들의 이런 공공사회학적 실천을 장려하고 제도적으로 뒷받침할 수 있는 방안을 부단히 강구하고 내놓는 환경을 조성하는 것도 중요함은 더 말할 나위가 없다.

필자의 연구는 이런 공공사회학적 관점에서 출발한다. 이 같은 기본 관점은, 연구 과제의 구체적인 채택에 이르면 좀 더 세부적인 배경적 관점들을 형성하는 토대가 된다. 그러면, 미국의 소득 불평등 상황과 관련하여 필자가 연구하려는 주제는 무엇이고, 그것과 공공사회학적 관점은 어떤 연관성이 있는가? 지금부터는 이 점을 정리해보려 한다.

미국 사회의 불평등 문제에 대한 필자의 관심은 그 현상과 원인을 일차적으로 점검하고, 이어 농민시장에서 활동하는 농민을 연구하는 것으로 귀착되었다. 미국 사회에서 소득 불평등의 심화로 인해 고통받아 온 집단에는 농민 외에도 소수인종집단, 하층계급, 장애인, 여성, 이민자 같은 많은 다른 범주의 집단이 있다. 그럼에도 필자가 굳이 오늘날 숫자도 비중도 적은 농민에 초점을 두는 까닭은 이러하다. 우리의 일상적 삶에서 지금까지 지속되고 있는 농민들의 기여와 희생에도 불구하고, 그들의 힘겨운 삶의 현장과 현실에 대한 학계 내외의 사회적 관심이나 개선을 위한 집단적 노력은 미미하다. 미국을 비롯한 대다수의 국가에서 급속한 자본주의적 산업화 과정을 거치면서 발생한 사회적 불평등의 주요 담지자로 주목받은 것은 대개 노동자계급이었다. 또 계급

분화와 경기 부침이 거듭되면서 신중간계급과 도시의 구중간계급도 적지 않은 조명을 받았지만, 농촌의 구중간계급인 농민계급은 상대적으로 그렇지 못했다. 산업화와 도시화의 급속한 진전과 그에 따른 농촌 및 농업인구의 격감으로 농촌지역의 사회적 비중은 날로 줄어들고, 농민과 영농 활동의 소중함에 관한 기억도 점차 희미해졌기 때문이다. 농촌과 농민의 존재 자체가 일반인의 일상적 삶과는 무관한 듯 관심의 사각지대로 밀려나고 만 것이다. 다시 말해, 농촌에 기반을 둔 먹거리의 지속적인 생산과 공급이 우리의 필수적인 생존 요건임에도, 현실적으로는 그 진원지와 주체에 대해 그에 상응하는 사회적 관심을 기울이지 않았다는 것이다. 지역농가에서 생산되는 농축산물의 가치, 지속적인 영농 활동의 사회적 가치, 농민의 노력과 생산물에 대한 적절한 보상, 지역먹거리local food의 생산과 유통이 갖는 공동체적 함의, 자본주의적 산업화와 농업 및 농민 간의 관계, 이윤과 자본축적을 지향하는 자본주의적 산업화 과정에서 공동체가 함께 지켜가야 할 사회적 가치 등이 모두 중요한 사회적 의제로 자리 잡지 못한 채 겉돌게 된 것은 이런 일련의 과정이 빚어낸 최종 산물이라고 볼 수 있다. 이 같은 현실의 방치는 농민과 여타 집단 간의 계급·계층적 불평등을 더욱 심화시키고, 도시와 농촌 간의 지역 격차와 이질성의 증대로 이어질 수 있을 뿐만 아니라 지속가능한 먹거리 생산의 위기를 촉진하는 요인이 될 수 있다. 또 그 중요성에도 불구하고 외면당해온 사회적 가치들의 불씨를 그대로 덮어버리는 결과를 가져올 수도 있다. 우리가 농민에게 관심을 기울여야 할 일차적인 이유는, 그런 관심이 바로 그와 같은 갖가지 우려를 불식할 관문이 되기 때문이다.

그러면, 필자가 농민의 얘기를 농민시장과 연결시키는 이유는 무엇일까? 농민이 자신의 생산물을 팔 수 있는 곳은 농민시장만이 아니기 때문에 의당 이 점에 관한 설명도 필요하다.

앞서도 언급했듯이, 미국도 한국처럼 고도의 산업화, 도시화를 거치면서 농촌지역 주민과 농업인구가 급감했다. 또 미국에서는 자본주의의 고도화로 그 어느 국가보다 '경쟁'과 '개인주의'가 확고하게 자리를 잡았다. 그런 가치의 확산은 개인의 창의성을 최대한 발현하게 하는 토양을 만들고 세계 도처의 인재들을 유인하는 장점이 되지만, 공동체의 형성과 유지를 끊임없이 위협하는 단점이 되기도 한다(이현송, 2006: 92-95). 하지만 후자의 측면에서 야기되는 사회적 문제가 적지 않음에도, 미국 사회가 전체적으로 공동체로서 결속력을 보이고 있음도 부인하기 어렵다. 미국의 농민시장을 관찰하고 연구하면서 필자가 발견한 것 중의 하나는 미국 사회의 결속력에 일조해온 중요한 요인 중 하나가 농민시장이라는 점이었다.

필자는 미국의 농민시장이 농촌과 인근 도시지역을, 그리고 그 주민들을 먹거리를 매개로 하나의 공동체로 묶어주는, 작지만 의미 있는 계기가 될 수 있다는 잠정적 결론을 얻었다(김원동, 2011). 농민시장에 주목함과 동시에 그 활성화에 기대를 거는 것은 무엇보다도 이 때문이다. 또 농민시장에서 생산자농민과 소비자 간에 이루어지는 상호작용 과정에서는 전형적인 시장관계에 내재해 있는 개인주의나 이해타산을 넘어선 또 다른 가치들이 실현되고 있음을 현지 농민시장에서의 조사 경험들이 일깨워주었다. 농민시장에서도 물론 신선한 양질의 먹거리를 구입하고자 하는 경제적 관심이 소비자들의 농민시장 방문과 쇼핑의 주요 동기인 것은 사실이다. 하지만 그와 동시에 지역농민의 육성, 지역먹거리의 가치에 대한 소비자 공동체의 인정, 지역농업, 환경 보호, 상대방에 대한 신뢰, 상생, 영농 활동에 대한 자부심, 윤리적 소비, 공동체 의식, 경제적 가치를 넘어선 사회적 가치의 재발견, 사회적 교류, 경쾌한 정서적 공간의 소중함 같은 복합적인 사회적 가치들이 살아 움직이고 그것의 점진적 확산에 관심을 갖게 하는 공간이 바로 현장에서 본 농민시장이었다.

이런 관점에서 보면, 농민시장의 중심에 지역농민이 있는 것이 사실이지만 농민시장이 결코 농산물의 판매만을 위해 존재하는 농민들만의 공간은 아니다. 농민시장은 먹거리를 매개로 지역농민이 인근 도심지역의 소비자와 함께 어우러지는 공동체적 공간이고, 이들 간의 주기적인 상호작용을 통해 공동체의식과 상호 결속력을 다져가는 공간이다. 특히, 농민시장에서 거래되는 먹거리의 대부분은 자신의 인근 지역에서 친환경적으로 재배되거나 사육된 농축산물이고, 이에 대한 농민의 자부심과 소비자의 전폭적인 신뢰가 자연스럽게 묻어나는 공간이 바로 농민시장이다. 농민시장이 어느 한 특정 집단만을 위한 일방적 공간이 아니라 공동체 모두의 유익을 위한 사회적 공간이자 사회적 가치를 재발견할 수 있는 공간이라는 점에서 농민시장에 관한 사회학적 탐색은 중요한 의미를 가질 수 있다. 이번 연구에서 필자는 공공사회학적 문제의식을 갖고 사회적 불평등의 관점을 견지하면서 농민시장에 관한 그간의 면접조사 결과들을 체계적으로 재분석하고자 한다. 이를 통해 미국의 농민시장에 내재해 있는 구조적 특징과 사회학적 함의를 다각도로 짚어보려는 것이다. 물론 사례연구 자료들의 한계로 인해 제기될 수 있는 문제점들은 기존 선행연구 결과들에 대한 검토 작업을 통해 최대한 보완하고자 한다.

이 같은 필자의 시도는 기본적으로 뷰러보이가 그 필요성을 역설한 유기적 공공사회학적 관점을 반영한 것이다. 필자와 유사한 문제의식 아래 자기 저술의 성격을 규정한 마이클 캐롤란Michael Carolan의 다음과 같은 진술은 음미해볼 만하다(마이클 캐롤란, 2013: 24).[11]

독자들로 하여금 먹거리, 농업, 사회에 관해 (사회학적으로 말하자면) 상상력을 가지고 생각하게 함으로써 잘 보이지 않는 것을 보이게 만들려고 적극 노력한다는 점에서 이 책은 유기적 공공사회학의 저술로 분류될 수 있을 것이다. 다시 생각해보면, 먹거리와 농업의 많은 사회학적 연구들이 바로 유기적 공공사회학이다. 이 책은 음식을 다시는 예전과 같이 바라보지 않게 만드는 의식을 고양하는 저술인 것이다.

이는 필자도 전적으로 동의하는 문제의식이다. 그럼에도 불구하고 이번 연구 주제를 택하게 된 배경이나 의도, 연구 방법 그리고 다루고자 하는 주된 내용 등에 있어 필자의 시도는 앞서 인용한 캐롤란의 저서(2013)와 뚜렷이 구별되는 측면들을 지니고 있다. 이 책을 내는 필자의 의도를 요약하는 의미도 가질 수 있기 때문에 이를 간략히 정리하면 다음과 같다.

우선, 필자의 출발점은 미국 사회의 자본주의적 산업화 과정에서 야기된 경제적 불평등, 특히 소득 불평등의 궤적과 실태 및 원인을 점검함으로써 집단 혹은 계급 간의 불평등 해소 방안을 찾아보려는 데 있었다. 필자의 이런 의도에 내재된 저변의 동기가 미국 사례에 대한 심도 있는 이해를 통해 종국적으로는 한국 사회의 불평등 문제를 풀어가는 시사점을 얻는 것이라는 점은 더 말할 나위도 없다. 이런 관점에서 미국 사회의 소득 불평등 문제에 관한 정치학자, 경제학자, 사회학자 등의 주요 선행연구와 문제의식을 검토했다. 이 작업을 통해 필자는 미국 사회가 직면해 있는 소득 불평등 문제가 그 어떤 문제보다도 시급한 대처를 요하는 공적 쟁점이고, 사회학자들의 적극적인 관여와 역할이 요구되는 현안이라는 점을 확인했다. 필자는 이 문제에 대처하기 위해 고려할 수 있는 수많은 접근방법 중 그 해결의 실마리를 농민과 이들의 영농 활동에서 찾고자 했다. 특히, 개별 지역의 농민이 지역에서 스스로 생산한 농산물을 시장에 가져다 판매하는 농민시장을 분석의 중심 무대로 설정했다.

필자는 지난 몇 년간 미국의 여러 농민시장과 농장을 찾아다니면서 이들의 솔직담백한 이야기를 담아냈다. 또 현지조사 과정에서 농민과 소비자 간에 이루어지는 상호작용의 모습과 시장의 전반적인 분위기를 주의 깊게 관찰해 농민시장의 기능과 사회적 의미를 직접 몸으로 느끼며 이해하고자 노력했다. 결국 이번 연구는 심층면접조사와 참여관찰의 결과 그리고 선행연구들에서의 연관된 자료들을 토대로 미국 농민시장의 성격을 사회학적 관점에서 집중적으로 살펴보려는 것이다. 이런 맥락에서 필자의 연구는 유사한 문제의식을 가진 캐롤란의 저술과는 연구 배경, 방법론, 연구의 초점 등에 있어 차이점이 적지 않다. 하지만 다른 한편으로는 이런 차이점들로 인해 얻게 될 이점도 그에 못지않을 것으로 기대한다. 즉, 미국의 농민, 농업, 농촌, 지역먹거리, 농민시장 등에 내포된 사회학적 특징들과 복합적인 함의에 대한 조명을 통해 캐롤란의 연구를 비롯한 선행연구의 성과들을 보완하고 향후 농민시장의 연구를 더욱 확장하는 계기가 될 수 있을 것이기 때문이다.

2장

미국의 농민시장 : 예비적 탐색

미국의 농민시장: 개념과 성장 추이 그리고 현황

농민시장Farmers' Market[1]에 대한 개념 규정은 시대에 따라 조금씩 바뀌었다. 농민시장의 설립 초기에는 생산자와 재판매자가 판매인으로 뒤섞여 활동하는 시장인 경우도 있었고, 판매인의 전부는 아니더라도 그중 일부가 자신의 생산물을 파는 시장 정도로 이해되기도 했다. 직접 생산자가 소매로 먹거리를 파는 시장이라는 농민시장의 개념은 2000년 무렵까지도 흔치 않았다(Brown, 2001). 하지만 최근 들어 농민시장은 '농민-생산자'가 특정한 장소에서 신선한 과일이나 채소, 유제품, 곡식, 육류 등을 정기적으로 소비자에게 직접 판매하는 시장으로 이해되는 게 일반적이다(USDA, 2015c; 김원동, 2016: 76). 즉, 소규모의 지역농장을 운영하는 생산자농민이 자신이 재배한 먹거리를 시장에 가져와서 판매인으로서 소비자와 직거래를 하는 현장이 농민시장이라는 것이다. 따라서 농민시장의 중심에는 생산자이자 판매인인 농민, 그리고 소비자가 있다. 이런 점에서, 농민시장은 주로 중간유통상인과 소비자 간의 거래가 이루어지는 통상적인 시장과는 차이가 있다. 그렇지만 현실적으로 보면 농민시장에는 농민판매인과 함께 장터에 참여하는 다른 행위자들이 있다. 먼저, 농민시장에서는 농민 당사자뿐만 아니라 그의 가족 구성원과 약간의 피고용 판매인들을 만날 수 있고, 간식용이나 식사용으로 조리된 식품을 판매하는 이들과도 마주할 수 있다. 또 어느 정도 규모가 있는 농민시장에서는 분주하게 시장통을 오가는 농민시장 관리인을 비롯한 시장 직원, 자원봉사자, 연주자 등도 쉽게 접할 수 있다.

농민시장은 미국 사회의 환경 변화에 따라 성장과 퇴보 단계를 거쳐 성장세로 다시 돌아선 후 오늘에 이르렀다. 미국 농민시장의 역사를 추적한 미국 농무부의 약 70년 전 자료[2]에 의하면(USDA, 1948), 17세기 식민지 시대의 초기 농민시장은 뉴욕주의 올버니Albany와 매사추세츠주의 보스턴Boston 등에서 설립되기 시작했고, 이후 도시인구의 증가와 도시 발달에 발맞추어 성장했다. 이 시기의 농민시장은 마을의 상업 거점지역을 중심으로 성장했다. 농민들이 유럽 장터 형식의 영향을 받아 도심의 노천광장 같은 곳에 자리를 잡은 '농산물 시장'에 마차로 농산물을 싣고 와서 도시주민의 먹거리 수요를 충족시켰다. 미국의 농민시장은 1800년 이전에는 10개, 1900년 이전에는 약 100개, 1930년 이전에는 300개 이상, 그리고 1946년에 이르러서는 724개로 증가했다(USDA, 1948). 유럽의 이주자들이 처음 정착한 동부에서 시작된 미국 농민시장은 제2차 세계대전 이후 1950년대를 거치면서 쇠퇴의 길로 접어들고 말았다. 여기에는 여러 요인이 작용했다. 이를테면, 주간 고속도로 체계interstate highway system의 구축을 비롯한 교통수단의 개선, 냉장·냉동 보관시설의 개발과 보급 덕분에 상하기 쉬운 식품도 산지에서 미국 전역으로 실어 나를 수 있게 되었고, 그로 인해 다양한 먹거리를 어디서나 쉽게 구할 수 있게 되었다. 또 전국적인 슈퍼마켓 체인의 확산으로 대규모 식료잡화점에서 한꺼번에 편리하고 효율적으로 먹거리를 구입하는 것이 가능해졌다. 이런 혁신이 농민시장에서 지역산 제철 먹거리를 구입하던 소비자의 시선을 다른 매장으로 돌리게 했다(Brown, 2001: 655; 김원동, 2010: 86; 김종덕, 2009: 150; 김철규, 2015; 조명기, 2013; Hughes et al., 1992). 그러다 다시 상황의 반전이 일어났다. 먹거리의 신선도나 건강에 대한 사회적 관심이 커짐에 따라 신선한 과일과 채소를 좀 더 많이 찾게 되면서, 농민시장이 1960~70년대에 다시 고개를 들기 시작한 것이다(Gillespie et al., 2007: 65; Hughes et al., 1992: 1). 특히, 경제적·정치적 혼란기에 농민과 소비자를 후원하기 위한 조치의 일환

그림 2-1 미국 농민시장의 성장 추이(1994-2016)

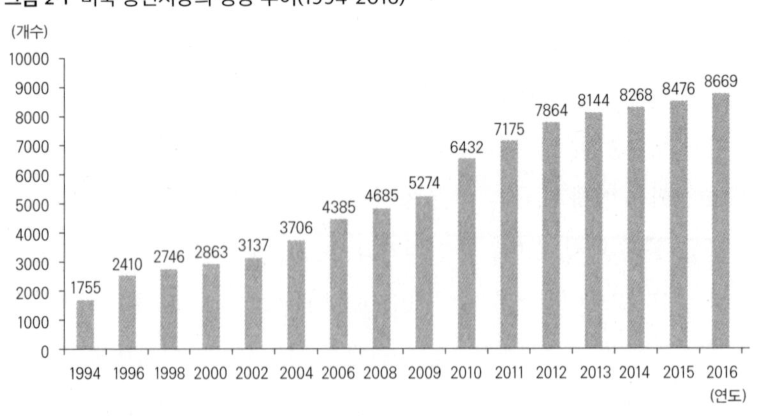

주: 2016년은 2015년에 비해 2.3퍼센트 증가.
자료: USDA(2017j).

그림 2-2 미국 전역의 291개 소매 농민시장 분포(1946년) 자료: USDA(1948: 44).

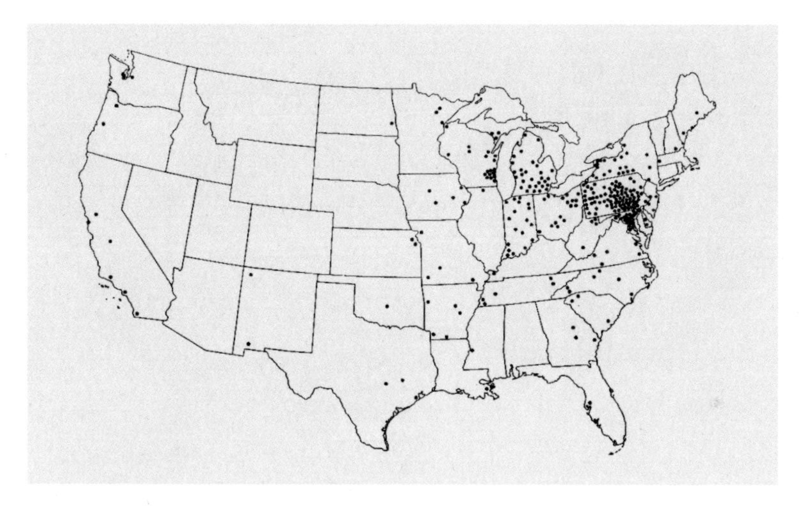

으로 이루어진 1976년 '농민-소비자 직거래법Farmer-To-Consumer Direct Marketing Act'의 통과를 계기로 1977년부터 1980년대 초까지 농민시장의 숫자는 급증했다(Brown, 2001: 657).

농민시장에 대한 관심이 커짐에 따라 미국 농무부는 1994년부터 전국 농민시장의 숫자를 집계해 공지하기 시작했다.[3] 2008년까지는 격년으로 발표하다 2008년 이후로는 매년 발표하는 것으로 전환했다. 농민시장의 증가세를 감안한 것으로 보인다. 〈그림 2-1〉은 1994년부터 2016년까지 미국 농민시장의 숫자 변화를 막대로 표시한 것이다. 공식적인 집계 이후 최근까지 22년간 미국 농민시장은 약 5배 증가했고, 2012년 이후 다소 둔화되기는 했지만 단 한 번도 감소한 시점 없이 지속적인 증가 추이를 보여준다.[4]

17세기 초반 동부에서 시작된 농민시장은 이제 어느 정도 사람이 모여 사는 곳에서는 미국 어디서든 볼 수 있는 중요한 '지역먹거리체계 local food system'의 하나로 자리 잡기에 이른 셈이다. 1946년 당시 미국

그림 2-3 미국 전역의 8,676개 농민시장 분포 현황(2017년) 자료: USDA(2017m).

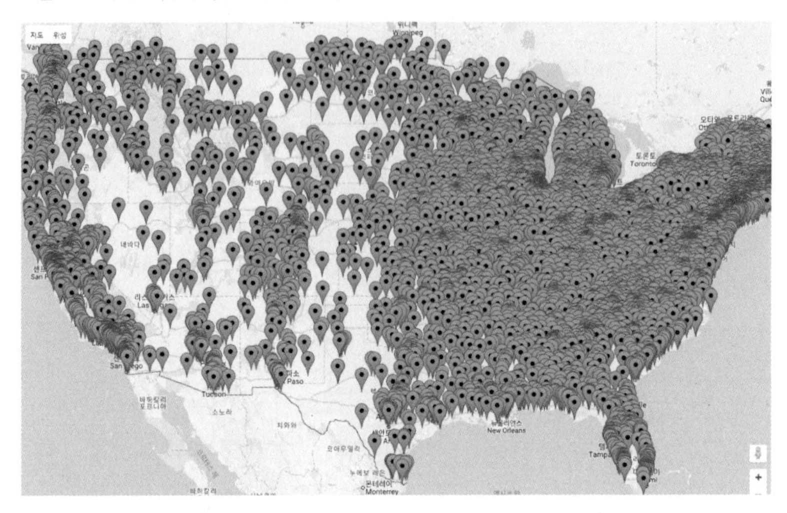

소매 농민시장의 분포(〈그림 2-2〉)[5]와 2017년 6월 기준 현황(〈그림 2-3〉)[6]을 비교하면, 인구 과소 내지 부재 지역으로 보이는 극히 일부 지역을 제외한 미국 전역에 농민시장이 산재해 있음을 알 수 있다.

농민시장에서의 직거래와 먹거리 시장으로서의 잠재력

이와 같은 농민시장의 확산을 확인하다 보면, 소비자 직거래와 관련하여 몇 가지 질문이 연이어 떠오른다. 앞서 살펴본 바와 같이, 농민-소비자 직거래법 제정 이후 농민시장이 급속하게 성장했고, 농민시장은 생산자농민과 소비자 사이에 이루어지는 대표적인 직거래 유형이기 때문이다. 주요 의문은 이런 것들이다. 농민시장의 증가처럼 농산물의 직거래를 통한 판매액 비율도 실제로 증가했을까? 직거래 농가가 미국 전체 농가에서 차지하는 비중은 과연 얼마나 되며, 역시 증가했을까? 소

그림 2-4 미국 농산물의 전체 판매액 중 소비자와의 직거래를 통한 판매액 비율의 3개 연도 (1997년, 2002년, 2007년) 비교

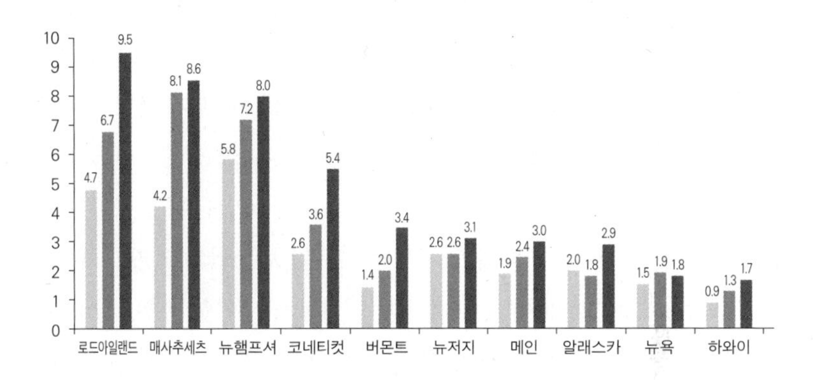

주1: 1992년부터 2007년까지 미국 내 식용 먹거리의 소비자 직거래 규모는 전국적으로 3배 증가.
주2: 위의 자료는 1992년부터 2007년까지 미국 내 식용 먹거리의 소비자 직거래 규모의 증가 속도가 4배 정도로 가장 빨랐던 10개 주의 통계.
주3: 주별 3개의 막대 중 제일 왼쪽, 중간, 그리고 오른쪽 막대는 전체 농업 판매액 중 각각 1997년, 2002년, 2007년도의 직판 매출 비중.
자료: USDA(2013a: 7)에서 발췌.

비자 직거래에 따른 판매액 비중은 전체 농가의 판매액에서 어느 정도나 될까?

먼저 10개 주를 대상으로 전체 농산물 판매액 중 소비자 직거래를 통한 판매액 비율을 3개 연도로 나누어 각각 비교한 결과가 〈그림 2-4〉다. 로드아일랜드주, 매사추세츠주, 뉴햄프셔주 등은 1997년에서 2007년까지 10년 사이에 직거래 판매액의 비율이 지속적으로 증가해 전체 농가 판매액의 8퍼센트 이상에 이르렀고, 그간의 추세로는 머지않아 10퍼센트대에 진입할 조짐을 보여준다. 뉴욕주의 정체 상황을 예외로 한다면, 나머지 주들도 직거래 판매액 비중이 앞서 언급한 3개 주보다는 많이 낮지만 적지 않은 증가세를 기록했음을 알 수 있다.

농무부의 최근 자료에 의하면(USDA, 2017o), 1992년에서 2012년 사

이에 미국의 전국 소비자가 농민에게 직접 구매한 지역먹거리 총액은 2배로 늘었다고 한다. 물론 이런 수치는 농민시장뿐만 아니라 공동체지원농업community supported agriculture(이하 CSA) 같은 다른 직거래 시장에서의 매출액을 모두 합친 것이다. 이런 성과를 소개하면서, 미국 농무부는 소비자 직거래로 인한 농가의 매출액 증가가 공동체에도 중요한 경제적 이익을 가져다준다는 점을 강조한다. 농민들이 농장에 필요한 자재들을 지역에서 구매하고 지역 주민들의 노동력을 고용할 개연성이 그만큼 커지기 때문이다. 게다가, 농민시장으로 인한 유동인구의 증가로 시장 인근 가게들의 영업 매출액도 늘어난다는 설명을 덧붙이고 있다.

그렇다면, 소비자 직거래 농가와 그 판매액의 비중은 얼마나 되고, 그 추이는 어떤 양상을 띠고 있을까?

〈표 2-1〉은 이 물음에 대한 함축적인 답변을 제공한다.

소비자 직거래 농가의 비중은 2002년부터 2012년까지 10년 사이에 점차 증가해 7퍼센트 수준에 육박했다. 하지만 소비자 직거래 농가의 판매액이 전체 농가의 판매액에서 차지하는 비중은, 농가 수의 비중에 훨씬 못 미치는 매우 미미한 수준을 벗어나지 못하고 있음을 알 수 있다. 이는 직거래 농가의 대다수가 소농이고, 대농에 비해 이들의 매출액이 매우 작기 때문에 빚어진 결과라고 볼 수 있다.[7] 또 이 직거래 농가 숫자에는 농민시장에 참여하는 농민뿐만 아니라 다른 판로를 이용하는 농민들도 포함되어 있다는 점을 감안한다면, 농민시장을 통한 직거래 비중은 아직 매우 적다는 결론에 이르게 된다. 그렇다면 이런 현상이 우리에게 시사하는 바는 무엇인가?

무엇보다도, 농민시장의 향후 성장 잠재력과 실현 가능성이 크다는 전망이 가능하다. 농민시장이 그동안 지속적으로 성장했고, 소비자 직

표 2-1 소비자 직거래 농가의 숫자 및 판매액 규모 측면에서의 비중 변화 추이(2001-2012)

	2002년	2007년	2012년
직거래 농가의 비중	5.5(116,733)	6.2(136,817)	6.9(144,530)
소비자 직거래 농가의 판매액이 전체 농가의 판매액에서 차지하는 비율	0.4(812)	0.4(1,211)	0.3(1,310)

주1: 단위는 백분율.
주2: ( ) 안의 숫자는 실수. 농가의 경우에는 소비자 직거래를 하는 농가의 실제 숫자를 표기한 것이고, 판매액 숫자 단위는 100만 달러.
주3: 소비자 직거래는 농민시장, CSA, 농장 가게에서의 판매, 길가 판매대에서의 판매, 농장에서 소비자가 농장에서 직접 딴 것을 판매하는 방식 등을 모두 포함.
주4: 통계 자료는 모든 농가에서 보고한 것을 토대로 산출.
자료: USDA(2015a: 5)의 〈표 2〉에서 발췌.

거래의 비중도 전반적으로 증가했을 뿐만 아니라 진입할 수 있는 직거래 시장의 확장 가능성도 아직 적지 않기 때문이다. 또 지역농민, 지역영농, 지속가능한 먹거리체계, 환경, 지역경제 같은 가치를 중시하는 소비자 의식도 점차 신장되고 있음을 농민시장의 현지 곳곳에서 확인할 수 있다는 점은 그러한 긍정적 전망에 힘을 실어준다. 그럼에도 불구하고 이것이 현실화되려면 농민시장이 슈퍼마켓을 비롯한 다른 먹거리 시장들과의 경쟁에서 품질의 측면에서 경쟁력을 가지면서 살아남아 성장해야 하고 농민시장을 통해 구현하고자 하는 또 다른 사회적 가치에 대한 지역주민들의 공감대를 강화하고 확충해가야 한다. 이는 농민시장이 적극적으로 해결해야 할 중요한 과제라고 할 수 있다.

미국 농무부의 농민시장과 먹거리 정책

농업과 먹거리 정책을 기획하고 추진하는 정부부처로서 미국 농무부는 농민시장을 비롯한 건강한 먹거리의 공급 방안에 지속적인 관심을 기울여왔다. 실제로 미국 농무부는 여러 가지 정책과 시범사업을 펼치고 있다. 그중 하나가 미국 농무부의 '농산물마케팅지원국Agricultural Marketing Service, AMS'[8]에서 자체적으로 운영하는 이른바 '미국 농무부 농민시장USDA Farmers Market' 사업이다. 얼핏 보면 미국의 농민시장 전체를 지칭하는 용어로 보이지만 미국 농민시장 중 하나로서, 농민시장에 대한 미국 정부의 관심을 상징적으로 보여주는 사업이라고 할 수 있다.

홈페이지의 소개에 의하면(USDA, 2017n), 미국 농무부 농민시장은 수도 워싱턴 디시Washington, DC에 있는 미국 농무부 본부의 옥외에서 5월에서 10월까지, 오전 9시부터 오후 2시까지 운영되는 금요농민시장이다. 1995년 문을 연 이 시장에서는 농축산업에 종사하는 농민과 음식 판매인 30여 명이 수도에서 일하거나 거주하는 사람들과 방문객 등을 상대로 자신들이 직접 만든 먹거리를 판매한다. 이 시장은 정부 차원에서 농민시장의 전국적 운영에 필요한 실질적인 정보와 경험을 얻기 위해 가동하는 일종의 '살아 있는 실험실living laboratory'이라고 할 수 있다. 예컨대, 이 시장에는 워싱턴 디시의 200마일 반경 내에 있는 체사피크만 지역Chesapeake Bay region에서 농산물을 재배하는 농민들과 이 지역에서 기른 식재료로 조리식품을 만들어 파는 소규모 음식 판매인들이 참여한다. 음식 판매인들은 체사피크만 지역의 농장과 목장에서 나온 식재료를 75퍼센트 이상 사용해서 음식을 만들어 판매하고 있다고 한다. 또 '영양보충 지원 프로그램Supplemental Nutrition Assistance Program'(이하 SNAP)을 비롯한 '영양 지원 프로그램' 수혜자가 시장을 이용할 수 있고, 과일과 채소의 재배·수확 방법 등을 소비자에게 가르치는 교육 프로그램을 운영하고 있다. 다른 농민시장에서도 점검해야 하는 판매인의 성격, 지역먹거리의 비중, 저소득층 소비자의 건강한 먹거리 구매 촉진 방안 등에 관해 생각해볼 만한 참고 사항들을 시장의 운영 과정을 통해 보여주는 것이다. 이와 같이, 미국 농무부는 농민시장을 직접 운영함으로써 농민시장의 전형적인 운영 사례를 보여줌과 동시에 농민시장의 의미를 체감하고 연구하면서 바람직한 정책 방안을 모색하려 노력하고 있다.

미국 농무부 농민시장의 현재 모습이나 그간의 변화는 2010년에 실시된 자체 보고서[9]의 내용과 견주어보면 좀 더 분명해진다.

보고서에 의하면, 미국 농무부 농민시장에 참여하는 자격 기준은 '지역에서 재배된locally grown' 농산물로, 시장 인근 150마일 이내에서 재배된 것을 의미하며, 14명의 판매인이 고품질의 다양한 농산물과 가공식품, 조리식품을 제공하는 것으로 되어 있다. 이를 현 시점의 농민시장과 비교하면, 판매인의 구성과 성격은 동일하지만 그 숫자가 7년 전에 비해 2배 이상 증가했고, 지역먹거리의 인정 거리도 다소 확대되었음을 알 수 있다. 6월 중순에서 8월 말까지의 성수기에는 약 2,500명의 소비자가 매주 시장을 방문해 신선한 먹거리를 구입하고 몸에 좋은 음식과 흥겨운 음악을 즐기면서 어울린다고 한다(USDA, 2011: 2-3). 몇 가지 주목할 만한 조사 결과를 짚어보면, 약 57퍼센트의 응답자가 농민시장에서 장을 봄으로써 자신의 과일과 채소 소비량이 증가했다고 했고, 신선한 과일과 채소 구입, 지역농업 후원, 편의성, 공동체적 분위기 등을 여기서 장을 보는 중요한 이유로 꼽았다. 응답자의 약 3분의 1은 매주 이곳에서 장을 본다고 답했는데, 이들 대부분은 미국 농무부 직원이었다. 개선점으로 많이 나온 응답은 11월까지 시장의 운영 기간을 연장했으면 좋겠다는 것이었다. 당시 이 시장의 폐장 시점은 대개 10월 마지막 주간의 금요일이었는데, 시장의 관리 직원들은 판매인들의 동의를 받아 이 조언을 즉각 수용했다고 한다(USDA, 2011: 9-13). 조사가 이루어진 그다음 해에 발간된 위의 보고서에는 개장 시기가 실제로 6월부터 11월 중순으로 변경되어 있었다. 보고서에 소개된 시장의 운영 시간은 오전 10시부터 오후 2시까지였다(USDA, 2011: 2). 앞서 2017년 6월 시점의 홈페이지 내용과 비교해보면, 시장의 개장 기간은 5월에서 10월로, 그리고 개장은 오전 9시로 당시보다 한 시간 일찍 시작하는 것으로 재조정되었음을 알 수 있다.

이와 같이, 미국 농무부 농민시장은 개장 기간, 시장의 운영 시간, 판매인 규모, 먹거리의 지역성 등에 다소 변화를 주면서 오늘에 이르렀다. 그러면서도 시장 인근의 직장인과 주민에게 신선한 지역먹거리를 제공하는 공간이자 지역주민의 휴식과 만남의 공간으로서 농민시장 일반의 특징을 엿볼 수 있다.

미국 농무부는 농민시장을 운영하는 것뿐만 아니라 전국 단위에 적용되는 각종 영양 지원 프로그램을 실시해왔다. 그런 정책 프로그램의 추진 과정에서도 농민시장의 육성을 위한 여러 방안을 동시에 강구해왔다. 이어서 이에 관해 좀 더 구체적으로 살펴보려 한다.

영양보충 지원 프로그램의 역사와 목적, 실태

여기서는 그 역사, 목적, 실태를 중심으로 '영양보충 지원 프로그램SNAP'이 무엇인지를 알아보고자 한다. 이 프로그램과 그 수혜자가 농민시장과 갖는 연관성이 점차 커지는 데 비해 우리가 정확하게 알고 있는 내용은 그리 많지 않기 때문이다. 이런 관점에서 먼저 짚어보려는 내용은 SNAP와 '식품구매권 프로그램Food Stamp Program, FSP'의 차이, 프로그램의 추진 목적, 프로그램이 거쳐온 입법 경로와 내용의 변화 등이다. 이런 점들을 점검한 후에는 이 프로그램과 농민시장의 관계를 생각해보려 한다.

미국 농무부가 주관하는 미국 연방정부의 영양 지원 프로그램은 주로 SNAP, '여성·유아·어린이 영양 특별보충 프로그램Special Supplemental Nutrition Program for Women, Infants, and Children'(이하 WIC), '어린이 영양 프로그램Child Nutrition Programs'으로 구성된다. 이 중 SNAP는 저소득층에게 먹거리 비용의 일부를 지원해주는 프로그램으로, 미국 내의 '기아 안전망hunger safety net' 가운데 가장 규모가 크다(USDA, 2014a, 2017d, 2017f, 2017g).[10] SNAP는 1961년부터 1964년까지 '식품구매권 시범 프로그램Pilot Food Stamp Program'이라는 명칭으로 출발했다. 처음에는 8개 지역에서 시작되었지만 존슨Johnson 대통령의 '빈곤과의 전쟁War on Poverty'의 일부로 추진되면서 1964년 1월경에는 22개 주 43개 지역에서 38만 명이 참여하는 프로그램으로 확대되었다. 농촌 경제의 강화와 저소득층 가구의 영양 수준 개선을 공식적인 목표로 내건 '식품구매권법Food Stamp Act'이 1964년 4월 17일 통과됨에 따라 이 프로그램은 시범 사업에서 상설 프로그램으로 전환되었다. 2008년 새로 제정된 농업법은 프로그램 수혜자들을 낙인찍는 것에 대처하기 위한 방안의 일환[11]으로, '식품구매권 프로그램'의 명칭을 2008년 10월 1일자로 '영양보충 지원 프로그램SNAP'으로 변경했고, '1977년 식품구매권법'의 명칭도 '식품영양법Food and Nutrition Act'으로 바꿨다(USDA, 2014d, 2017d).

SNAP는 40년 이상 '식품구매권 프로그램'이라는 명칭으로 운영되었고, 새로운 명칭이 사용된 것은 10년도 채 되지 않기 때문에 대부분의 사람은 여전히 '푸드 스탬프Food Stamp'로 부르고 있다.[12] 한편, 연방정부에 의해 조성된 사업비는 이 프로그램의 수혜자인 저소득층의 건강을 뒷받침한다는 차원에서 이들에게 식품보조금 형식으로 제공된다. SNAP의 수혜자는 지급받은 보조금을 식료품점, 편의점, 농민시장 등에서 먹거리를 구입하는 데 쓸 수 있다. 다만, 구입이 가능한 품목과 불가능한 품목이 정해져 있다. 즉, 수혜자들은 이 보조금으로 빵, 시리얼, 과일과 채소, 고기와 생선, 낙농제품 등을 살 수 있지만 술이나 담배, 식품이 아닌 생활용품이나 의약품 등을 구매할 수는 없다(USDA, 2017e).[13] 처음에는 종이쿠폰의 형태로 보조금을 제공했지만 SNAP라는 명칭의 사용 시점과 동일하게 2008년 10월 1일 이후로는 직불카드처럼 작동하는 '식품보조금 전자전환 카드Electronic Benefits Transfer Card'(이하 EBT 카드)로 불리는 플라스틱 카드로 대체되었다.[14] 종이쿠폰의 발행이 중단되고, 지원금은 식품보조금 전자전환 시스템(이하 EBT 시스템)을 통해서만 프로그램 수혜자의 카드계좌로 매월 전송되는 방식으로 바뀐 것이다. 이 같은 새로운 지급 방식의 도입은 행정업무와 수급자 이용의 편의성 제고뿐만 아니라 쿠폰의 분실이나 도난, 또는 사기 위험으로부터의 보호, 불법적인 물품 구입의 차단 등을 위해 전자화 시범사업을 거쳐 정착되었다. 이런 장점을 극대화하기 위해 연방정부가 EBT 시스템 도입을 적극적으로 추진했기 때문에 가능했다고 볼 수 있다(김원동, 2008: 65-67; Project Bread - The Walk for Hunger, 2017).

SNAP 수혜자의 숫자나 월 평균 수령액 등은 그동안 줄곧 확대되었다. 예컨대, 사업 시행 초기인 1970년의 경우, 미국 전체 인구 대비 프로그램 수혜자의 비중은 2.1퍼센트에 불과했으나 2010년 이후로는 13~14퍼센트에 이를 정도로 커졌다.[15] 실질적인 소득 증가인지의 여부는 물가 인상률을 반영해 계산해봐야 알 수 있겠지만 1인당 월평균 수령액의 절대 액수는 1970년 10.55달러에서 2016년 125.5달러로 약

표 2-2 SNAP 수혜자 규모와 월 평균 수령액의 변화 추이(1970-2016)

	참여자 수	미국 전체 인구	전체 인구 중 프로그램 참여자 비중	1인당 월 평균 수령액
1970	4,340	205,052	2.1	10.55
1980	21,082	227,726	9.3	34.47
1990	20,049	250,132	8.0	58.78
2000	17,194	282,403	6.1	72.62
2005	25,628	296,639	8.6	92.89
2010	40,302	308,746	13.1	133.79
2015	45,767	320,918	14.3	126.81
2016	44,219	323,149	13.7	125.50

주1: 미국 전체 인구 중 2015년과 2016년 인구는 각각 해당 연도의 7월 4일 기준 추계치.
주2: 미국 인구의 단위는 1,000명이고, 반올림함.
주3: 프로그램 수혜자 숫자의 단위는 1,000명.
주4: 프로그램 수혜자 비중의 단위는 백분율이고, 필자가 계산.
주5: 월 평균 수령액의 단위는 달러.
자료: U.S. Census Bureau(2006, 2011, 2017); USDA(2017a); Kim(2014: 239)에서 발췌하여 재구성.

12배 증가했다(〈표 2-2〉 참조).

이와 같이 미국의 SNAP 수혜자는 숫자로는 약 450만 명, 전체 인구 대비 비중 14퍼센트를 오르내릴 정도로 늘어났다. 그렇다면, 이렇게 절대적인 숫자나 비중의 측면에서 커진 먹거리 보조금 수급 저소득층이 정부의 영양 지원 프로그램 정책에 걸맞게 양질의 먹거리를 공급받게 하는 방법은 무엇일까?

영양 지원 프로그램과 농민시장

미국 정부가 저소득층의 영양 지원 프로그램의 일환으로 농민시장과의 연계성을 염두에 두고 시행하고 있는 프로그램 중에 '농민시장 노인 영양 프로그램Senior Farmers' Market Nutrition Program, SFMNP'이 있다. 이것은 연방정부가 60세 이상의 저소득 노인 대상자에게 노변 판매대와 CSA, 농민시장 등에서 신선한 과일, 채소, 허브, 꿀 등을 구입할 수 있게 연간 20~50달러 정도의 쿠폰을 지급하는 프로그램이다. 2015년의 경우, 농민시장 노인 영양 프로그램의 수혜자는 81만 7,751명이었고, 3,203개의 노변 판매대와 180개의 CSA를 비롯해 3,774개의 농민시장에서 2만 329명의 농민이 이 프로그램에 참여했다고 한다(USDA, 2015f, 2016d).

'농민시장 노인 영양 프로그램'과 함께 미국 연부정부가 농민시장과 관련해 추진하는 또 하나의 특별 영양 지원 프로그램이 '농민시장 여성·유아·어린이 영양 프로그램WIC Farmers' Market Nutrition Program, WIC FMNP'이다.[16] 이 프로그램은 저소득층 임신부, 모유 수유 산모, 모유 수유를 하지 않는 산후 여성, 4개월 이상 된 유아, 5세 이하의 어린이에게 신선한 지역산 과일과 채소 등을 제공하고 농민시장과 노변 판매대에 대한 인식을 제고함과 동시에 판매를 확대할 의도로 1992년 도입된 것이다. 이 프로그램의 수혜자는 1인당 연간 10달러 이상 30달러 이하의 농민시장 영양 프로그램 수표 또는 쿠폰FMNP checks or coupons을 지급받아 농민시장이나 노변 판매대에서 신선하고 영양가 있는 지역산 과일과 채소, 허브 등을 구입할 수 있다. 2015년의 경우, 이 프로그램의 수혜자는 약 170만 명이었다. 2,894개의 노변 판매대와 3,390개의 농민시장에서 1만 7,926명의 농민이 이 프로그램을 수용함으로써 1,400만 달러의 농가 수입을 확보했다고 한다(USDA, 2016b, 2016c).

이와 같이 미국 정부는 SNAP 외에도 농민시장 노인 영양 프로그램, 농민시장 여성·유아·어린이 영양 프로그램 등을 통해 저소득층과 농민시장 간의 연계성을 높이려 시도해왔다. 그렇다면, 이런 다양한 영양 지원 프로그램에 참여하는 저소득층은 농민시장을 얼마나 이용하고 있는 것일까? 만일 그 숫자가 적다면, 정부의 정책적 노력에도 불구하고 이들이 농민시장을 찾지 않는 이유는 무엇일까? 정부의 기대처럼, 이들이 향후 농민시장에 더 많이 참여할 개연성은 있는 것일까? 이들은 과연 농민시장과 같은 곳에서 판매되는 지역먹거리의 가치를 얼마나 인정하고 있을까? 이런 몇몇 의문을 여기서는 SNAP 수혜자들의 소비 행태나 지역먹거리에 대한 태도 등을 중심으로 검토하고자 한다.

SNAP 수혜자들 중 농민시장에서 장을 자주 보지 않는 EBT 카드 사용자들과 농민시장을 아예 찾지 않는 SNAP 수혜자들을 상대로 농민시장에서 장을 보지 않는 이유를 확인해보았다. 먼저, 전자의 범주에 속한 SNAP 수혜자의 약 42퍼센트는 자신이 농민시장을 좋아함에도 그곳을 자주 이용하지 않는 가장 큰 이유로 '다른 한 장소에서 필요한 모든 식료잡화를 더 쉽게 구입할 수 있기 때문'이라고 했고, 약 35퍼센트는 '농민시장이 자신의 거주지와 가까운 곳에서 열리지 않기 때문'이라고 응답했다. 한편, 농민시장을 전혀 이용하지 않는 SNAP 수혜자는, 농민시장보다는 '다른 한 장소에서 자신이 필요로 하는 모든 식료잡화를 더 쉽게 구입할 수 있기 때문'이라는 응답이 약 73퍼센트로 가장 많았고, 그다음으로 '농민시장에 가는 것이 쉽지 않아서'라는 응답이 약 42퍼센트, 그리고 '가격이 너무 비싸서'라는 응답이 약 33퍼센트로 그 뒤를 이었다(USDA, 2014b: 2; 2014c: 88; 김원동, 2016: 103-104). 이런 조사 결과는 SNAP 수혜자들이 농민시장에서 자주 장을 보지 않거나 아예 보지 않는 이유가 정도의 차이는 있지만 비슷하다는 점을 일깨워 준다. 즉, 먹거리 구입의 편의성, 농민시장과의 근접성, 가격 등이 농민 시장 이용에 영향을 끼치는 주된 요인이라는 것이다.

실제로 위의 조사에서 응답자들은 지리적 거리나 판매하는 먹거리의 종류, 가격 등에서 자신에게 좀 더 편리하다고 생각하는 거주지 인근의 식료잡화점grocery stores에서 주로 장을 본다고 했다. 즉, 응답자의 약 97퍼센트가 가장 빈번하게 장을 보는 장소로 '대형 식료잡화점'을 들었고, 그다음으로 약 69퍼센트는 '소형 식료잡화점'을 꼽았다.[17] 말하자면, SNAP 수혜자의 대부분은 EBT 카드를 사용할 수 있는 집 부근의 크고 작은 식료잡화점에서 과일과 채소를 비롯한 먹거리를 한꺼번에 구입하는 쇼핑 양식을 보여주는 것이다(USDA, 2014b; 2014c; 김원동, 2016: 103).

이런 자료들에 근거하면, 농민시장이 앞서 언급한 바와 같은 '장애요인들'을 극복할 수 있는 대안을 적극 모색하면서 SNAP 수혜자를 농민시장으로 끌어들일 수 있는 여지는 결코 적지 않다. 이처럼 SNAP 수혜자 가운데 대부분이 아직도 농민시장에서 자주 장을 보지 않거나 전혀 보지 않는다는 사실을 뒤집어보면, 그만큼 농민시장으로 유도할 여지가 있는 SNAP 수혜자가 상당히 많음을 의미하기 때문이다.

이런 긍정적 전망의 단서는 위의 조사에서도 발견할 수 있다. 예컨대, 농민시장에서 장을 본 SNAP 수혜자의 약 3분의 2는 농민시장에서 구입한 과일과 채소가 다른 가게에서 판매되는 것보다 더 신선하다고 생각하고 있었고,[18] 농민시장에서 장을 보는 중요한 이유 중의 하나도 바로 그런 인식 때문이었다. 또 농민시장에는 과일과 채소가 집중적으로 나온다는 점을 고려해 SNAP 수혜자들이 농민시장에서 이를 더 많이 구입하는지를 알아본 문항에서도 비교적 유사한 결과를 볼 수 있었다.

그림 2-5 지역먹거리의 전달 경로에 대한 미국 소비자의 신뢰도 비교

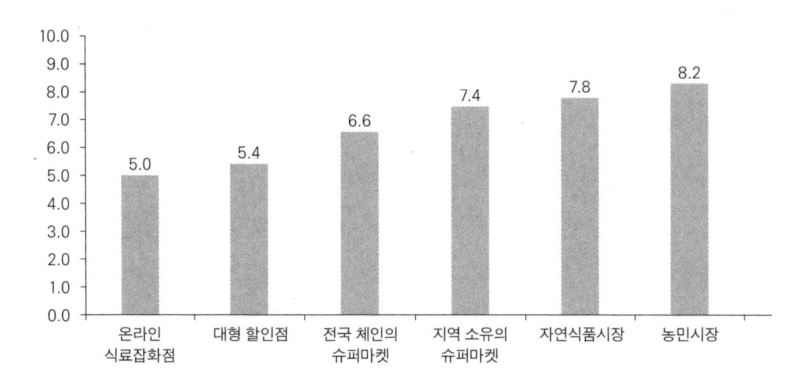

주1: 경영컨설팅 회사 에이티키어니(A. T. Kearney)가 2012년 11월 미국 전역의 18세 이상 성인 1,300명을 대상으로 실시한 한 온라인 조사 결과.
주2: 위의 숫자는 10점 척도로 측정된 것이고 '가장 신뢰한다'가 10점.
자료: Kearney(2012: 304; 2013: 14).

즉, 응답자의 거의 절반이 다른 가게에서보다 농민시장에서 더 많은 양의 과일과 채소를 구입한다고 했다(USDA, 2014c: 44-45). 이는 일반 소비자처럼 농민시장을 이용하는 SNAP 수혜자도 농민시장에서 거래되는 과일과 채소 같은 지역산 먹거리를 다른 매장에서 판매하는 그 어떤 먹거리보다 신뢰하고 있음[19]을 의미하는 것이다(〈그림 2-5〉 참조). 따라서 앞으로 SNAP 수혜자를 좀 더 많이 농민시장의 소비자로 유도할 수 있다면, 소비자들이 품질의 우수성을 인정하는 과일과 채소의 구입량이 늘어나 이들의 건강을 담보할 수 있게 되고, 농민판매인의 소득증대와 영농의 지속가능성에도 크게 도움이 될 것으로 보인다.

한편, SNAP 수혜자가 EBT 카드를 사용할 수 있는 농민시장의 숫자와 그들의 농민시장 이용 증가에 따른 지출액 증가 추이에 관한 자료도 긍정적 전망을 가능하게 하는 또 하나의 근거다(〈그림 2-6〉). 이 자료에서 제시된 변화 추이를 보면, SNAP 수혜자들은 1996년에 643개 농

그림 2-6 SNAP/EBT 시스템 수용 농민시장 숫자와 그에 따른 농민시장 소득의 변화 추이 (1994-2013)

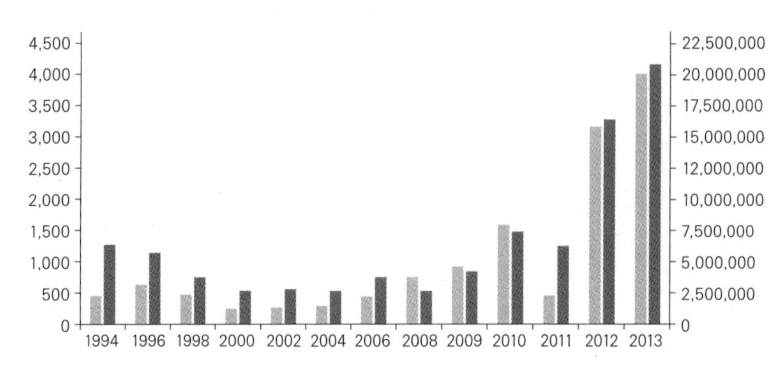

주1: 왼쪽의 숫자는 농민시장의 개수, 오른쪽의 숫자는 달러, 그리고 아래 하단의 연도는 회계년도.
주2: 연도별 2개의 막대 중 왼쪽 막대는 'SNAP/EBT 시스템 수용 농민시장 숫자', 그리고 오른쪽 막대는 'SNAP 수혜자의 농민시장 이용에 따른 소득액수.'
자료: Johnson(2016: 19)에서 재인용.

민시장에서 580만 달러를 사용했다. 하지만 EBT 카드로 전환되면서 양자의 지표는 하락세를 보이기 시작했고, 전국적으로 EBT 카드로의 대체가 완료되던 2004년 무렵에는 289개 농민시장에서만 EBT 카드 사용이 가능했고 이를 통한 거래액도 270만 달러 수준으로 떨어졌다(USDA, 2015a: 54). 보조금의 지급방식이 종이쿠폰에서 EBT 카드로 대체되었지만, 정작 농민시장 현장에서는 EBT 카드 거래를 처리할 수 있는 시스템을 온전히 갖추지 못했기 때문이다. 다행히 연방정부와 주정부의 정책적 노력으로 농민시장에서의 무선 EBT 시스템 구축이 성과를 거둠에 따라 EBT 카드 사용을 수용하는 농민시장의 숫자와 SNAP 수혜자의 농민시장 지출액은 모두 대략 2009년을 기점으로 뚜렷하고 급속한 증가세로 돌아섰다.

그러면, SNAP 외의 다른 영양 지원 프로그램 수혜자의 농민시장 이용에서는 어떤 변화가 있었을까?

미국 농무부의 한 경험적 조사 결과에 의하면, WIC와 같은 별도의 영양 지원 프로그램을 추가로 받는 소비자는 SNAP에만 참여하는 사람들보다도 농민시장에서 1.4배 정도 더 장을 보는 경향이 있는 것으로 나타났다(USDA, 2014b: 1). 또 이 조사에서 응답자들은 고품질의 지역산 과일과 채소, 저렴하면서도 신선한 과일과 채소, 주거지와의 근접성, 농민시장의 청결, 농민판매인과의 대화, 이웃과의 만남, SNAP EBT 카드의 통용, 오락과 문화적 활동 등을 농민시장에서 먹거리를 구매하는 중요한 이유로 들었다. 이런 요인들보다는 적었지만 여성·유아·어린이 농민시장 영양 프로그램 쿠폰이나 농민시장 노인 영양 프로그램 쿠폰을 사용할 수 있기 때문이라는 점도 농민시장에서 장을 보는 이유 중 하나라고 응답자들은 지적했다(USDA, 2014c: 71-73). 이런 사실들은 농민시장이 향후 SNAP 수혜자에 중점을 두되 농민시장 여성·유아·어린이 영양 프로그램이나 농민시장 노인 영양 프로그램 같은 또 다른 영양 지원 프로그램 수혜자를 농민시장의 적극적인 소비자로 유치하려는 노력이 중요함을 시사한다. 이런 문제의식을 갖고 농민시장이 고객 범주를 확장하는 효율적인 전략을 수립하고 추진한다면, 저소득층에게 양질의 지역먹거리를 제공함과 동시에 지역공동체의 회복과 건강성을 담보하는 지속적인 사회적 공간으로 성장할 수 있을 것으로 보인다.

슈퍼마켓, 먹거리사막 그리고 농민시장

영양 지원 프로그램의 수혜자인 저소득층의 농민시장 이용이 증가하고 있음에도, 이들의 대다수는 여전히 다양한 식료잡화를 취급하는 슈퍼마켓에서 장을 본다. 따라서 저소득층을 비롯한 미국인의 먹거리 소비 양식 속에서 농민시장이 과연 어떤 의미를 가질 수 있을지를 검토할 필요가 있다.

슈퍼마켓의 개념과 성장 과정 및 실태에 대한 오스터비르Oosterveer 등의 설명에 의하면(오스터비르 외, 2015: 292-311; Reardon et al., 2003), 슈퍼마켓Supermarket은 1916년 미국에서 처음 도입된 개념이다. 슈퍼마켓은 도시화, 도로 및 교통 여건의 개선, 중간계급의 급증, 여성의 경제활동 참여 증가, 서구문화에 대한 동경, 슈퍼마켓과 식품제조업자에 의한 가공식품의 가격 인하 등에 힘입어 제2차 세계대전 이후 선진국뿐 아니라 개발도상국에까지 전 세계적으로 확산되었다. 서유럽 슈퍼마켓의 성장은 1960년대에 시작되어 1990년대까지 이어져 식료잡화 매출의 대부분을 장악할 정도가 되었다. 이에 비해, 슈퍼마켓이 가장 먼저 등장했던 미국에서는 유럽보다 10여 년 늦은 2000년대에 접어들어서야 비로소 슈퍼마켓의 급속한 성장이 이루어졌다. 특히, 미국 슈퍼마켓의 성장은 점포 수의 감소와 대형화로 집약되었다.

먼저 슈퍼마켓의 수적 감소 현상을 보면, 1977년 최고 3만 개에 이르렀던 미국의 슈퍼마켓은 2000년 2만 5,000개에도 미치지 못한 것으로 나타났다(오스터비르 외, 2015: 311에서 재인용). 하지만 2010년과 2015년의 미국 슈퍼마켓 숫자와 전체 소매업체에서 차지하는 비중을 비교한 또 다른 조사 결과에 의하면, 그간의 인구 증가 탓인지 슈퍼마켓의 절대적인 숫자는 앞서 살펴본 숫자보다는 다시 큰 폭으로 증가했다. 즉, 2010년 3만 4,704개, 2015년 3만 4,458개로 확인되었고, 전체 소매업체에서의 비중은 각각 87.4퍼센트, 77.9퍼센트였다(USDA, 2017c). 이를 다시 정리하면, 2000년대 초반에 이르러 크게 줄어든 슈퍼마켓은 2010년대 들어 다시 크게 늘어났다는 것이다. 물론 2010년 이후의 경우로 한정하면, 절대적인 숫자나 전체 소매업체에서의 비중에서 다시 감소하고는 있지만, 다양한 형태의 소매업체 중에서 슈퍼마켓은 여전히 지배적인 소매업 유형으로서의 위상을 지니고 있다. 대형화의 추이는 여러 곳에서 확인할 수 있다. 예컨대, 미국의 일반 소매업체 중에서 월마트Walmart의 뒤를 잇는 2위 기업이자 슈퍼마켓 체인으로는 미국 내 1위 기업인 크로거Kroger[20]는 미국의 식료잡화점 체인 중 2012년 판매액 기준 37위 라운디스Roundy's[21]를 2015년 자회사로 만듦으로써 덩치를 더 키웠다. 그런가 하면, 알버슨스Albertson's[22]는 2015년 미국의 유명한 슈퍼마켓 체인 세이프웨이Safeway[23]를 인수해 자회사로 전환함으로써 미국의 슈퍼마켓 체인 중 2위 기업으로 급부상했다(Willard bishop, 2016).[24]

그렇다면, 슈퍼마켓의 수적 감소에 뒤이은 증가, 소매업체에서 차지하는 비중의 점진적 감소, 슈퍼마켓의 대형화 현상 등을 어떻게 이해해야 할까?

이런 현상을 야기한 중요한 원인 중의 하나는 식품소매업 부문에서의 변화에서 찾을 수 있다. 외형적으로 감지할 수 있는 변화의 핵심은 슈퍼마켓과는 다른 유형의 대형 소매업체들이 출현해 성장해왔다는 점이다. 주로 식료잡화를 판매하는 소매업체인 대형 슈퍼마켓보다, 식료잡화를 비롯해 더 많은 종류의 다양한 상품을 취급하는 타깃Target[25]이나 월마트 같은 하이퍼마켓[26] 체인Hapermarket Chains, 코스트코나 샘스 클럽Sam's Club[27] 같은 '회원제 창고형 할인매장 체인Warehouse Chains' 등이 그것이다. 이들 업체와의 관계 측면에서 보면, 슈퍼마켓은 하이퍼마켓 체인이나 회원제 창고형 할인매장 같은 소매업체와의 경쟁에서 점포 수를 줄이면서 대형화하는 전략을 구사했다. 또 그 과정에서 슈퍼마켓은 소매업계에서 여전히 주도적인 위상을 유지하고는 있지만 전체적으로는 다소 약화되는 경향을 보이고 있다. 이런 소매업체 내부에서의 변화와 경쟁이 전개되고 있지만, 미국 소매업체의 전체 규모는 수적으로 성장하고 있다(Farfan, 2017). 예컨대, 미국의 식료잡화점은 2010년 3만 9,703개에서 2015년 4만 4,243개로 집계되었다(USDA, 2017c: 5).

슈퍼마켓을 비롯한 대형 소매업체에서 일어난 이런 변화와 최근의 현실을 견주어보면, 슈퍼마켓의 집중화와 대형화가 이른바 '먹거리사막 food desert'[28] 문제를 낳았다(오스터비르 외, 2015: 310-311)는 주장은 다소 부연설명이 필요해 보인다. 그와 같은 설명은 미국 슈퍼마켓의 지속적인 양적 감소, 기타 대형 식료잡화점의 전체적인 감소 등과 함께 슈퍼마켓의 집중화와 대형화가 일어났다는 식의 단순한 인식을 초래할 수 있기 때문이다. 슈퍼마켓 수적 증감 추이부터 되짚어보면, 미국의 슈퍼마켓은 앞서 언급한 바와 같이 2000년 초까지 감소했지만 2010년 무렵 이후로는 이전에 비해 증가했고, 다시 약간의 감소세를 보이고 있다. 하지만 앞서 살펴본 슈퍼마켓과 유사한 여러 용어로 인해 혼란이 빚어질 수 있다는 점에 유의할 필요가 있다. 여기서 말하는 슈퍼마켓이 예전보다 증가하다 최근 다시 감소했지만, 다른 유형의 식료잡화 체인을 비롯한 소매업체가 그보다 더 증가했기 때문에 슈퍼마켓을 포함한 미국 전역의 식료잡화 소매업체 숫자는 전체적으로 증가했다는 점에 주목해야 한다는 것이다. 즉, 쇼핑 품목의 측면에서 슈퍼마켓의 기능보다 좀 더 복합적인 기능을 갖춘 여러 형태의 식료잡화점의 성장으로 미국의 식료잡화 소매업체의 숫자는 양적으로 이전보다 증가했다는 점을 간과해서는 곤란하다. 그렇다면, 가장 최근인 2010년 이후 슈퍼마켓과의 근접성과 저소득층의 먹거리 접근성 간의 관계는 어떤 식의 변화를 보이고 있을까? 또 이런 맥락에서 슈퍼마켓과 먹거리사막의 관계를 생각하면 어떤 얘기를 할 수 있을까?

2010년 미국 인구조사 자료에 근거해 미국인 중에 슈퍼마켓을 이용하기 힘든 지역에 거주하는 인구가 얼마나 되는지를 추계한 미국 농무부의 분석은 다음과 같다. 자료에 의하면(USDA, 2012), 주거지와 슈퍼마켓 간의 거리가 1마일 이상 떨어진 저소득층 지역에 거주하는 인구는 2,970만 명으로 미국 전체 인구의 9.7퍼센트로 추산된다. 이들 중 승용차를 소유한 대다수의 가구를 제외하면, 승용차 없이 슈퍼마켓으로부터 1마일 이상 떨어진 곳에 사는 가구는 전체 가구의 1.8퍼센트에 해당하는 210만 가구 정도다. 이는 2006년 해당 범주의 가구가 미국 전체 가구의 2.3퍼센트인 240만 가구였던 것에 비해 감소한 것이다. 먹거리와 관련하여 결정적으로 어려움을 겪는 층은 바로 이런 가구다.

미국 농무부는 2010년과 2015년 인구조사 통계에 근거해 이 문제를 보다 정교하게 비교 분석한 자료를 2017년 1월 발표했다(USDA, 2017c, 2017h). 도시와 농촌의 저소득층 지역, 거주지에서 가장 근접한 슈퍼마켓과의 거리, 승용차 소유 유무 같은 세 가지 기준으로 인구 집단을 나누어 비교한 것인데, 조사 결과가 매우 흥미롭다.

도시와 농촌 주민을 식료잡화 소매점과의 거리를 기준으로 범주화한 뒤 살펴본 2015년 추정 연구 결과는 다음과 같다(USDA, 2017c: 7-13; 2017h). 첫째, 도시지역의 경우 가장 가까운 슈퍼마켓을 비롯한 식료잡화 소매점과의 거리가 0.5마일 이상이고, 농촌의 경우 10마일 이상인 지역에 거주하는 8,350만 명 가운데 5,440만 명, 즉 미국 전체 인구의 약 17.7퍼센트가 식료잡화 소매점에 접근하는 데 어려움을 겪고 있다. 이들은 가장 근접한 식료잡화 소매점과의 거리가 0.5마일 이상(도시지역), 그리고 10마일 이상(농촌지역) 떨어진 곳에 살면서 건강한 먹거리와의 접근성에 제한을 받는 저소득층 인구라고 할 수 있다. 둘째, 도시지역의 경우 가장 가까운 슈퍼마켓을 비롯한 식료잡화 소매점과의 거리가 1마일 이상이고, 농촌의 경우 10마일 이상인 지역에 거주하는

3,940만 명 중 1,900만 명, 즉 미국 전체 인구의 약 6.2퍼센트가 식료잡화 소매점의 접근성에 있어 어려움을 겪고 있다. 이들은 가장 가까운 식료잡화 소매점과의 거리가 1마일 이상(도시지역)이거나 10마일 이상(농촌지역) 떨어진 곳에 살면서 건강한 먹거리에 대한 접근성에 제한을 받는 저소득층 인구라고 할 수 있다. 셋째, 도시지역의 경우 가장 가까운 슈퍼마켓을 비롯한 식료잡화 소매점과의 거리가 1마일 이상이고, 농촌의 경우에는 20마일 이상인 지역에 거주하는 3,520만 명 가운데 1,730만 명, 즉 미국 전체 인구의 약 5.6퍼센트가 식료잡화 소매점과의 접근성에 있어 어려움을 겪고 있다. 이들은 가장 근접한 식료잡화 소매점과의 거리가 1마일 이상(도시지역)이거나 20마일 이상(농촌지역) 떨어진 곳에 살면서 건강한 먹거리에 대한 접근성에 제한을 받는 저소득층 인구라고 할 수 있다. 넷째, 가장 근접한 식료잡화 소매점과의 거리가 0.5마일 이상(도시) 또는 20마일 이상(농촌) 떨어진 저소득층 지역에 거주하는 1,820만 가구 중에서 210만 가구, 전체 미국인 가구 중 1.8퍼센트가 자가용이 없는 가구로 추정된다. 공교롭게도 앞서 살펴본 2010년 가구 숫자와 동일한 추산치가 나오기는 했지만 앞서의 자료와는 달리 2015년 통계는 식료잡화 소매점과의 거리가 0.5마일 이상 또는 20마일 이상 떨어진 지역을 기준으로 삼고 있다는 점에서 구별된다.

2010년 자료와 2015년 자료의 비교는 다음과 같은 몇 가지 특징을 보여준다(USDA, 2017c: 7-8; 2017h). 첫째, 2010년에 비해 2015년의 경우, 가장 근접한 식료잡화 소매점과의 거리가 20마일 이상 떨어진 지역에 거주하는 인구집단을 제외한 0.5마일 이상이거나 10마일 이상, 1마일 이상이거나 10마일 이상, 1마일 이상이거나 20마일 이상 떨어진 지역에 거주하는 인구집단 범주 모두에서 먹거리 접근성에 제약을 받는 숫자는 감소한 것으로 나타났다는 것이다. 이는 소득과 관계없이 식료잡화 소매점과의 지리적 근접성이 적어도 지난 5년 사이에 개선되었음을 의미한다. 둘째, 식료잡화 소매점과의 지리적 근접성 개선과는 반대로, 위의 세 가지 인구 범주 모두에서 2015년 저소득층은 2010년에 비해 증가했다는 것이다. 1장에서 살펴본 바와 같이, 이는 특히 2008년 대불황의 여파인 동시에 미국 사회의 소득 불평등이 심화되어왔음을 방증하는 것이다. 셋째, 저소득층 거주 지역에 살면서 식료잡화 소매점과의 접근성이 낮은 인구집단의 비중은 2015년의 경우 위의 세 가지 지리적 범주 모두에서 2010년보다 모두 조금씩 증가한 것으로 나타났다는 것이다. 이는 지난 5년간 저소득층의 비율 증가 경향이 식료잡화 소매점과의 접근성 취약 인구집단의 감소 경향보다 더 강해서 후자의 영향을 상쇄한 결과라고 볼 수 있다. 이런 결과를 토대로, 미국 농무부는 지리적 근접성보다 소득수준이 건강한 먹거리에의 최종적인 접근 가능성에서 더 큰 장애가 될 수 있음을 시사한다는 결론을 내렸다(USDA, 2017c: 14). 이는 물론 설득력 있는 해석이다.

지금까지 살펴본 바와 같이, 슈퍼마켓은 여전히 식료잡화 소매업 부문의 주도적인 형태이면서도 업계 내에서의 비중은 다소 감소했다. 그러면서도 또 다른 유형의 식료잡화점들의 가세로 인해, 전체적으로 보면 식료잡화 소매점은 증가세를 보여왔다. 그렇지만 저소득층 비중의 증가로 인해 식료잡화 소매점과의 접근성에 어려움을 겪는 저소득층 지역의 인구집단은 오히려 증가했다. 따라서 슈퍼마켓의 집중화와 대형화 경향을 거론할 때에는 이런 복합적인 추이에 관한 설명과 이해를 전제로 해야 불필요한 오해를 피할 수 있을 것으로 보인다. 사실 식료잡화 소매점이 증가했다고는 하나 대형 매장을 확보해야 하는 하이퍼마켓이나 회원제 창고형 할인매장은 저소득층이 밀집해 있는 도심보다는 외곽에 위치하는 경향이 있기에 도심 저소득층 주민의 입장에서는 접근성이 나쁠 수밖에 없다. 자가용이 없는 저소득층 주민의 경우에는 더 말할 나위도 없다. 따라서 그러한 소매업체가 수적으로 늘어났음에도, 저소득층 주민의 입장에서는 별반 도움이 되지 않았을 것이라고 보는 게 오히려 현실에 가까운 해석일 것이다. 대형 소매업체들의 경영전략이나 대형 매장의 확보 필요성으로 인한 입지적 특성과 장기 경기침체의 영향 등으로 인해 도심의 지역주민이 먹거리사막에 직면하게 될 공산은 결국 더 커진 셈이다.

도심에 소형 식료품점들이 한두 곳 남아 있는 경우에도 그다지 신선하지 않은 먹거리를 비싸게 팔기 때문에, 먹거리사막의 저소득층 주민들은 품질이 떨어지는 먹거리를 오히려 비싸게 사서 먹게 된다. 다시 말해, 이들은 건강한 식사에 필요한 식재료와 다양한 먹거리를 제대로 갖추지 못하고 있고, 그나마 가격도 평균적으로 슈퍼마켓보다 비싼 집 근처의 소규모 식료잡화점이나 편의점에 의존할 수밖에 없는 구조적 환경에 놓여 있다는 것이다.[29] 이 같은 상황은 곧바로 '열악한 식습관poor diets'과 그로 인한 당뇨, 비만 등과 같은 '식인성 질환diet-related diseases'으로 이어질 개연성을 높인다. 도심지 곳곳에 들어서는 농민시장이 먹거리사막의 주민들에게 희망의 불씨가 될 수 있다는 지적은 이런 맥락에서 보면 자연스러운 것이다(오스터비르 외, 2015: 166-167; USDA, 2009c: iii-vi). 슈퍼마켓에의 접근성이 떨어지는 곳에 사는 주민들에게 슈퍼마켓에서 파는 것보다 더 신선한 양질의 지역먹거리를 적정한 가격에 구매할 수 있는 정기적인 시장이 생기는 셈이기 때문이다. 농민시장이 저소득층 지역의 주민들에게 갖는 일차적인 의의는 바로 이런 점에서 찾을 수 있다. 슈퍼마켓이나 소형 식료품점과는 구별되는 기능을 수행하는 새로운 시장이 그런 식료품점들을 대체하는 적극적인 의미로 주민들에게 다가서는 것이다. 물론 지역농민의 입장에서도 농민시장은 중요한 의미를 갖는다. 건강한 먹거리를 필요로 하는 지역주민들의 욕구를 충족시키는 과정에서 안정적인 판로를 확보함으로써 영농의 지속가능성을 높일 수 있기 때문이다. 결국 농민시장은 먹거리 공급과 소비의 연쇄 과정에서 생산자농민과 소비자 모두에게 직거래에서 오는 경제적 혜택을 제공하는 실리적 공간이라는 역할을 하게 되는 것이다. 생산자농민이 대형 소매업체를 운영하는 먹거리 유통 대자본의 영향에서 벗어나 자신의 먹거리에 대해 제값을 받고, 소비자는 유통 단계의 축소에 따른 이익을 분배받는 공간이 농민시장이다. 이에 더해, 농민판매인과 지역주민 간의 지속적인 교류 과정에서 축적되는 신뢰와 인간적 교감에 토대를 둔 지역공동체의 회복과 강화도 기대할 수 있다.[30] 또 정례적인 농민시장은 시장을 찾는 소비자들 간의 만남, 사귐, 휴식의 공간이 될 수 있다. 농민시장이 먹거리의 실리적 교류가 이루어지는 경제적 공간을 넘어 비경제적인 가치들이 동시에 내재된 사회적 공간으로 기능할 수 있는 것은 이런 장점이 있기 때문이다.

유기농과 농민시장의 배태성

미국의 농민시장을 다니다 보면, 가판대나 텐트의 기둥 또는 모서리에 '인증받은 유기농산물'이라는 표식을 걸어두고 영업하는 판매인들을 자주 볼 수 있다. 또 자신의 농산물이 정부의 공식인증을 받은 것은 아니지만 친환경농법으로 재배된 유기농이라고 자신 있게 말하는 농민판매인들과도 종종 마주치게 된다. 공식인증 여부를 떠나 농민시장의 먹거리가 슈퍼마켓을 비롯한 다른 매장의 것에 비해 질적으로 우수함을 입증하는 방법 중의 하나가 유기농, 특히 인증받은 유기농이라는 점을 보여주는 장면들이다.

한 연구에 의하면(오스터비르 외, 2016: 277-278), 미국의 유기농 운동은 환경 문제, 저질의 먹거리 문제 등 갖가지 부작용을 양산하는 '산업적 농업'의 대안으로 1960~70년대에 확산되기 시작했다. 유기농 생산자들은 이후 각자 나름의 '가치'와 '정직성'을 토대로 유기농업을 고수했다. 하지만 유기농에 대한 사회적 관심이 점차 커지면서, 1990년대로 접어들 즈음에는 전국적인 유기농 표준 제정에 대한 압력이 거세졌다. 이런 사회적 분위기에서 2002년 전국 유기농 표준이 시행되었다.[31] 미국 농무부는 이에 발맞추어 2002년부터 유기농 농장과 사업체 숫자를 집계하기 시작했는데, 그 추이를 보여주는 최근 자료가 〈그림 2-7〉이다.

〈그림 2-7〉은 2002년부터 2016년까지 14년 동안 유기농 농장과 유기농 가공업체 등이 약 3배 이상 증가했음을 보여준다. 이와 같이 유기농을 취급하는 농장과 사업체들이 늘어나고 유기농에 대한 일반인의 관심이 커지는 사회적 현상[32]은 농민시장과 어떤 관련이 있을까? 이 물음에 답하려면 우선 소비자의 유기농 선호 경향이 소매업계에 끼친 영향을 살펴볼 필요가 있다.

예상할 수 있는 것이지만, 이 같은 선호에 따른 수요 증대는 자연식품과 유기농 먹거리를 둘러싼 소매업계의 경쟁을 심화시켰다. 크로거, 월마트 같은 전통적인 대형 소매업체들이 자연식품과 유기농 먹거리 시장에 진출함에 따라 홀푸즈Whole Foods, 스프라우츠Sprouts, 프레시마켓Fresh Market 같은 전문 자연 및 유기농 슈퍼마켓들과의 경쟁이 더욱 치열해지고 있다(Duff & Phelps, 2016). 특히, 선진국의 슈퍼마켓을 비롯한 대형 식료잡화 소매점 체인들은 남반부의 개발도상국 농민들로부터 자신들의 요구 기준을 충족시키는 신선한 과일과 채소를 대량 수입해 최대한 저가로 연중 공급함으로써 소비자의 욕구를 충족시킨다.

그림 2-7 미국 농무부의 인증 유기농 농장과 사업체 추이(2002-2016)

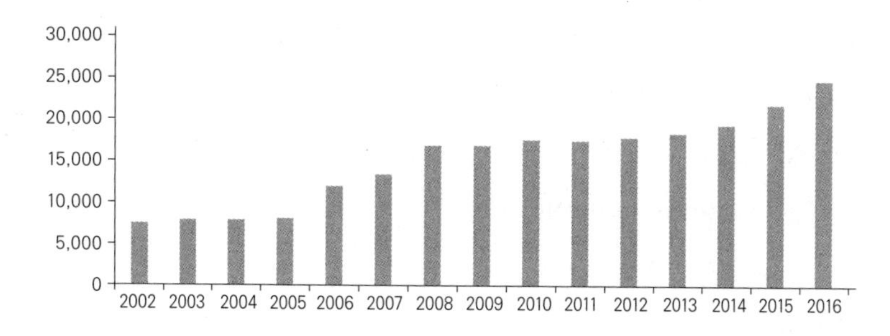

자료: USDA(2017b).

이로 인해 미국에서는 일련의 먹거리 공급체계에서 이미 1990년대 말경에 권력의 중심이 종래의 생산자에서 이런 소매업체들로 이동했다(오스터비르 외, 2016: 310-318).

이와 같이 기존의 유기농 슈퍼마켓뿐만 아니라 전통적인 대형 소매업체들마저 유기농 시장에 뛰어들면서, 유기농 먹거리를 강력한 무기로 내세우던 농민시장은 소비자를 사이에 두고 이들과 치열한 경쟁을 벌여야 하는 상황으로 내몰렸다. 그렇다면 유기농 시장에 이미 되돌릴 수 없는 새로운 장이 열린 시점에서, 농민시장은 어떻게 이에 맞서서 친환경적 먹거리 시장으로서의 특징을 유지하고 확장할 수 있을까?

농민시장이 현재 지니고 있는 내적 특징들에 주목하면서 대처하는 전략이 필요해 보인다. 먼저, 농민시장에서 판매하는 먹거리의 성격에 대한 지역소비자들의 호의적 인식을 중시하면서, 이를 지키고 확충하려는 노력이 중요하다. 농민시장에 참여하는 농민들은 지속가능한 영농을 염두에 두고 친환경적 영농 방식에 따라 자기 농장에서 재배한 양질의 먹거리를 소비자에게 제공하고자 노력하는 사람들이다. 그런가 하면, 농민시장의 소비자들은 이곳에서 구하는 먹거리의 질적 우수성을 인정할 뿐만 아니라 지역농민과 지역경제를 후원하려는 의지를 갖고 장을 보는 구매자다(Connell, Smithers & Joseph, 2008; Feagan & Morris, 2009). 자기 지역의 농장에서 생산된 질 좋은 먹거리를 생산자 농민과의 직거래를 통해 신선한 상태에서 구입해 먹을 수 있는 장소가 바로 농민시장이라고 인식하는 것이다. 요컨대, 자기 지역에서 친환경적으로 재배된 지역먹거리라는 측면에서 생산자와 소비자가 애착과 질적 자부심을 공유할 수 있고, 그런 가운데 거래가 이루어지는 공간이 농민시장인 셈이다. 생산자와 소비자가 농민시장에서 그런 관계를 반복적으로 지속해감에 따라 농민시장에 그런 인식이 하나의 중요한 특징으로 '묻어 들어가게 되는데embedded'[33], 이를 개념적으로 포착한 것이 '공간적 배태성spatial embeddedness'[34]이다.

농민시장에서 소비자들을 만나보면 그들 중 대다수는 명목상 같은 유기농이라고 하더라도 농민시장에 나오는 유기농이 대형 슈퍼마켓이나 유기농 전문점의 것보다 질적으로 우수하다고 말한다. 먹거리의 재배 과정에서 생산자들이 기울이는 정성으로 봐도 그렇고 소비자에게 전달되는 기간의 측면에서도 그럴 수밖에 없다는 것이다. 말하자면, 그런 이유 때문에 영양학적 측면에서 농민시장의 유기농은 다른 식료잡화점에서의 그것과는 분명히 차별성이 있다고 소비자와 생산자는 거의 같은 판단을 내린다. 심지어 공식인증을 받지 않은 유기농이나 단순 자연산이라도 농민시장의 것이 다른 매장의 유기농보다 오히려 낫다고 생각하는 소비자도 종종 볼 수 있다. 이런 인식의 결과로 농민시장에 깃들게 된 또 하나의 특징이 '자연적 배태성'이라고 할 수 있다(김원동, 2016: 99-102).

지금까지 살펴본 바와 같이, 시장별 여건에 따라 다소 차이는 있겠지만 사회적 배태성, 공간적 배태성, 자연적 배태성을 엿볼 수 있는 사회적 공간이 농민시장이다. 따라서 지역의 농민시장들이 지역사회와의 지속적인 협력과 유대를 통해 이런 특징들을 얼마나 잘 발현시키고 강화할 수 있느냐에 따라 미국 농민시장의 미래는 크게 달라질 것이다. 이런 노력과 함께, 농민시장들은 지역사회의 저소득층이 먹거리공동체에서 배제되지 않도록 정부의 먹거리 및 농민시장 정책을 지렛대로 최대한 활용하면서 지역 차원의 연대를 통해 정부를 상대로 적극적인 농민시장 육성 정책을 촉구하는 운동에도 관심을 기울여야 할 것이다.

제2부

미국의 농민시장
: 사례 분석

제2부에서 사례를 살펴보려는 농민시장은 미국 서부 지역에서 운영 중에 있는 일곱 곳이다. 도시로 보면, 오리건주의 포틀랜드시 두 곳, 유진시와 스프링필드시에서 각 한 곳, 캘리포니아주의 샌프란시스코시 세 곳에 위치한 농민시장이 그 대상이다.

포틀랜드는 오리건주의 경제적 중심 도시로서, 주도州都는 아니지만 인구도 가장 많고 친환경적 도시로 정평이 나 있다. 워싱턴주와 경계를 이루는 오리건주의 북쪽 끝단에 위치해 있다. 장터로 활용되는 포틀랜드주립대학교 캠퍼스의 이름을 딴 '포틀랜드주립대학교 농민시장'은 포틀랜드에서 가장 규모가 크고 많은 쇼핑객으로 붐비는 토요농민시장이다. 포틀랜드 지역의 또 다른 사례로 선택한 '피플스 농민시장'은 협동조합이 운영되는 소규모 농민시장이다. 대학 캠퍼스를 배경으로 한 포틀랜드주립대학교 농민시장과는 대조적으로 주택가 도로에 임시차단막을 설치해 조성한 작은 공간에서 매주 수요일 열린다.

유진시는 포틀랜드에서 남쪽으로 약 100마일 떨어진 곳에 있고, 경제도시 포틀랜드나 주도인 행정도시 세일럼 못지않게 잘 알려진 도시다. 오리건주를 대표하는 주립대학교라고 할 수 있는 오리건대학교 University of Oregon의 소재지이기도 하다. 유진의 도심에서 열리고 이 권역에서는 제일 규모가 큰 농민시장이 바로 '레인 카운티 농민시장'이다. '스프라우트 농민시장'은 유진과 동일 생활권을 형성하는 인접 도시 스프링필드의 옛 교회 건물에서 매주 금요일마다 열리는 소규모 농민시장이다.

샌프란시스코에서는 우선 전국적으로도 유명한 '페리 플라자 농민시장'을 사례 중 하나로 선정했다. 또 하나의 사례인 '도시의 심장 농민시장'은 평일에는 사무직 종사자들이 많이 찾지만 주말에는 저소득 지역 주민이 주로 찾는 도심에 위치한 농민시장이다. 그런가 하면, '알레머니 농민시장'은 노동자계층의 주민들이 많이 거주하는 도시 외곽 지역에서 연중 열리는 토요농민시장이다.

이와 같이 도시의 특성이 서로 다른 서부 지역의 네 개 도시를 선택하고, 시장의 규모나 주요 고객의 성격 등에 있어 차이가 있어 보이는 농민시장들을 분석 대상으로 삼은 이유는, 미국 농민시장의 특징과 의미를 다각도로 탐색해보기 위해서였다. 이를테면, 도시의 색깔이 농민시장의 성격에 영향을 줄 수 있다고 본 것이다. 오리건주에 위치한 농민시장들은 대체로 관광객보다는 지역주민과의 연계성이 깊을 것이고, 세계적 관광도시인 샌프란시스코의 농민시장들은 지역주민 못지않게 관광객으로부터 영향을 많이 받을 것이라는 예상은 이런 맥락에서 비롯된 것이었다.

농민시장이 열리는 주변 지역의 구조적 여건과 지역주민의 계층이 시장과 소비자가 맺는 관계의 성격에 영향을 미치고, 결국은 농민시장의 특징을 규정할 수 있다는 생각도 했다. 예컨대, 중산층이나 관광객을 주로 상대하는 농민시장은 다소 비싼 유기농 먹거리를 거래하는 전형적인 중산층 농민시장의 이미지를 낳는가 하면, 먹거리사막의 저소득층을 고객으로 하는 농민시장은 그런 통상적인 농민시장 이미지와는 전혀 다른 농민시장의 또 다른 모습을 보여줄 수 있다는 것이다. 또 동일한 농민시장이 같은 장소에서 서로 다른 요일에 여러 번 열릴 경우에는 요일의 특성에 따라 다채로운 이미지를 특징으로 동시에 가질 수도 있다.

일곱 곳의 농민시장 사례에 관한 본문에서의 검토는 미국의 농민시장들이 어떤 배경에서 시작되어 어떻게 운영되고 있고, 그에 따라 어떤 공통점과 차이점들을 내포하고 있는지 다채롭게 보여줄 것이다.

3장

페리 플라자 농민시장

시장 개요

먼저, 페리 플라자 농민시장Ferry Plaza Farmers Market 웹사이트에 나와 있는 자료[1]를 중심으로 시장을 여러 측면에서 개괄하면 다음과 같다.

페리 플라자 농민시장은 현재 샌프란시스코 페리 빌딩에 있는 '지속가능한 농업을 위한 도시교육센터Center for Urban Education about Sustainable Agriculture'(이하 CUESA)가 운영하는 2개의 농민시장 중 하나다.[2] 연혁을 살펴보면, 페리 플라자 농민시장은 1992년 9월 샌프란시스코의 선창가 찻길에서 한때는 '페리 플라자 수확 시장Ferry Plaza Harvest Market'이라는 이름을 걸고 일요일에 한 번 서는 장으로 출발했다. 첫 농민시장의 시도가 성공을 거두면서 그 이듬해 봄 캘리포니아

표 3-1 페리 플라자 농민시장 개요

명칭	페리 플라자 농민시장(Ferry Plaza Farmers Market)
도시(위치)	캘리포니아주 샌프란시스코 (1 Ferry Building, Suite 50, San Francisco, CA 94111)
개장 연도	1993년(현재의 위치)
개장 일시	날씨와 관계없이 일주일에 3일 연중 개장 화요농민시장: 오전 10시에서 오후 2시 목요농민시장: 오전 10시에서 오후 2시 토요농민시장: 오전 8시에서 오후 2시
시장의 운영	지속가능한 농업을 위한 도시교육센터(CUESA)
웹사이트, SNS	http://www.cuesa.org/markets/ferry-plaza-farmers-market https://www.facebook.com/CUESA https://twitter.com/cuesa https://www.instagram.com/cuesa https://www.youtube.com/user/cuesasf https://www.pinterest.co.kr/cuesa

출처: http://www.cuesa.org/markets/ferry-plaza-farmers-market.
자료: 검색일(2017년 6월 11일).

주의 인증을 받은[3] '토요농민시장'으로 발전했고, 페리 빌딩의 보수 공사가 끝난 2003년 봄에 현재 위치로 이전했다. 그것은 영구적인 장터를 확보하고자 했던 CUESA의 10년에 걸친 목표를 이루는 일이기도 했다. 페리 빌딩 옆의 옥외에 자리를 잡은 페리 플라자 농민시장은 이후 오늘날까지 페리 빌딩과 함께 각자의 고유한 '정체성identities'을 견지하면서 '동반 상승 및 공생 관계a synergy and a symbiotic relationship'를 유지하고 있다(〈표 3-1〉 참조).[4]

페리 플라자 농민시장의 성격을 좀 더 구체적으로 파악하려면 CUESA 조직과 그 비전을 살펴볼 필요가 있다.

CUESA는 페리 플라자 농민시장이 1994년 정식으로 조직의 형태를 갖춤으로써 탄생했다고 할 수 있다. CUESA는 지역농민과 도시주민을 연결하고 '지속가능한 먹거리체계sustainable food system'를 구축하는 것을 비전으로 설정했다. 그런 비전의 구현 방법이 도시주민을 대상으로 '지속가능한 농업sustainable agriculture'에 관해 교육하고 농민시장을 운영하는 것이었다. 페리 플라자 농민시장 관계자들은 지역주민을 비롯한 쇼핑객에게 양질의 먹거리와 먹거리교육을 제공하려는 페리 플라자 농민시장의 설립 비전을 CUESA라는 조직 명칭과 비영리조직으로서의 지위에 담았다. 이렇게 출범한 CUESA는 1999년부터 페리 플라자 농민시장의 운영 주체로서 역할을 수행하고 있다.[5] CUESA는 페리 플라자 농민시장에 농민시장의 전형적인 특징이 관철될 수 있도록 20여 년을 노력해왔고, 최근에는 또 다른 농민시장의 운영을 통해 이를 보강하려 애쓰고 있다. 이 맥락에서 분명하게 읽어낼 수 있는 한 가지 사실은, CUESA가 구현하고 싶어하는 '도농 통합'과 '지속가능한 먹거리체계의 구축'이라는 지향점이 녹아 있는 농민시장[6]이 바로 페리 플라자 농민시장이라는 점이다. 물론 페리 플라자 농민시장이 이런 비전의 실현에 얼마나 성공적으로 부응하고 있는가는 시장의 운영 과정과 실태에 대한 구체적인 분석과 평가를 통해 확인해야 할 문제다.

그렇다면, 오늘날 페리 플라자 농민시장은 어떤 형식으로 운영되고 있을까? 페리 플라자 농민시장은 매주 화요일, 목요일, 토요일 3회 열린다. 이른바 페리 플라자 화요농민시장, 목요농민시장, 토요농민시장이다(김원동, 2012a: 187-195). 샌프란시스코에서도 유서 깊은 건물 중의 하나인 페리 빌딩을 둘러싸고 그 전면과 후면의 인도와 공터에 연이어 세워진 천막 가판대에서 판매인들이 일주일에 세 번씩 1년 내내 소비자를 맞는다. 페리 플라자 농민시장의 홈페이지에 접속하면, 화창한 날이든 비오는 날이든 관계없이 농민시장이 연중 열린다는 문구를 바로

사진 3-1 페리 플라자 목요농민시장은 방문객에게 다양한 길거리음식을 판매한다.

접하게 된다. 물론 요일과 시기에 따라 참여하는 판매인은 가변적이다. 다시 말해, 같은 판매인이 세 번의 농민시장에 모두 나서는 것이 아니라는 의미다.[7]

3개 농민시장은 제각각 나름의 특색이 있다. 페리 플라자 화요농민시장은 화요일 오전 10시부터 오후 2시까지 연중 서는 장터다. 원래 화요농민시장은 지금처럼 페리 빌딩 주변에서 열리는 시장이 아니었다. 페리 빌딩 바로 맞은편의 저스틴 허먼 광장Justin Herman Plaza에서 열리던 '화요 정오 농민시장Tuesday midday farmers market'을 1995년 페리 플라자 농민시장의 하나로 흡수하면서 지금의 장소로 이전한 것이다. 페리 플라자 토요농민시장이 성장하면서 곧바로 '페리 플라자 농민시장'의 틀 안으로 주중 농민시장을 끌어들여 규모를 확장한 셈이다.[8] 페리 플라자 농민시장의 홈페이지에는 화요농민시장이 농민판매인과 조리식품 판매인 20명 이상이 참여하는 활기찬 시장이라고 소개되어 있다.

시장에 들러 판매인들에게서 신선한 제철 과일과 채소를 구입하고 점심식사도 한 후 구입한 식재료로 저녁식사를 준비할 것을 권한다. 말하자면, 화요농민시장에서의 장보기를 소비자의 일상적인 주간 활동으로 삼을 것을 권장하는 것이다.[9]

목요농민시장도 화요농민시장처럼 오전 10시부터 오후 2시까지 운영한다. 목요농민시장은 소비자의 점심식사에 초점을 맞춘 시장이라는 특징을 갖는다. 물론 주중에 가정에서 필요로 하는 신선한 채소나 과일을 소비자에게 제공하기 위해 일부 농민판매인이 참여한다. 하지만 목요농민시장은 방문객에게 다양한 점심용 길거리음식street food lunch options을 제공하는 음식 판매인이 중심을 이룬다. 즉 피자, 타코, 샌드위치, 샐러드, 수프, 커피 같은 점심식사용 먹거리를 판매할 목적으로 2009년 7월 문을 연 시장이다.[10] 필자가 2012년 1월 하순 현지조사를 위해 목요농민시장을 방문했을 때에도 농산물이나 가공식품 판매인보다는 음식 판매인이 많았고, 소비자들이 식사 주문을 위해 음식 가판대 주변에 몰려 있음을 볼 수 있었다(김원동, 2014a: 228). 홈페이지 소개에서도 짐작할 수 있듯, 목요농민시장은 토요농민시장보다는 규모가 훨씬 작았고, 가판대 또한 페리 빌딩의 전면에 집중되어 있었다.

토요농민시장은 규모가 가장 크고 제일 유명하다. 토요일마다 100명 이상의 판매인이 펼친 가판대가 페리 빌딩의 전면과 후면 주변을 둘러싼 모든 공터에 빼곡히 들어차고, 고품질의 다양한 지역먹거리가 제공된다. 샌프란시스코의 명소로 자리를 굳힌 페리 빌딩이나 페리 플라자 농민시장을 찾는 관광객, 그리고 이곳에서 주말의 여가를 즐기려는 주민들이 어우러져 빚어내는 분주함 속에서 농민시장에는 생동감이 넘친다. 시장통 곳곳에서 울려 퍼지는 연주자들의 감미로운 선율이 방문객들에게 '평화와 풍요로움'을 덤으로 선사한다. 주말에 일찍 시장을 찾

사진 3-2 페리 플라자 토요농민시장은 지역주민과 관광객이 어우러져 생동감이 넘친다.

는 방문객들을 고려해 토요농민시장은 화요농민시장과 목요농민시장보다 2시간 먼저 문을 연다. 폐장 시간은 주중과 마찬가지로 오후 2시지만, 아침 8시부터 개장하기 때문에 방문객들에게 점심식사뿐만 아니라 아침식사도 준비되어 있다는 점을 홍보한다. 빼어난 풍광을 배경으로, 농민시장은 방문객이 몰리는 정오를 전후로 절정을 맞는다. 필자가 2012년 1월 토요농민시장을 방문해 면접조사를 수행하면서 느낄 수 있었던 분위기도 바로 이런 것이었다.[11]

페리 플라자 농민시장은 이미 유명세를 많아 타서 방송 관계자들이 판매인들과의 면담이나 시장 풍경의 촬영을 위해 자주 찾는 곳 중의 하나이기도 하다. 필자가 현장을 방문하던 날에도 마침 방송 촬영을 하던 장면을 목격할 수 있었다(〈사진 3-3〉).[12] 국제사면위원회Amnesty International의 관계자들이 시장 입구에서 방문객을 상대로 사형제도 폐지를 주창하는 플래카드를 들고 청원 서명을 받고 있던 장면 또한 눈

사진 3-3 이미 유명세를 많이 탄 페리 플라자 토요농민시장에는 방송 관계자도 많이 찾는다.

길을 끌었다. 시민사회단체 관계자들이 농민시장에 나와 자기 단체의 활동을 시장 방문객에게 홍보하거나 동참을 권유하는 행사가 페리 플라자 농민시장에서도 진행되고 있었다. 페리 플라자 농민시장에서는 자신의 작은 쇼핑용 이동 카트에 채식을 권장하는 문구[13]를 붙여둔 채 장을 보러 다니는 채식 소비자의 모습도 볼 수 있었다(〈사진 3-4〉). 장을 보러 다니면서 일종의 1인 채식주의 시위를 하고 있는 것이다. 이와 같이, 페리 플라자 농민시장은 요란한 형태는 아니지만 식생활 문제부터 사회적 쟁점에 이르기까지 여러 부류의 시민운동이 잔잔하게 펼쳐지는 장소라고도 할 수 있다.

페리 플라자 농민시장이 지역공동체와 소비자에게 기여하는 역할 중 하나는 교육 프로그램이다. 우선 토요농민시장에서 무료로 제공하는 지역 요리사들에 의한 '요리교실'[14]과 지속가능한 먹거리체계를 보다 깊이 있게 이해할 수 있는 '먹거리교육 프로그램'[15]을 들 수 있다. 전자는 다른 농민시장에서도 일반적으로 볼 수 있지만, 후자는 좀처럼 보기 힘들다. 페리 플라자 농민시장의 지향점을 잘 보여주는 프로그램이라 할 수 있다.

사진 3-4 판매자뿐 아니라 소비자도 먹거리 교육에 앞장선다.

페리 플라자 농민시장에서는 어린이를 위한 교육 프로그램도 진행하고 있다. '먹거리에 지혜로운 어린이Foodwise Kids'라는 어린이용 먹거리교육 프로그램이다. 이것은 어린이를 건강한 먹거리시민으로 육성하기 위한 차세대 교육 프로그램이라고 할 수 있다. 샌프란시스코 지역의 공립초등학교 어린이들의 신청을 받아 35명 이내의 학급을 편성해, 학기 중에 매주 2회씩 2시간 30분씩 진행하는 무료 먹거리 프로그램이다. 교육 내용은 매우 다양하다. 이를테면, 어린이들에게 캘리포니아주에서 재배되는 제철 음식을 알려주고, 평소 친숙하지 않던 과일이나 채소를 맛보게 함으로써 이에 대한 개방적 태도와 관심을 길러준다. 또 페리 플라자 농민시장에서 제공한 토큰으로 직접 시장에서 식재료를 구입하면서 농민들과 만나 자연스럽게 먹거리의 재배 방식을 비롯한 여러 가지 것을 배우게 유도한다. 교육과정 말미에서는 시장에서 구입한 식재료를 갖고 소집단별로 직접 조리를 해서 친구와 교사 및 보호자들과 함께 나누어 먹을 수 있게 한다. 이 프로그램은 2012년 가을에 시작되었는데,[16] 그동안 지역의 공립초등학교에서 약 5,600명의 학생들이 참여했다고 한다. 이 프로그램을 통해 지역의 초등학생들은 '지속가능한 먹거리체계'에서 자신들이 해야 할 역할을 어려서부터 분명하게 익힐 수 있다. 결국 페리 플라자 농민시

장이 직접 나서서 지역 어린이 대상의 먹거리 사회화 프로그램을 운영하는 셈이다.[17]

페리 플라자 농민시장이 지역사회를 대상으로 전개해온 중요한 먹거리교육 프로그램 중에서 단연 눈길을 끄는 것은 '교정校庭과 시장 연계 Schoolyard to Market' 프로그램이다. 이것은 페리 플라자 농민시장이 '샌프란시스코 녹색교정 연맹'과 협력해 청소년 개발과 기업가 정신 함양을 위해 2011년 2월 시작한 시범 프로그램이다. 지역 소재의 2개 고등학교가 참여하는데, 학생들이 교정의 텃밭에 유기농 채소 모종을 심어 재배하면서 농민시장과 지역농장들을 직접 방문하여 영농 기술을 익히고, 수확 후에는 페리 플라자 농민시장에 내다 파는 일까지 해보는 프로그램이다. 이 프로그램의 운영 과정에서 추진 주체들은 교과목들 간의 연계성을 살리는 일에도 신경을 쓴다. 예컨대, 생물학 수업 시간에 모종을 길러보고, 경제학 시간에는 생산물의 마케팅에 관해 배우고, 미술 시간에는 매력적이면서도 독창적인 농민시장 홍보 간판을 그려보게 하는 것이다(CUESA, 2011; 김원동, 2012a: 217; 2014a: 249). 이와 같이, 학생들은 이 프로그램에 참여함으로써 전체 계획 수립부터 모종 심기, 판매에 이르기까지 직접 몸으로 다양한 경험을 하게 된다. 또 학생들은 이 과정에서 지역농민이나 식품기업가, 전문가 등의 조언을 접할 뿐 아니라 자신의 먹거리, 신선한 과일과 채소, 소비자 대응 서비스, 먹거리의 지속가능성, 먹거리체계, 사업의 성공적인 운영 방법 등에 관해 많은 것을 폭넓게 배운다. 페리 플라자 농민시장이 주관하는 이 프로그램에는 2012년 고등학교 한 곳이 더 합류해 현재 3개 고등학교가 참여하고 있다.[18]

지금까지 살펴본 바와 같이, 페리 플라자 농민시장은 먹거리교육 프로그램에 있어 다른 농민시장과는 구별되는 몇 가지 특징을 갖고 있다.

우선, 성인 소비자에 초점을 둔 프로그램의 경우에도 요리교실 같은 일반적인 프로그램 외에 먹거리의 주요 쟁점을 성찰하게 하는 다소 깊이 있는 프로그램을 제공한다. 이를테면, 식품유역The Food Shed 프로그램이 그것이다. 그런가 하면, 페리 플라자 농민시장이 먹거리교육 프로그램의 대상을 기성세대뿐만 아니라 어린이와 청소년으로 확장함으로써 지속가능한 먹거리체계의 구축을 위한 장기적 기반을 다지고 있다는 점도 주목할 만하다(김원동, 2014a: 252). 미래세대를 겨냥한 페리 플라자 농민시장의 이런 교육 프로그램은 CUESA의 비전을 성장기에서부터 시작되는 먹거리교육의 토대 위에서 지속적으로 구현하려는 구체적인 시도라고 볼 수 있다. 이런 점에서 먹거리교육에 대한 페리 플라자 농민시장의 관심과 실천은 매우 고무적이다. CUESA의 교육 부문에 대한 투자 비중의 추이는 이런 평가와 전망에 설득력을 더해준다. 2010년 이후의 자료를 보면, CUESA는 먹거리교육 투자를 조금씩 늘려오다 근자에는 전체 지출 예산의 3분의 1을 여기에 배정할 정도로 교육 중시 경향을 확연하게 보여주고 있기 때문이다(〈표 3-2〉 참조). 요컨대, 페리 플라자 농민시장은 기성세대와 미래세대를 아우르는 다양한 먹거리교육 프로그램의 기획과 확장을 통해 지속가능한 지역먹거리체계 구축과 지역먹거리공동체의 형성을 지향하는 농민시장으로서의 특징을 지니고 있다고 할 수 있다.

이와 같이 페리 플라자 농민시장은 지역주민을 대상으로 다양한 무

표 3-2 CUESA의 연간 총지출 내역 중 교육 부문의 예산 비중

연도	2010	2011	2012	2016
백분율	21.7	22.4	23.0	33.5

자료: CUESA(2010, 2011, 2012, 2016)에서 발췌.

료 먹거리교육 프로그램을 제공함으로써 지역사회에 공헌해왔다. 하지만 페리 플라자 농민시장과 지역사회의 관계가 결코 일방적인 것은 아니다. 즉, 페리 플라자 농민시장이 지역사회에 기여해온 것처럼, 지역사회도 페리 플라자 농민시장의 성장을 지속적으로 뒷받침해왔다는 것이다. 지역사회의 주민들이 CUESA의 비전과 활동에 적극적으로 협력해온 방식은 크게 보면 두 가지라고 할 수 있다. CUESA의 기금 조성에 동참하는 것과 자원봉사자로 활동하는 것이다(김원동, 2012a: 216; 2014a: 250-251).

먼저, CUESA의 연차보고서[19]에 제시된 수입 항목의 구성 내역을 정리하면 〈표 3-3〉과 같다.

CUESA의 전체 수입 예산 규모 추이에서 무엇보다도 눈길을 끄는 대목은 2010년에서 2016년까지의 6년 사이에 예산이 1.5배 이상 증가했다는 점이다. CUESA가 예산 규모 면에서 그만큼 성장한 것이다. 이 같은 양적 성장 과정에서 모금이나 이와 관련된 항목의 비중이 점차 커졌음을 알 수 있다. 물론 2010년에서 2012년까지의 보고서와 2015~16년 보고서의 세부 수입 내역 표기 방식이 다소 달라져 정확하게 비교하기는 어렵다. 종전 보고서의 모금 항목에 들어 있던 기부금과 보조금이 2015~16년 보고서에서는 별개의 항목으로 분리되었기 때문이다. 하지만 2015~16년 보고서 자료를 기준으로 할 경우, 모금의 비중이 전체 수입의 20퍼센트를 넘어섰고, 별도 항목에 있는 기부금까지 포함한다면, 그 비중이 이전보다 커진 것은 분명해 보인다.

이와 같이 CUESA의 전체 수입 예산에서 모금과 연관된 항목의 비중이 클 뿐만 아니라 증가하고 있다는 것은 CUESA와 지역공동체 간의 연계성이 그만큼 견고함을 시사한다(김원동, 2014a: 250-251). CUESA가 샌프란시스코만 지역공동체Bay Area Community와 그 인근 지역에 이

표 3-3 CUESA의 연도별 수입 구성 내역의 추이 (2010-2016)

연차보고서	회계년도	수입		
2010	2009.4.1-2010.3.31	농민시장	69.0	679,462
		교육 프로그램	0.8	7,928
		모금(이벤트, 기부금, 보조금)	26.3	258,390
		물품 판매 및 기타	3.9	38,338
		합계	100.0	984,117
2011	2010.4.1-2011.3.31	농민시장	67.6	694,296
		교육 프로그램	1.6	16.656
		모금(이벤트, 기부금, 보조금)	26.8	274,875
		물품 판매 및 기타	4.0	41,181
		합계	100.0	1,027,008
2012	2011.4.1-2012.3.31	농민시장	66	797,923
		교육	6	76,611
		모금	28	343,421
		합계	100	1,217,955
2015~16	2015.4.1-2016.3.31	농민시장	54.9	843,000
		모금	21.0	323,000
		보조금, 계약, 기부금	24.1	370,000
		합계	100.0	1,536,000

주: 첫 번째 숫자 칸의 숫자 단위는 백분율(퍼센트)이고, 두 번째 숫자 칸의 숫자 단위는 달러.
자료: CUESA(2010, 2011, 2012, 2016); 김원동(2014a: 248)에서 발췌.

르기까지 지역공동체의 유대를 강화하고 '좋은 먹거리운동의 동맹 네트워크'를 성장시킬 수 있었던 것(CUESA, 2016)은 바로 이런 지역사회의 후원이 있었기 때문이라고 할 수 있다. CUESA의 비전을 현실적으로 구현하는 매개로서 페리 플라자 농민시장은 생산자, 소비자, 후원자 간의 유대와 네트워크를 토대로 '지역공동체의 구축'에 일조하는 농민시장이라는 특징을 지니고 있는 것이다.

이런 맥락에서, 페리 플라자 농민시장의 중요한 또 하나의 특징이 드러나는 대목이 자원봉사자 부문이다. 페리 플라자 농민시장은 홈페이지를 통해 자신의 시간과 재능을 공동체에 환원함으로써 '지역먹거리 체계'를 후원하고 자원봉사 과정에서 봉사자로서의 역량을 함양할 것을 권한다.[20] 홈페이지에는 30여 페이지에 달하는 '자원봉사자 안내서Volunteer Handbook' 파일[21]과 함께 '자원봉사자 온라인 신청서online Volunteer Application' 파일을 탑재하고 있다. CUESA의 자원봉사자 활동에 관심이 있는 이들에게 안내서를 읽어본 후 합류해줄 것을 요청하고 있는 것이다. 앞서 언급한 자원봉사자 안내서와 홈페이지의 소개란을 보면, 자원봉사자의 유형이 부문별로 매우 다양하고 전문화되어 있음을 알 수 있다. 이를테면, 농민시장 부문의 요리 시연 프로그램 보조나 안내소에서의 안내, 교육 부문의 어린이 먹거리교육 프로그램 보조, 특별 행사와 지원 활동 부문의 모금 행사 보조, 소통 부문의 판촉이나 웹사이트 관리 보조 또는 행사 사진 촬영, 데이터베이스 시스템 관리 보조 등이다. 안내서에는 해당 봉사 활동마다 1페이지 내외로 업무에 대한 개괄적인 요약, 직무의 특징과 해야 할 구체적인 업무, 근무지, 근무 요일, 봉사 시간대 등에 대한 정보가 명시되어 있다. 지원자는 소정의 예비교육을 받은 후 현장에서 활동하게 된다. 또 CUESA는 자원봉사자 중 열성적이고 헌신적인 봉사자들을 '이 달의 자원봉사자Volunteer of the Month'로 매달 선정해 홈페이지에 게시하고 있다.[22] 이는 자원봉사자들의 사기를 진작하고 그 의미를 네티즌에게 폭넓게 홍보하기 위한 노력의 일환으로 판단된다.

CUESA의 연차보고서 자료를 보면, 자원봉사에 참여하는 인원과 이들이 기부한 시간도 점차 증가하고 있음을 알 수 있다. 예컨대, 자원봉사자들이 기부한 시간이나 인원을 합치면, 2010년 3,300시간, 2011년 3,500시간 이상, 2012년 136명에 4,244시간, 2016년 250명 이상에 5,500시간으로 뚜렷한 증가세를 보인다(CUESA, 2010, 2011, 2012, 2016; 김원동: 2014a: 251).[23] 2012년과 2016년 자료를 비교하면, 자원봉사자가 불과 4년 사이에 2배 가까이 증가했음을 확인할 수 있다. CUESA의 활동에 대한 지역사회의 자발적인 지원과 협력이 확장되고 있음을 보여주는 것이라고 할 수 있다. 또 이를 CUESA의 관점에서 보면, CUESA가 각계각층의 지역사회 구성원들을 그들의 관심과 역량에 상응하는 다양한 자원봉사 활동에 동참하도록 유도함으로써 이들을 지역사회의 실질적인 생활공동체의 일원으로 적극 포섭하고 재통합하는 사회적 기능을 강화해왔음을 의미한다(김원동, 2012a: 217-218).

페리 플라자 농민시장의 고유한 특징은 시장과 요리사들의 관계에서도 발견할 수 있다. 페리 플라자 농민시장에서는 175개 이상의 사업체에 적을 둔 300명 이상의 지역 요리사들이 매주 시장에 나와 장을 봄으로써 CUESA의 농민과 판매인을 지원한다.[24] 즉, 샌프란시스코만 지역에서 음식점을 운영하거나 그곳에서 일하는 요리사들이 페리 플라자 농민시장에서 그들과 오랫동안 관계를 맺어온 농민판매인들의 신선한 지역산 식재료를 구입함으로써 지역농민의 지속가능한 영농활동을 돕고 있는 것이다. 특히 날씨가 궂어 일반 소비자의 발걸음이 줄어드는 시기에는 요리사들이 대량 구매도 해주는데, 그와 같은 특정한 시기에는 요리사들의 구입액이 전체 판매액의 절반이 넘는다고 얘기하는 농민판매인도 있다.[25] 이 같은 성과는 CUESA가 2004년부터 신설해 운영하고 있는 시장과 요리사 간의 제휴를 위한 '시장과 요리사Market to Chef' 프로그램이 있었기 때문에 가능하다고 볼 수 있다. 다른 농민시장과는 달리 페리 플라자 농민시장에서는 요리사들의 식재료 구매가 소농판매인과 음식 판매인의 사업 지속성에서 차지하는 비중이 매우 크기 때문이다. 게다가, 이들 요리사는 자신들의 음식 메뉴에 식재료를 제공한 농장의 이름을 표기함으로써 해당 농장을 대중에게 알리는 홍보대사의 역할도 수행한다. 이 또한 농민판매인의 매상에 큰 도움이 되고 있다. 따라서 CUESA에서도 요리사들과의 관계가 갖는 중요성을 감안해 이 프로그램을 통해 요리사들에게 편의를 제공하고자 노력하고 있다. 이를테면, 요리사에게 우선권이 있는 전용 주차장 제공, 교육기회 정보 같은 맞춤형 정보를 담은 월간 이메일 발송, 요리사의 대중적 인지도를 높일 수 있는 모금 행사나 요리 시연회 초대 등이 그것이다.[26]

이와 함께 CUESA는 홈페이지를 통해 요리사들이 농민시장을 후원해야 하는 다섯 가지 이유를 들면서, 지역의 요리사들에게 페리 플라자 농민시장에서 장을 볼 것을 권한다.[27] 맛있는 요리를 하려면 농민시장에서 구입한 가장 신선한 과일과 채소 같은 최고 품질의 식재료를 써야 한다는 것, 당신의 메뉴를 풍성하게 해줄 놀랄 만큼 다양한 식재료를 농민시장에서 구할 수 있다는 것, 소규모 가족농의 지속가능성 확보에 요리사가 중요한 역할을 한다는 것, 농민시장의 먹거리는 지구에 미치는 영향을 최소화하는 방식으로 재배되고 매우 단거리를 이동해 판매되므로 환경 보호에 일조한다는 것, 페리 플라자 농민시장에의 참여는 도심 광장에서 요리사, 농민, 음식 애호가 등이 만나 먹거리에 관해 대화하고 '건강한 먹거리체계'를 함께 성장시켜갈 수 있다는 점에서 공동체와 연결되는 방법이라는 것 등이 그것이다. 요컨대, 페리 플라자 농민시장은 지역요리사들과의 적극적인 연대와 상호 협력을 통해 건강한 지역먹거리체계의 구축, 지역소농의 지속가능성 후원, 환경 보호, 먹거리를 매개로 한 공동체 구성원 간의 교류 등을 지향하는 농민시장으로서의 특징을 내포하고 있다.

한편, 페리 플라자 농민시장도 다른 농민시장과 비슷한 시기에 저소득층의 농민시장 이용 활성화를 위해 시장 대응 프로그램을 도입했다.[28] 즉, 페리 플라자 농민시장은 2015년 7월부터 그곳에서 장을 보는 SNAP 수혜자들에게 신선한 지역산 과일과 채소를 좀 더 많이 구매할 수 있도록 구입액에 상응하는 달러를 보조금으로 무료 제공하기 시작한 것이다.[29] 저소득층이 이른바 'EBT 시스템에 의한 캘프레시 보조금CalFresh EBT benefits'으로 페리 플라자 농민시장에서 장을 볼 경우, 장날마다 10달러 상한선 내에서 두 배의 구매력을 행사할 수 있게 배려한 것이다. 이 프로그램은 의도대로 저소득층에게 양질의 지역먹거리를 이전보다 더 많이 구입하고 건강한 먹거리의 선택 폭도 넓힐 수 있는 기회를 제공했다.[30] 식품 구매 과정에서 저소득층이 직면한 재정적 부담을 추가 보조금의 지급으로 조금이나마 덜어주었기 때문이다. 이 프로그램이 농민시장에 참여하는 소농판매인들의 제반 여건의 개선에도 기여했음은 물론이다. 저소득층의 농민시장 이용 증가는 특히 판매인들의 소득 증대와 농촌공동체의 안정으로 이어졌다.[31] 요컨대, 페리 플라자 농민시장은 이 프로그램의 도입을 계기로 중산층과 관광객만을 위한 값비싼 농민시장이 아니라 지역의 저소득층 주민까지 포섭하는 농민시장으로 성장하고자 노력하고 있음을 보여준다.

면접조사를 통해 본 페리 플라자 농민시장의 특징

필자는 2012년 1월 하순에 페리 플라자 목요농민시장과 토요농민시장을 각각 한 차례씩 방문했다. 시장을 둘러보면서 목요농민시장에서 8명, 토요농민시장에서 11명을 면접했는데, 두 시장에서 대면한 피면접자는 농민시장 관계자 2명, 판매인 5명, 소비자 12명이었다(〈표 3-4〉 참조).

여기서는 앞서 페리 플라자 농민시장의 홈페이지 분석에서 점검한 항목들을 중심으로 면접조사에서 확인된 주요 내용을 간략히 정리하려 한다.

먼저, 페리 플라자 농민시장의 이름으로 열리는 화요농민시장, 목요농민시장, 토요농민시장 각각의 성격이다. 이들 시장의 성격에 대한 한 임원의 설명은 다음과 같다(사례 3-1).

> 〔우리 시장에 판매인으로 참여하는〕 대다수의 농민은 유기농 인증을 받은 농민들이지만 …… 〔요일별〕 시장의 구성에서는 차이를 보입니다. 토요일에 열리는 시장은 …… 규모가 크고 …… 농민판매인이 약 80퍼센트, 그리고 음식 판매인이 20퍼센트 정도 됩니다. …… 이 시장은 규모가 매우 커서 겨울철에는 약 80명의 판매인이 활동하고, 여름 〔성수기〕에는 판매인의 숫자가 110명 정도로 늘어납니다. …… 화요시장은 겨울철에는 판매인이 30명 정도 되고, 여름철에는 40명 정도 되는 〔농민시장이라〕 토요〔시장〕보다는 규모가 훨씬 작습니다. …… 목요〔시장〕은 농민이 30~40퍼센트 되고 음식 판매인이 60~70퍼센트를 차지합니다. …… 그렇기 때문에 〔목요시장은〕 농민시장이라기보다는 오히려 '길거리음식 시장 street food market'이라고 할 수 있습니다.

표 3-4 페리 플라자 농민시장 면접조사 대상자 기본 정보

사례 식별 기호	범주	성별	비고
사례 3-1	농민시장 임원	남	-
사례 3-2	판매인	남	유기농 꽃 재배
사례 3-3		남	과일 재배
사례 3-4		여	채소 재배
사례 3-5		남	축산(유기농 닭, 쇠고기, 칠면조)
사례 3-6		남	아몬드(피고용인)
사례 3-7	소비자	남	점심 식사 위해 방문
사례 3-8		여	보모(保姆)
사례 3-9		남	채식주의자 1
사례 3-10		남	채식주의자 2
사례 3-11		여	요리사
사례 3-12		남	-
사례 3-13		남	-
사례 3-14		남	-
사례 3-15		여	-
사례 3-16		여	-
사례 3-17		여	농민
사례 3-18		여	-
사례 3-19	농민시장 직원	여	시간제 근무자

자료: 김원동(2014a: 226).

요일별 시장 전체에 걸쳐 공통적으로 볼 수 있는 현상 중 주목할 만한 것은 식사용 먹거리와 조리식품의 구매가 페리 플라자 농민시장을 찾는 중요한 이유의 하나라는 사실이다. 즉, 소비자가 농민시장에서 가

장 많이 찾는 품목은 채소와 같은 식재료나 과일 등이지만, 양질의 식재료로 만든 음식을 먹기 위해서나 집에 가져가서 바로 먹을 수 있는 다양한 조리식품을 구입하기 위해 방문하는 소비자도 적지 않다는 것이다.[32] 목요농민시장에는 시장 주변의 직장인들이 점심을 해결하기 위해 방문하는 경우가 많지만, 토요농민시장에는 현지에서 장을 보면서 식사도 하고 기호에 맞는 양질의 조리식품을 구매해 가서 집에서 해 먹으려는 소비자가 많이 찾는다. 요컨대, 페리 플라자 농민시장은 품질이 좋고 종류도 다양한 식사용 즉석 먹거리와 조리식품이 풍성한 농민시장이라는 특징을 지니고 있다. 그러면서도, 앞서 언급한 요일별 농민시장의 특성과 시장 임원의 설명을 견주어보면 최근 약 5년 동안 페리 플라자 농민시장의 요일별 시장의 개별적 특징들은 큰 변화 없이 지속되었다고 볼 수 있다.

페리 플라자 농민시장의 시장으로서의 특징과 현재의 장소가 갖는 매력에 대한 시장 임원의 설명도 지금의 홈페이지 소개 내용과 유사했다. 앞서 언급한 임원에 의하면(사례 3-1), 고객이 페리 플라자 농민시장에서 장을 보는 이유는 명확했다. 첫째, 페리 플라자 농민시장의 농민판매인 중 약 70퍼센트가 인증받은 유기농 생산자이고, 약 10퍼센트는 생명역동농업 종사자이며 먹거리 판매인의 약 50퍼센트는 인증받은 유기농 먹거리 판매인일 정도로, 제공되는 먹거리의 품질이 최상급[33]이다. 둘째, 먹거리의 종류가 매우 다양하다.[34] 셋째, 방문객이 쇼핑을 하면서도 서로 대화하고 같이 음식을 먹고 관계를 구축하는 데 도움이 되는 매우 행복하고 강력한 공동체적 환경을 제공한다.[35]

이 임원의 얘기에는 빠져 있지만, 공동체적 관점에서 소비자들이 페리 플라자 농민시장에서 장을 보는 또 다른 중요한 이유들이 있음을 기억할 필요가 있다.

우선, 앞서 언급된 소비자 상호 간의 관계뿐만 아니라 생산자판매인과 소비자 간에, 그리고 판매인 간에 맺어지는 공동체적 관계가 그것이다. 판매인과 소비자 간에 오랜 기간 얼굴을 대하다 보면 친구와 같은 관계가 형성될 수도 있고, 판매인들 간에도 일종의 물물교환 공동체가 만들어질 수 있다는 것이다. 한 판매인이 이 점을 일깨워주었다(사례 3-3).

> 많은 엄마가 아기들을 데리고 〔시장에〕 나옵니다. 우리는 시식용 먹거리를 〔아기들에게〕 줍니다. 아기들의 눈망울이 이렇게 커집니다. 그 첫 경험을 아기들은 결코 잊지 않습니다. 아기들이 성장했을 때 그들은 그 일을 기억할 것입니다. 우리는 이런 어린 아이들을 압니다. …… 우리는 그 아이들이 자라는 모습을 지켜봐왔고, 〔소비자인〕 그들은 우리 아이들의 성장을 봐왔습니다. 그래서 우리 주변에 많은 친구가 생긴 것입니다. 농민시장에서 일어나는 또 다른 멋진 일은 〔장을 마감한 후에 판매인인〕 우리끼리 먹거리를 교환한다는 것입니다. 그래서 우리가 귀가할 때에는 유기농 닭, 생선, 많은 채소, 빵, 치즈 같은 먹거리를 기분 좋게 가져간다는 것이지요. …… 물물교환 …… 이것은 환상적입니다. …… 우리는 지금껏 먹거리를 〔돈을 주고〕 사러 간 적이 거의 없습니다. 우리가 필요로 하는 먹거리의 대부분을 바로 여기서 얻기 때문입니다.

농민시장이 공동체에 미치는 또 다른 영향은 환경과의 관계에서 나타난다. 페리 플라자 농민시장에서 구입하는 것의 대부분은 신선한 제철 유기농 먹거리이기 때문에, 소비자들은 여기서 장을 보는 것이 친환경적인 소비 행위라고 얘기한다. 주지하듯이, 농민시장의 먹거리는 바로 그 지역의 농민이 지속가능한 방식으로 재배한 것들이다. 따라서 그

사진 3-5 장바구니를 이용하는 소비자와 환경 보전의 메시지를 담은 농민판매인

것은 먹거리 운송에 요구되는 화석연료의 사용을 최소화할 수 있을 뿐만 아니라 토양 보호에도 도움이 되기 때문에 환경에 끼치는 부정적인 영향도 당연히 훨씬 적다는 것이다(사례 3-9; 사례 3-10). 요컨대, 농민시장에서의 소비를 통해 소비자는 지역농민에 의한 영농의 지속가능성과 지역먹거리체계의 구축에 일조할 뿐만 아니라 결과적으로 공동체의 환경 보전에도 기여하게 된다는 것이다.

한편, 이 시장 임원의 설명에 의하면(사례 3-1), 소비자는 페리 빌딩 안에서 매일 영업하는 먹거리 가게들과 실외의 동일한 장소에서 일주일에 3일 열리는 농민시장을 구분하기보다는 '하나의 커다란 시장one big market'으로 생각하는 경향이 있다고 한다. 그와 같은 인식을 고려할 때, 페리 플라자 농민시장이 페리 빌딩과 상생 발전하기 위해 특정한 가치를 공유하는 것은 매우 중요하면서도 자연스러운 결과라고 했다. 이를테면, 소비자에게 양질의 지속가능한 먹거리를 제공한다는 가치가 그것이다. 이런 가치의 공유는 페리 빌딩 안의 가게 중 약 3분의 1이 페리 플라자 농민시장에서 출발해 상설 가게로 창업하는 데 성공한 경우이고, 대규모의 판촉 활동이나 공동체 행사를 함께 개최한다는 점에서도 드러난다. 페리 플라자 농민시장의 매력은 페리 빌딩 내의 가게들과 맺고 있는 이런 공동체적 관계에서 부분적으로 기인하는 측면도 있다(김원동, 2014a: 239-240).

대학에서 도시계획학과 인류학을 공부하면서 먹거리체계, 농민, 농민시장 등에 관심을 갖게 되었다는 페리 플라자 농민시장 직원과의 대화도 유익했다. 이 피면접자는 시간제 근무자로 일하기 시작한 지 6개월 정도 된 젊은 여성이었다. 그녀는 CUESA가 정말로 의미 있는 일을 하고 있다고 생각해서 이 직장에 지원했다고 한다(사례 3-19). CUESA를 정말로 좋아한다는 이 여성은 현재 자신의 주된 업무가 자원봉사자 프로그램의 운영이라고 했다. CUESA에서는 현재 약 300명의 자원봉사자 명단을 보유[36]하고 있고, 자원봉사자들을 충원하면서 훈련시킨다고 했다. 이 같은 얘기는 페리 플라자 농민시장의 운영과 관리에 필요한 인원이 CUESA의 이념에 공감하는 자원봉사자와 직원에 의해 채워지고 있음을 시사한다. 다시 말해, 페리 플라자 농민시장의 가동에 요구되는 인적 자원의 공급원이 바로 지역사회라는 것이다. CUESA 홈페이지에서 볼 수 있는 '자원봉사자 안내서', '이 달의 자원봉사자', 각종 교육 프로그램 정보 등은 CUESA가 다양한 재능을 가진 지역사회의 구성원을 발굴하고 이들의 자원봉사 활동을 적극 유도하기 위해 노력하고 있음을 의미한다. 이런 점에서 페리 플라자 농민시장은 단순히 먹거리를 팔고 사는 경제적 거래의 공간이 아니라 CUESA의 비전과 활동에 공감하는 지역사회의 구성원들이 자원해서 함께 만들어가는 공동체적 연대와 상호 성장의 공간이라고 할 수 있다.

지금까지 살펴본 바와 같이, 페리 플라자 농민시장 관계자들을 면접 조사한 결과는 홈페이지 분석에서 드러난 시장의 특징이 상당 부분 지속되어왔음을 보여준다. 우선, 페리 플라자 농민시장의 화요농민시장, 목요농민시장, 토요농민시장은 각각의 개성을 여전히 유지한 채 성장하고 있다. 예컨대, 페리 플라자 목요농민시장은 전형적인 농민시장과는 달리 과일이나 채소 외에도 식사용 먹거리와 조리식품이 다양하고 풍성한 농민시장이라는 특징을 보여준다. 그러면서도 토요농민시장처럼, 페리 플라자 농민시장은 지역주민들뿐만 아니라 수많은 관광객이 함께 어우러져 활기를 띠는 농민시장이라는 특징도 지닌다. 또 먹거리의 품질과 생산지의 측면에서 보면, 유기농과 같이 품질이 좋으면서도 다양한 지역산 먹거리들이 제공됨으로써 공간적 배태성이 확인되는 농민시장이다. 그런가 하면, 판매인과 소비자, 판매인과 판매인, 소비자와 소비자 간에 사회적 교류가 이루어지고, 지역농민의 생계와 건강한 지역먹거리체계의 지속가능성을 중시하는 환경의식이 배어 있고, 지역사회 구성원들 간의 자발적인 협력과 공동체적 연대가 발견되는 공간이 페리 플라자 농민시장이다. 이런 점에서 사회적 배태성의 특징 또한 분명히 내재해 있는 곳이 바로 페리 플라자 농민시장이다.

4장

도시의 심장 농민시장

시장 개요

'도시의 심장 농민시장Heart of the City Farmers' Market'의 홈페이지에 소개된 내용[1]을 중심으로 시장의 개요를 정리하면 다음과 같다.

이 시장은 미국 캘리포니아주 샌프란시스코시의 유엔광장UN Plaza에서 날씨가 좋든 나쁘든 일요일과 수요일마다 연중 열린다. 물론 크리스마스나 연말연시 같은 특별한 시기에는 폐장한다. 그렇다면, 이 시장은 어떤 점에서 농민시장으로서 일반적 특징과 특수성을 지니고 있을까?

첫째, 이 시장의 설립 취지에서 농민시장으로서 일반적 특징을 엿볼 수 있다. 홈페이지에 의하면, 이 시장은 캘리포니아주의 소농을 후원할 뿐만 아니라 도심의 저소득층에게 고품질의 농산물을 적정한 가격

표 4-1 도시의 심장 농민시장 개요

명칭	도시의 심장 농민시장(Heart of the City Farmers' Market)
도시(위치)	캘리포니아주 샌프란시스코 (United Nations Plaza, San Francisco, 94102)
개장 연도	1981년
개장 일시	연중(일부 특정일 휴무) 수: 오전 7시에서 오후 5시 30분 일: 오전 7시에서 오후 5시
시장의 운영	참여농민 중에서 선출된 농민 대표 5명과 농민위원에 의해 선출된 지역사회 대표 2명으로 구성된 위원회
웹사이트, facebook, twitter	http://heartofthecity-farmersmar.squarespace.com, https://www.facebook.com/heartofthecityfm, https://twitter.com/HeartoftheCity

출처:http://heartofthecity-farmersmar.squarespace.com/about; https://www.cdfa.ca.gov/is/docs/CurrentMrktsCounty.pdf.
자료: 검색일(2017년 4월 1일).

으로 공급할 목적으로 1981년 개장했다. 즉, 도심지역의 저소득층이 양질의 농산물을 지역의 농민생산자로부터 적정한 가격으로 직접 구매할 수 있게 함과 동시에, 지역소농의 생계유지와 지속적인 영농을 가능하게 하려는 목적으로 시작됐다는 것이다. 도시의 심장 농민시장이 지역소농이 생산한 먹거리의 지속적인 소비자 직판을 목표로 출발했다는 사실은 이 시장에 농민시장의 일반적 특징이 내포되어 있음을 의미한다.

둘째, 도심지역의 저소득층을 겨냥한 시장이라는 점이 이 시장의 특수성을 보여준다. 저소득층 거주지 인근에 이렇다 할 식료품점이 없는 일종의 먹거리사막에 농민시장을 조성해, 되도록 싼 가격으로 신선하고 영양가 있는 채소와 과일 등을 제공하는 것은 각별한 의미를 지닐 수 있다. 농민시장이란 유기농 방식으로 생산한 신선한 지역먹거리를 주로 중산층을 상대로 판매하는 곳이라는 일반적인 인식과는 상치되는, 또 다른 유형의 농민시장이 바로 도시의 심장 농민시장이기 때문이다.[2] 따라서 농민시장에 관한 통념과는 달리, 저소득층 소비자에게 양질의 지역먹거리를 농민시장을 통해 제공하고 있다는 점은 이 시장의 주목할 만한 특징이 아닐 수 없다.

이 시장이 도시 저소득층을 대상으로 한 농민시장이라는 점은 EBT 시스템을 이용하는 SNAP 수혜자[3]의 이용도에서도 확인된다. 이 시장의 홈페이지에 의하면, 샌프란시스코의 모든 농민시장에서 EBT 시스템으로 SNAP 수혜자들이 구매한 총액 중 60~70퍼센트가 이 시장에서 나온 것이라고 한다. 물론 이런 놀라운 실적은 시장 측에서 SNAP 수혜자의 적극적인 시장 이용을 유도하려 노력했기 때문인 것으로 보인다. 즉, 시장의 관계자들이 나서서 지역주민에 대한 영양교육 프로그램이나 '시장 대응 프로그램Market Match Program'[4] 등을 통해 이들의 구매력

사진 4-1 시장 운영 시간과 EBT 이용 정보를 담은 입간판

을 늘려주고, 정부의 식품보조 급여로 구입한 신선한 지역산 과일이나 채소로 건강한 식단을 꾸려갈 수 있다는 의식을 일깨웠다는 것이다. 요컨대, 샌프란시스코의 도심을 비롯한 이 지역의 저소득층 중 상당수가 한 시장에서 정부가 지급한 식품보조 급여를 사용한다는 점은 이 시장이 저소득층에 특화된 농민시장일 뿐만 아니라 중산층 중심의 여타의 농민시장과는 차별화된 유형의 농민시장임을 입증하는 것이라고 볼 수 있다.

면접조사를 통해 본 도시의 심장 농민시장의 특징

여기서는 도시의 심장 농민시장 현지에서 심층면접조사를 통해 확인한 것들에 홈페이지 분석에서 드러난 내용을 보강해 이 시장의 특징을 살펴보려 한다.

필자가 조사를 위해 이 시장을 방문한 것은 2012년 1월 25일(수요일)과 1월 29일(일요일)이었다. 두 차례에 걸쳐 시장을 찾은 이유는 수요농민시장과 일요농민시장을 모두 체험해보기 위해서였다. 먼저 수요농민시장을 찾아가 판매인과 소비자의 행동, 주변 환경 등을 둘러보면서 시장의 분위기를 파악했고, 면접조사는 일요농민시장에서 실시했다.[5] 일요농민시장을 방문한 날에는 그곳에 온종일 머물면서 시장 관리인 1명, 농민판매인 3명, 소비자 11명, 악기 연주자 2명 등 모두 17명을 상대로 면접을 시도했다(〈표 4-2〉 참조).

도시의 심장 농민시장에서 이루어진 면접조사에서 필자는 시장 관리인에게 큰 도움을 받았다. 필자는 출국 전에 이메일을 통해 시장 관리인과 접촉했고, 시장 방문 일시와 충분한 면접 시간 할애에 대한 약속

표 4-2 도시의 심장 농민시장 면접조사 대상자 기본 정보

사례 식별 기호	범주	성별	비고
사례 4-1	농민판매인	여	과일
사례 4-2	피고용 판매인	여	과일 및 가공식품(아몬드 등)
사례 4-3	가공식품 판매인	여	가공식품(김치)
사례 4-4	소비자	남	부부(30대 전후)
사례 4-5		여	-
사례 4-6		남	부부(40대 전후)
사례 4-7		여	-
사례 4-8		남	부부(남성은 채식주의자)
사례 4-9		여	-
사례 4-10		여	남미계 여성
사례 4-11		남	부부(30대 전후)
사례 4-12		여	-
사례 4-13		여	중국계 여성
사례 4-14		여	한국 유학생(20대)
사례 4-15	농민시장 연주자	남	대학생(아르바이트로 연주)
사례 4-16		남	
사례 4-17	농민시장 관리인	여	-

을 받았다. 시장 관리인은 필자를 반갑게 맞아주었고, 시장의 이곳저곳을 함께 걸어다니면서 매장의 연혁을 비롯한 시장의 전반적 상황에 관해 상세하게 설명해주었다. 시장 안내를 한 후에 시장 관리인은 한 시간 이상 필자의 갖가지 질문과 대화에 성심껏 응해주었기 때문에 시장에 관한 많은 정보를 얻을 수 있었다. 따라서 도시의 심장 농민시장에

관한 논의에서는 시장 관리인과의 대화 내용을 적극 활용하고자 한다. 그녀와의 대화를 통해 필자는 홈페이지에 소개된 정보 중 미진한 내용을 보충할 수 있었고, 홈페이지의 내용만으로는 파악할 수 없었던 요긴한 정보들을 접할 수 있었기 때문이다.

수요농민시장과 일요농민시장

면접조사에 임하면서 먼저 떠오른 의문은 수요농민시장과 일요농민시장의 공통점과 차이점이었다. 앞서도 언급했듯이, 필자는 수요일과 일요일에 열린 시장을 모두 방문했던 터라 규모나 시장의 활기 등의 측면에서 두 시장의 차이를 직감적으로 느낄 수 있었지만, 시장 관리인의 설명을 통해 그 차이를 좀 더 명확하게 파악할 수 있었다.

시장 관리인에 의하면(사례 4-17), 시장 인근은 규모가 큰 정부기관과 문화기구들이 위치해 있다. 따라서 주중에 열리는 수요농민시장에는 그곳에서 일하는 많은 사무직원이 와서 점심을 해결하고 장을 보기도 하기 때문에 비교적 규모가 크다고 한다. 그에 비해 일요농민시장은 시장에서 쓸 수 있는 돈 자체가 적은 이 지역 도심의 저소득층 가족들이 주로 이용하기 때문에 판매인도 소비자도 수요농민시장보다는 규모가 훨씬 작다고 한다. 예를 들어, 농민판매인 70~80명이 참여할 정도로 성황을 이루는 연중 최고 성수기 6월과 7월의 경우, 수요농민시장을 찾는 소비자 가운데 인근의 사무직 종사자와 지역주민은 각각 40퍼센트 정도를 차지하고, 나머지 20퍼센트 정도가 관광객이라고 한다. 이와 달리 일요농민시장의 경우 시장을 찾는 소비자의 60~70퍼센트가 지역주민이고, 30퍼센트 정도가 관광객이라는 것이다. 일요농민시장에 관광객의 비중이 다소 높은 이유는 휴일이라 시장을 방문하는 사무직원이 없기도 하지만 주변 지역의 관광객이 평소보다 많기 때문이다(김원동,

사진 4-2 인근의 직장인이 주로 장을 보는 수요농민시장

2014a: 230). 수요농민시장과 일요농민시장의 이용자층 구성비의 차이에 비추어보면, 도시의 심장 농민시장이 표방하고 있는 도심 저소득층을 위한 농민시장의 기능에 좀 더 충실한 것은 수요농민시장보다는 일요농민시장이라고 볼 수 있다.

이런 맥락에서, 이 시장에서 제공되는 먹거리의 성격과 품질에 의문이 들 수 있다. 예컨대, 저소득층을 주된 고객으로 설정할 때 시장의 상품이 과연 자격을 갖춘 농민이 생산한 양질의 먹거리로 채워질까 하는 의문이다. 저소득층의 구매력을 고려한 가격대의 먹거리를 제공하려면, 농민보다는 중간상인이 가져다 파는, 질이 다소 떨어지는 싼 먹거리가 많지 않을까 하는 의혹이 생길 수 있는 것이다. 시장 관리인의 다음과 같은 답변은 이런 우려를 말끔히 씻어주었다(사례 4-17).

이 농민시장이 특별한 것은, 당신이 여기서 지금 보고 있는 모든 먹거

사진 4-3 저소득층 지역주민과 관광객이 주로 찾는 일요농민시장

> 리가 농민이 직접 재배해 가져온 것이라는 점입니다. …… 대개 시장으로 나오기 직전인 어제나 오늘 수확해서 가져오는 것들이기 때문에 최고로 신선한 과일과 채소입니다. 그리고 이 농민은 모두 정부, 즉 캘리포니아주 식품농업부California Department of Food and Agriculture의 인증을 받은 생산자들입니다. 정부 관계자들이 농장에 가서 농민들이 직접 재배하고 있는지를 검사합니다. 또 이곳에 오는 농민들은 생산자 인증서를 지참하게 되어 있고 그것을 가판대에 걸어둡니다. …… 이런 과정을 통해 농민들은 자신이 직접 재배하고 있고, 농민임을 스스로 증명합니다.

도시의 심장 농민시장은 주정부의 인증을 받은 농민이 자신의 생산물을 장터가 열리기 직전에 바로 수확해서 가져와 소비자를 상대로 직접 판매하는 시장이라는 것이다. 이런 설명을 들으면서, 필자는 이 말이 곧 유기농 인증을 받은 농민을 뜻하는 것인지 궁금했다. 시장 관리인은 그렇지는 않다고 하면서, 이 시장에 참여하는 농민 중 유기농 농민과 관행농 농민의 분포, 유기농이 적은 이유, 유기농에 대한 관심 등에 관해 추가적으로 설명해주었다(사례 4-17).

현재 이 시장에는 유기농 농민이 10여 명, 비유기농 농민이 40여 명 참여하고 있는데, 캘리포니아 주정부의 농민 인증과 유기농 인증은 별개의 것이라고 했다. 시장 참여 농민들이 유기농 인증을 받지 못하는 중요한 이유 중 하나는 인증 비용이 너무 비싸기 때문이라고 했다. 즉, 연간 약 4,000달러 정도의 비용이 들 정도로 비싸기 때문에 소규모 가족농이 대부분을 차지하는 자기 시장의 농민들은 유기농 인증을 받기 어렵다는 것이다. 시장 관리인은 자신들의 시장이 유기농 운동을 그렇게 강조하지 않던 시기에 시작했다는 점을 또 다른 이유로 들었다. 최근 개장한 농민시장들에 비해 시장 참여 농민 중 유기농이 적은 것은 그 때문이라고 했다. 그러면서도 시장 관리인이 유기농 인증의 효과를 의식하고 있음은 쉽게 알 수 있었다. 즉, 시장 관리인은 인증 비용이 많이 들기는 하지만 소비자의 신뢰를 얻는 데 유리하기 때문에 예전의 농민판매인이 떠난 빈자리를 신규로 채울 때에는 유기농 인증 농민의 참여를 늘리려 한다고 했다. 이와는 별개로 시장 관리인은 유기농법으로 재배한 먹거리는 연중 공급하는 것이 어렵다는 문제점도 지적했다. 여름철보다 겨울철에 유기농 농민의 시장 참여가 대체로 적은 것도 그 때문이라는 것이다. 또 근래에는 보다 많은 유기농 먹거리를 공급하려 신경 쓰고 있지만, 소비자의 경제적 여건을 고려해 되도록 저렴한 가격대에서 제공하려고 애쓴다는 점도 강조했다.

이와 같이, 시장 관리인이 유기농에 대한 관심을 표명하면서도 자기 시장의 강점으로 일차적으로 내세운 것은 지역에서 생산된 신선한 농

사진 4-4 캘리포니아주의 공식인증을 받은 유기농 판매 농가 표시

산물이라는 점이었다. 시장에서 판매인으로 활동하는 농민들이 직접 정성껏 재배해 소비자에게 제때 공급하는 신선한 농산물이라는 점이 생산자와 소비자 모두에게 가치의 토대가 된다는 것이었다. 앞서 언급한 대로 유기농 인증에는 비용이 많이 들기 때문에 그런 여유가 없는 상당수의 농민판매인은 공식적인 유기농 인증을 받지는 않지만, 살충제를 뿌리지 않고 재배한 신선한 먹거리를 제공하려고 애쓰고 있다는 것이다.[6] 이런 점에서, 도시의 심장 농민시장을 '공간적 배태성'을 특징으로 하는 농민시장이라고 해도 무리가 없어 보였다.

실제로 소비자들도 자기 지역에서 제철에 생산된 신선한 먹거리를 다양하게 공급받을 수 있다는 점을 언급하면서, 이 시장의 먹거리가 갖는 품질의 우수성을 인정하는 분위기가 지배적이었다.

〔여기에 있는〕 대부분의 먹거리는 살충제나 그런 부류의 것을 사용하

지 않고 재배된 것입니다. 그렇기 때문에 모양은 온전치 않지만 실내에서 재배한 토마토보다 맛이 훨씬 더 좋습니다. 토마토 철에 식료품점에서는 한 종류의 토마토만 구할 수 있지만 여기에서는 약 20가지의 다양한 토마토가 나옵니다(사례 4-9). …… 그래서 언제나 같은 것을 반복해서 접하는 식료품점과는 달리, 〔여기서는〕 매번 새롭고 신선한 것을 구할 수 있습니다(사례 4-8).

이는 곧, 공식적인 유기농 인증 여부와는 무관하게 상당수의 소비자가 시장에서 제공되는 먹거리의 질적 우수성과 다양성의 가치를 높이 평가하고 있음을 보여준다. 이곳 시장에서 구매하는 먹거리는 다채로울 뿐만 아니라 대개 건강에 해로운 살충제를 사용하지 않고 재배한 좋은 먹거리라는 것이다.

저소득 소수인종집단을 위한 먹거리공동체의 거점

한편, 도시의 심장 농민시장이 갖는 특징은 앞서 살펴본 페리 플라자 농민시장과의 비교에서도 확인할 수 있다. 두 시장 간에는 어떤 차이점이 있을까? 시장 관리인은 시장의 운영 방식, 가격, 다양성, 시장 운영 시간 등에서 양자의 시장이 구별된다면서, 다음과 같이 비교했다(사례 3-17).

첫째, 페리 플라자 농민시장은 별도의 비영리조직이 운영하지만, 도시의 심장 농민시장은 시장에 참여하는 농민들이 직접 운영한다. 즉, 페리 플라자 농민시장과는 달리 이 시장에서 장사를 하는 그 농민들이 시장의 주요 사항을 직접 결정하고 운영한다는 점이 이 시장의 독특함이다. 말하자면, 농민들이 자신을 고용한 상사인 동시에 이 시장의 운영자다.

둘째, 도시의 심장 농민시장은 가난한 저소득층을 이웃으로 상대하는 시장이라서 페리 플라자 농민시장과는 달리 최대한 저렴한 가격대를 유지하려고 애쓴다. 페리 플라자 농민시장의 가판대 수수료가 약 90달러인데 비해 이곳의 수수료는 약 30달러인 것도 그 때문이다.

셋째, 이 시장은 농민들의 자기 책임 아래 유연하게 운영되는 시장이기 때문에 다른 농민시장들보다 시장의 운영 시간이 훨씬 길다. 이는 샌프란시스코가 워낙 규모가 큰 도시라서 농가도 대개 도심에서 차로 2시간 정도 떨어진 먼 곳에 위치해 있다는 지리적 특성과 관련이 있다. 즉, 농장에서 시장까지의 거리가 멀기 때문에 이동 시간까지 감안할 때 농민판매인들이 시장에 잠시 머물러서는 가져온 농산물을 제대로 팔기 어렵다. 따라서 다른 농민시장의 개장 시간이 대개 오전 9시에서 오후 2시까지인 것과 달리, 이 시장은 농민들의 자율적 결정에 따라 오전 7시부터 오후 5시까지[7] 시장을 운영한다.

넷째, 페리 플라자 농민시장은 상품이 유기농이라는 점을 부각시키지만 이 시장에서는 다양성을 발견할 수 있다. 이를테면, 이 시장에서는 페리 플라자 농민시장보다 훨씬 다양한 종류의 아시아 채소를 판매하고 있다.[8] 이 지역에 살면서 농민시장을 이용하는 사람들은 베트남, 이탈리아, 스페인 같은 매우 다양한 문화적 배경을 가진 이민자 가족들이기 때문이다. 따라서 이들의 수요를 충족시키기 위한 매우 다양한 먹거리 시장이 자연스럽게 형성된다는 것이다. 이는 이민국가로서의 미국사회에서, 인근 지역에 거주하는 가난한 소수집단의 구성원에게 그들의 입맛에 맞는 양질의 다양한 먹거리를 저렴하게 공급하는 먹거리공동체의 거점 역할을 농민시장이 할 수 있음을 시사한다. 실제로 필자가 일요농민시장을 방문했을 당시에도 시장을 오가는 소비자 중에는 다른 농민시장과는 달리 백인보다 아시아계, 아프리카계, 남미계의 사람

사진 4-5 시장통 거리를 순찰하는 보안요원의 뒷모습

들이 훨씬 많았다.

시장에 장시간 체류하면서 시장의 전경을 관찰하면서 받은 특별한 느낌도 있었다. 번잡한 도심 속 시장임에도 의외로 깨끗하고 차분한 분위기라는 인상을 받은 것이다. 시장 관리인은(사례 4-17) 시장의 청결 유지를 위해 청소원 2명을 고용해서 쓰고 있고, 우범지역이기 때문에 발생하는 고객의 불안을 해소하기 위해 별도의 보안요원 2명을 배치하고 있다(김원동, 2014a: 230)고 말했다.[9] 필자도 시장에 체류하는 동안 경찰관과 유사한 제복 차림의 건장한 보안요원 2명이 시장통 거리를 오가는 모습을 여러 차례 목격할 수 있었다.

시장에서 세 블록 떨어진 가까운 곳에서 살고 있다는 한 한국인 유학생(사례 4-14)도 낮에는 괜찮지만 밤이 되면 좀 무서운 곳이라고 동네 분위기를 설명해주었다. 그렇지만 시장 관리인을 비롯한 시장 관계자들의 노력으로 시장 환경이 실제로 깔끔해지고 있고, 보안도 점차 개선되고 있다고 했다(사례 4-16). 한 소비자의 얘기도 비슷했다(사례 4-9). 즉, 시장이 들어서기 이전에는 쓰레기가 매우 많고 노숙자도 많아 지나다니는 사람이 거의 없는 곳이었다고 한다. 그러다 시장이 들어서고 공동체가 형성되면서 지금처럼 깨끗해지기 시작했다고 평가했다. 시장 관리인, 시장의 거리 연주자, 소비자의 얘기 그리고 필자의 느낌처럼, 도시의 심장 농민시장은 척박한 주변 환경에도 불구하고 시장의 외관이나 청결, 고객의 안전성 등의 측면에서 이미 일정한 궤도에 오른 시장인 듯했다.[10]

필자는 시장 관리인과 대화하면서 이 시장이 이곳에서 일하는 직원들에게도 생계수단을 넘어 상당한 수준의 직업만족도를 선사하는 특색 있는 공간이 되겠다는 인상을 받았다. 특히 이 점은 직업만족도에 대한 시장 관리인의 답변에서 분명하게 느낄 수 있었다(사례 4-17). 자신은 일주일에 40시간을 일하며 지난 2년 동안 시장의 현대화 작업 등 여러 가지 새로운 변화를 모색하면서 이곳의 농민판매인과 시장을 위해 바쁘게 살아왔다고 한다. 하지만 농민들의 삶을 보면, 이들에 비해 자신이 그렇게 열심히 일하고 있다는 생각이 들지 않는다고 했다. 농민들은 새벽 1시 30분이나 2시 30분, 또는 적어도 새벽 3시 이전에는 일어나 한 시간에 걸쳐 자신의 트럭에 생산물을 싣고 다시 2시간 30분 정도 차를 몰아 5시경에는 이곳 시장에 도착해 장사 준비를 하는 사람들이기 때문이다. 이처럼 정말 부지런하고 열심히 살아가는 농민들과 함께 일하면서 그들을 도울 수 있다는 점이야말로 자신이 받는 더없이 큰 보상이자 만족감의 원천이라고 했다. 최소한의 유급직원으로 운영되기에 늘 바쁘지만, 직원에게 보람과 자부심을 갖게 해주는 곳이 바로 도시의 심장 농민시장이라는 것이 시장 관리인의 소감이었다. 이런 점도 도시의 심장 농민시장에 내재해 있는 또 하나의 특징이라고 볼 수 있을 것이다.

소비자의 눈에 비친 도시의 심장 농민시장

그렇다면, 소비자들은 이 시장의 특징이 무엇이라고 생각하고 있을까?

먼저, 이들의 거주 지역에 대해 물었다. 필자가 면접조사한 11명의 소비자 중 2명(사례 4-10; 사례 4-13)은 시장에서 좀 떨어진 지역에서 왔다고 했고, 나머지 9명은 모두 근처에 산다고 했다. 시장 관리인의 얘기처럼, 일요농민시장이라 더욱 그런 것일 수도 있지만 시장 소비자의 대다수가 지역주민임을 감지할 수 있었다.

그들에게 시장에서 주로 어떤 것을 구입하는지, 그리고 그것의 가격에 대해서는 어떻게 생각하는지를 물어보았다. 다른 곳보다 훨씬 더 신선하고 품질이 좋은 제철 과일과 채소를 값싸게 구입할 수 있다는 장점이 있기 때문에 이 시장을 이용한다고 답하는 이가 많았다(사례 4-5; 사례 4-6; 사례 4-7; 사례 4-10; 사례 4-12; 사례 4-14). 대다수의 소비자처럼 시장 상품의 질적 우수성을 인정하면서도, 일반 슈퍼마켓보다 약간 비싸다거나(사례 4-13) 저렴하지는 않아도 합리적인 가격이라고 얘기하는 소비자(사례 4-11)도 있었다. 이를 종합하면, 이 시장에서 거래되는 상품에 대해 소비자들은 한결같이 품질이 우수하면서도 가격은 세이프웨이 같은 대형 매장이나 슈퍼마켓보다 대체로 저렴하다고 인식하고 있음을 알 수 있었다. 특히, 한 여성 소비자(사례 4-5)는 소수인종집단의 농민이 재배한 채소가 합리적인 가격으로 많이 제공된다는 점을 이 시장의 가장 큰 장점으로 꼽았다.

저는 이 시장에서 멕시코계 농민과 아시아계 농민이 주로 활동해서 좋

사진 4-6 시장 안내소 앞을 지나는 소비자 모습

> 습니다. 그들 중 일부는 태국 출신이고 또 일부는 베트남 출신입니다. 그들이 많은 아시아계 채소를 재배해서 좋습니다. 저는 그들이 이웃을 배려해서 매우 합리적인 가격을 받고 있다는 점도 좋아합니다.

이 같은 인식이 소비자들, 특히 지역의 소수인종 구성원들로 하여금 이 시장을 자주 찾게 만들고, 이곳을 그들의 주된 먹거리 구입처로 자리 잡게 만드는 주된 요인으로 작용하고 있는 듯했다.

시장 방문 빈도도 높은 편이었다. 11명의 응답자 중 8명(사례 4-4; 사례 4-5; 사례 4-6; 사례 4-7; 사례 4-8; 사례 4-9; 사례 4-10; 사례 4-14)은 매주 이 시장을 찾는다고 했고, 심지어 이 중 한 명(사례 4-10)은 수요농민시장도 매주 방문한다고 했다. 비 오는 날같이 날씨가 궂은 날에는 장을 보러 오지 않거나(사례 4-11; 사례 4-12) 집에서 더 가까운 다른 농민시장을 주로 가고 이 시장은 한 달에 두 번 정도 온다고 답한 소비자(사례 4-13)도 있었다. 전체적으로 보면, 이곳의 일요농민시장을 찾는 소비자의 대부분은 뜨내기 소비자보다는 시장의 장점을 충분히 인지한 상태에서 거의 매주 장을 보러 오는 시장 인근 지역주민이었다.

앞서도 언급했듯이, 신선한 먹거리를 저렴하게 구입할 수 있는 식료품점이 없는 먹거리사막이라는 이 지역의 환경적 특성은 저소득층 지역주민이 이곳을 애용하게 만드는 중요한 요인이었다. 시장통 거리에서 연주를 하던 이들의 생각도 비슷했다(사례 4-15; 사례 4-16). 저소득층 지역주민에게 절대적으로 많은 도움이 된다는 것이 얘기의 핵심이었다.

> 이 근처에는 식료품점이 없기 때문에 식품보조 급여를 받는 사람들이 실제로 〔여기서〕 가족들을 위한 신선하고 좋은 채소를 구할 수 있는 것이지요. 그러니까 혜택을 못 받는 저소득층이 신선한 먹거리를 〔바로 이곳에서〕 구할 수 있는 겁니다. …… 〔주변에〕 식료품점이 없고, 있다고 해도 이 사람들이 값비싼 유기농 식품을 취급하는 식료품점을 이용할 형편은 못 되니까요.

그들의 이야기는 도시의 심장 농민시장의 중요한 특징 중 하나가 주로 소수인종집단의 저소득층 지역주민을 상대로 신선한 양질의 먹거리를 값싼 가격에 지속적으로 공급한다는 점에 있음을 알려준다. 샌프란시스코가 미국 내의 어느 도시보다도 비싼 물가로 인해 생활비가 많이 드는 도시라는 점(사례 4-6)을 감안한다면, 저소득층에게 그들의 주거지 인근에서 양질의 먹거리를 값싸게 제공하는 농민시장은 다른 지역에서보다 사회경제적 가치와 함의가 더 클 것이다. 특히, 앞서 살펴본 시장 홈페이지의 EBT 시스템 관련 정보와 함께 생각해보면, 도시의 심장 농민시장은 지역주민을 포함하여 EBT 시스템을 이용하는 SNAP 수혜자가 매우 많이 찾는 농민시장이라는 특징을 갖고 있음을 알 수 있다.

이것이 가능했던 것은 이런 지역주민의 경제적 상황을 이해하고 거래 비용을 줄여 먹거리를 저렴하게 제공하려는 생산자농민의 노력이 결합되었기 때문일 것이다. 물론 이런 상호 협력관계가 형성된 데에는 지역농민의 절박한 경제적 필요성도 한몫하고 있다고 봐야 한다. 농민 판매인이 다른 어떤 시장에서보다 장시간 시장에 머문다는 사실에서 생산물을 가능한 한 많이 팔고자 하는 이들의 의지와 필요성을 읽어낼 수 있기 때문이다.

이런 점들을 종합할 때, 도시의 심장 농민시장은 생산자농민과 소비자인 지역주민 모두의 필요에서 비롯된 시장성을 충분히 고려한 토대 위에서 형성, 운영되고 있는 시장이라고 해석할 수 있다. 생산자농민과의 공감대를 바탕으로 저소득층 소비자들이 자신의 경제력 범위 안에서 저렴한 또는 합리적인 가격으로 신선한 먹거리를 구입할 수 있고, 농민은 팔 수 있는 그런 곳이 바로 도시의 심장 농민시장이기 때문이다.

한편, 이런 특징은 농민시장이 중산층 중심의 소비시장이라는 일반적 견해와는 완전히 배치背馳되는 현상으로서, 이로부터 농민시장의 성격에 대한 일종의 이론적 함의를 도출할 수도 있다. 즉, 주된 소비자와의 관계라는 관점에서 볼 때, 농민시장의 형성 배경과 개장 환경에 따라 전형적인 중산층 소비자 중심의 농민시장이 있는가 하면 저소득층의 지역주민 소비자를 고객으로 삼는 농민시장도 존재할 수 있다는 점이다.

그러면, 이 시장의 소비자는 양질의 먹거리를 저렴하게 공급받을 수 있다는 이유만으로 이 시장을 찾는 것일까? 또 다른 젊은 소비자 부부(사례 4-11; 사례 4-12)는 농민시장을 이용하는 것이 대기업 대신 지역의 소규모 사업체, 특히 지역농민을 후원하는 길이라고 생각한다고 했다. 또 이런 점은 이 시장의 가장 큰 장점이라고 부연하기도 했다. 또 다른 소비자(사례 4-10)도 마찬가지였다. 이 시장에서 구할 수 있는 먹거리가 싸기도 하지만, 지역주민을 후원하는 방법이라고 생각하기 때문에 이 시장에서 주로 장을 본다는 것이었다. '진짜 농민들real farmers'로부터 직접 먹거리를 구입할 수 있는 농민시장이라는 점도 이 시장을 주로 찾는 이유라고 말하는 소비자(사례 4-4; 사례 4-5)도 있었다. 그런가 하면, 어떤 소비자는 농민시장에서 지역농민으로부터 지역산 먹거리를 구입하는 것이 대기업의 먹거리를 사는 것보다 환경의 측면에서 더 좋다는 점을 지적하기도 했다(사례 4-4; 사례 4-13).

소비자들의 이 같은 응답에서, 필자는 농민들과 그들의 생산물을 절대적으로 신뢰하고 먹거리의 구매 과정에서 기왕이면 믿을 수 있는 지역농민을 후원하고 싶다는 주민들의 배려를 느낄 수 있었다. 매주 장을 보러 오다 보니 판매인들과 안부를 물을 정도로 서로 알고 지내며, 그로 인해 작지만 어느 정도 공동체의식을 갖게 된다는 얘기도 일맥상통하는 반응이라고 볼 수 있을 것이다.

그런가 하면, 농민들이 다른 농민시장의 경우와는 달리 장시간 시장에 머물면서 판매를 한다는 시장 관리인의 설명(사례 4-17)에서는 소비자에 대한 농민의 배려를 엿볼 수 있다. 물론 이 장시간 체류에는 기본적으로 농민 자신들의 경제적 필요가 내재해 있지만, 지역주민이 장을 보는 시간에 편의를 제공하려는 농민들의 배려도 일정 부분 깃들어 있다고 볼 수 있는 것이다. 장을 볼 수 있는 절대적인 시간이 길수록 소비자로서는 그만큼 가용 시간대가 연장되기 때문이다. 또 식료품점 같은 다른 매장에 갈 때와는 달리 농민들이 직접 나와서 먹거리를 파는 곳이기에, 농민들과 얘기하며 그것이 어떻게 재배되었는지도 알 수 있어 더 신뢰가 가고, 그래서 사람들이 더 많이 찾는 것 같다고 얘기하는 소비자도 있었다(사례 4-14). 도시의 심장 농민시장에서 볼 수 있는 농민판매인의 존재 자체가 소비자들에게 이 시장을 '매우 진정성 있는 very authentic' 농민시장으로 느끼게 할 뿐 아니라 시장으로 발길을 옮기게 만들고 있는 것이다. 이는 곧 농민시장이 다른 시장과는 구별되는 고유한 특징을 대변하는 상징이 바로 판매인 중 다수를 점하는 농민판매인의 존재임을 시사해준다.

한편, 소비자들은 일요농민시장에 들러 장도 보지만 동네 친구를 비롯한 이웃들과 조우하고, 그러다 보면 테이블에 둘러앉아 사교하는 시간을 갖게 된다는 점도 강조했다. 농민시장이 주민들 간의 교류가 이루어지는 사회적 공간의 성격을 띠게 된다는 것이다(사례 4-8; 사례 4-9). 특히, 샌프란시스코의 도시적 특성처럼, 이 농민시장에는 이 도시에 살고 있는 각계각층 여러 인종의 사람들이 장을 보러 모여들기 때문에, 소비자는 여기서 도시의 다채로운 분위기에 흠뻑 빠져들 수 있다고 한다(사례 4-7). 물론 이런 사교적 분위기의 조성에는 시장통의 거리에서 이루어지는 연주와 노래도 일조한다고 해야 할 것이다. 이곳에서 연주되는 음악과 가수를 좋아한다거나 이런 음악의 도입을 긍정적으로 평가한다는 소비자들의 반응(사례 4-5; 사례 4-6)이 이런 해석을 뒷받침한다.

이와 같이 소비자와 생산자가 서로를 의식하고 신뢰하는 가운데 더

불어 살아가는 공동체라는 가치가 내재되어 있는 시장이라는 점에서 도시의 심장 농민시장에는 이른바 '사회적 배태성'의 요소가 함축되어 있다고 할 수 있다. 먹거리사막에서 지역농민을 신뢰하고 후원하려는 의지를 지닌 소비자로서 지역주민이 환경, 사회적 교류, 공동체 등의 가치를 염두에 두면서 신선한 먹거리를 생산하여 저렴하게 직접 판매하는 지역농민들과 어우러져 돌아가는 경제적 공간[11]이자 사회적 공간이 도시의 심장 농민시장인 것이다.

판매인이 바라본 도시의 심장 농민시장의 특징

판매인의 입장에서 보면, 도시의 심장 농민시장은 판매인으로 새로 진입하기가 매우 어려운 시장인 듯했다. 이곳에서 판매인으로 활동하고 싶어하는 신청자가 너무 많기 때문이다. 그만큼 판매인에게 인기가 있는 농민시장이라고 할 수 있다.

시장에서 만나 면접조사를 한 김치 판매인은, 신청 이후 판매인으로 들어오기까지 1년 반을 기다렸다고 말했다(사례 4-3). 그래도 자신의 대기 기간은 짧은 편에 속한다고 했다. 왜냐하면 시장 측의 선별 기준 중 하나가 시장에서 현재 제공되고 있지 않은 제품인데, 김치를 파는 사람은 없었기 때문에 그나마 쉽게 들어올 수 있었다는 것이다.[12]

베트남계로 보이는 과일 가게 판매인 여성과 면접을 시도했다(사례 4-1). 손님이 계속 이어지는 바람에 길게 말을 건네지 못하고 손님이 끊어질 때마다 간간이 몇 가지만 물었다. 연세가 들어 보이는 할머니여서 판매인으로 일한 지 얼마나 되는지를 물었더니 30년 정도 되었다고 했다. 샌프란시스코가 관광도시라 소비자 중 관광객과 단골이 섞여 있다고 한 시장 관리인의 말이 생각나, 손님 가운데 단골이 차지하는 비율이 얼마나 되냐고 했더니 85퍼센트 정도라고 했다. 일요농민시장이라 소비자 중 지역주민이 많으리라 짐작은 했지만, 이곳에서 오랜 기간 판매인으로 활동해서 그런지 그 비중은 예상을 웃돌았다. 이처럼 많은 단골이 생긴 요인은 단순한 연륜이 아니라 이곳에서 오랜 세월 일하면서 쌓아온 소비자들로부터의 신뢰였다. 자신은 재배 과정에서 살충제를 전혀 사용하지 않음으로써 식료품점의 것과는 질이 다른 매우 안전하고 신선한 과일을 소비자에게 제공했고, 소비자들도 이 점을 익히 알고 있기에 자기를 믿고 계속 찾는다고 말했다. 다만, 자신은 숙성된 매우 좋은 과일을 제공하기 때문에 대형 매장의 과일보다 가격이 다소 비싼 편이라고 했다. 그럼에도 소비자는 좋은 먹거리를 구하기 위해 기꺼이 값비싼 가격을 지불한다는 것이다. 한편, 자신의 농장은 시장에서 250마일 떨어진 곳에 위치해 있어서 이곳까지 차로 5시간 정도 운전해 와야 한다고 했다. 이 같은 현실은, 이곳 농민시장의 운영 시간이 다른 농민시장보다 긴 것이 실제로 농민시장과 농장 간의 거리 때문이기도 하다는 시장 관리인의 설명을 확인해주는 것이기도 했다.

도시의 심장 농민시장이 개장하기 이전부터 이 지역에 자기가 일하는 농장이 있었고, 시장이 개장하던 해부터 이 시장에 참여했다[13]고 자신을 소개한 젊은 피고용 여성 판매인과도 대화를 나눠보았다(사례 4-2). 자신이 소속된 농장에서는 성수기인 여름철에는 25~30개 정도의 농민시장에 나가 신선한 과일과 여름철 작물들을 팔고, 비수기인 겨울철에는 7~10개의 시장에 나가 아몬드와 건과乾果를 판매한다고 했다. 자신들의 생산물 가격은 품목에 따라 세이프웨이나 코스트코 같은 대형 매장의 것과 비슷하거나 약간 저렴한 수준이지만, 품질은 비교가 되지 않는다고 했다. 농민시장에서 구입한다는 것은 농장이나 농민으로부터 직접 구하는 것이기 때문에 전 세계에서 수입되는 대형 매장의 먹거리와는 신선도나 질적 측면에서 비교가 되지 않는다는 것이었다. 자신들이 취급하는 건과도 여름철에 자신들이 직접 재배한 것을 건조해 겨울에 내다파는 것들이라고 했다. 자신의 농장은 많은 시장을 상대하기에 유기농으로 재배하지는 않지만, 이곳 시장의 많은 농민뿐만 아니라 다른 농민시장의 농민판매인들도 살충제를 사용하지 않는다는 점에서 유기농이나 마찬가지라고 했다.

이 판매인은, 그렇기 때문에 농민시장에서 장을 보는 것이 농민과 농장을 후원하는 길일 뿐 아니라 소비자 자신을 후원하는 방법이기도 하다고 역설했다. 대형 매장 대신에 농민시장을 이용해야 소비자도 지역에서 생산된 보다 신선한 먹거리를 구할 수 있기 때문이라는 것이다. 이는 곧 도시의 심장 농민시장에서 먹거리 품질을 보증하는 일반적인 요인으로 방점을 찍는 지점이 공식적인 유기농 인증보다는 지역산産임을 시사한다. 이 점은 앞서 면접조사한 시장 관리인과 소비자들에게서도 이미 확인된 바 있다. 이런 측면에서 도시의 심장 농민시장은 이른바 '자연적 배태성'보다는 '공간적 배태성'의 특징이 내포되어 있는 농민시장이라고 해도 과언이 아닐 것이다.

수요농민시장을 방문했을 때 만난 한국계 여성 판매인과는 일요농민시장에서 다시 만나 장시간 대화를 할 수 있었다(사례 4-3). 휴스턴에서 살다 5년 전에 이곳 샌프란시스코로 이사를 왔고, 김치를 직접 만들어 이곳에서 판매한 것은 1년이 채 되지 않았다고 했다. 하지만 추운데서 고생한다며 일부러 자기에게 와서 김치를 사 가는 소비자가 많다고 했다. 이곳 지역에는 아직 저소득층이 많이 살긴 하지만 시장에서 조금 떨어진 인근에 첨단산업 기업들이 몰려들고 아파트들이 생기면서 동네가 조금씩 바뀌는 것 같다고 했다. 자신의 고객 중에 그런 기업에서 직장생활을 하는 20대, 30대의 젊은이가 많은 것도 이런 변화 때문인 것 같다는 나름의 분석도 곁들여주었다.

소비자가 이 농민시장을 찾는 이유가 무엇이라고 생각하는지 묻자, 우선 채소와 같은 먹거리가 싱싱하다는 점을 들었다. 도매상에서 떼어 오는 게 하니라 농민이 직접 농사한 것을 갖고 와서 파는 것이기 때문에 농장에서 바로 따온 싱싱한 제철 과일과 채소를 먹을 수 있다는 것이다. 김치 판매인이 그다음 이유로 꼽은 것은 이런 소규모 사업을 운영하는 지역농민을 비롯한 자영업자를 후원해야 한다는 의식이었다(사례 4-3). '뭘 그렇게 로컬 타령을 하나' 싶을 정도로 소농을 지원해야 한다는 사고방식이 매우 강해 처음에는 자신도 무척 놀랐다고 한다. '로컬의 것', 지역먹거리를 먹어야 한다는 의식이 굉장히 강하다는 것이었다. 여기서도 이 시장에 내포된 공간적 배태성의 특징을 다시 한 번 엿볼 수 있었다. 또 환경의식도 농민시장을 많이 찾는 중요한 배경이라고 했다. 다른 주에서 오는 먹거리는 당연히 석유 자원을 낭비하고 환경을 오염하는 것이기 때문에 환경적 관점에서도 지역먹거리를 애용해야 한다는 생각을 갖고 있다는 것이다. 시장에 올 때마다 비닐봉투를 낭비하지 않기 위해 장바구니를 들고 오는 것도 환경을 생각해서라고 했다. 심지어 자원을 절약한다는 차원에서 젖은 것만 따로 넣는 병이나 가방, 채소만 넣는 가방 등 용도별로 별도의 병이나 가방을 여러 개씩 집에서 가져오는 소비자도 있다고 했다. 이런 경향을 보이는 것은 농민시장의 소비자만이 아니라고 했다. 샌프란시스코 시민 자체가 미국 다른 지역의 주민들보다 지역농민이나 영세사업자, 지역상권 등에 대한 후원의식과 환경의식이 높다는 것이다. 또 이런 관심이 자연스럽게 지역먹거리의 구입으로 표출되고, 농민시장으로 발걸음을 옮기게 하는 요인이 된다는 게 그녀의 설명이었다.

그녀는, 자신이 파는 김치 가격이 인근에서 운영되는 한국 시장이나 중국 시장에서 판매되는 김치보다 많이 비싼 편이라고 했다(사례 4-3).

이를테면, 중국 시장에서는 싸구려 조미료를 넣어서 만든 김치를 아주 싸게 파는데, 그런 김치와 비교하는 사람들은 자기가 내놓는 김치를 아예 사지 않는다고 했다. 그 대신 소득이 좀 있거나 젊은 직장인들이 와서 자기가 파는 김치가 맛있다면서 기꺼이 사 간다는 것이었다. 이런 현상에서도 이 시장이 갖는 특징의 일면을 발견할 수 있었다. 이 판매인의 얘기처럼, 시장 인근에 괜찮은 직장과 그곳에서 근무하는 사람들이 늘면서, 구매력 있는 새로운 소비자층이 이곳 시장을 찾기도 한다는 점이다. 즉, 이 시장은 여전히 기존의 지역주민들이 주로 이용하지만, 시장 주변의 환경 변화로 인해 색다른 음식 취향과 구매력을 가진 일부 소비자가 새로운 고객으로 등장하고 있다는 것이다. 따라서 도시의 심장 농민시장은 도심지역의 저소득 주민을 위한 시장인 동시에, 지역의 환경 변화에 따라 개성 있는 음식 취향을 가진 구매력 있는 고객층이 새롭게 유입되면서 소비자층의 확장이 일어나고 있는 것이다. 또한 김치 판매인을 포함한 여러 판매인의 답변을 종합하면, 이 농민시장에서 판매되는 먹거리는 질적 측면에서 대형 매장이나 슈퍼마켓에서 구할 수 있는 것보다 우수하고, 가격의 측면에서는 대체로 저렴한 편이지만 품목에 따라 일부 더 비싼 것이 혼재되어 있다.

다른 한편, 소비자와 판매인과의 대화 과정에서 필자는 도시의 심장 농민시장도 지역주민 간의 사회적 교류 공간이라는 사회적 기능을 분명히 수행하고 있음을 확인할 수 있었다. 즉, 이들의 눈에 비친 도시의 심장 농민시장은 이웃이나 친구들이 주말에 만나 장도 보고 아침 겸 점심brunch을 함께 하면서 수다도 떠는 사회적 만남의 장이었다. 또 이 시장은 소비자들이 농민들과 그들이 재배한 농산물을 전적으로 신뢰하는 가운데 그들을 후원하려는 의지를 구매로 표출하는 사회적 배태성의 공간이었다. 물론 소비자들도 그런 과정에서 믿을 수 있는 품질 좋은 지역먹거리를 지역농민들로부터 지속적으로 공급받는다는 점에서 수혜자였다. 요컨대, 도시의 심장 농민시장은 판매인과 소비자 모두에게 유익한 경제적 공간일 뿐만 아니라 먹거리를 매개로 지역구성원 간의 결속과 신뢰를 다져가는 데 일조하는 지역공동체의 통합 기능을 수행하는 사회적 공간인 것이다.

5장

알레머니 농민시장

시장 개요

샌프란시스코시 홈페이지에 게시된 '알레머니 농민시장Alemany Farmers' Market' 소개를 중심으로 시장 상황을 개관하면 다음과 같다.[1]

알레머니 농민시장은 캘리포니아주의 첫 번째 농민시장으로, 1943년 설립되었다. 이 시장은 1947년 현재의 장소로 이전했고, 매주 토요일 새벽 일찍부터 오후 4시까지 연중 개장한다. 알레머니 농민시장은 캘리포니아주의 인증을 받은 520개의 농민시장[2] 가운데 유일하게 샌프란시스코시(부동산과)가 운영하는 시장이다. 이 시장은 캘리포니아주 농민시장의 조부祖父로서, 그동안 캘리포니아주에서 전개된 농민시장 운동의 원동력이자 도시 소비자와 농촌의 농민을 연결하는 고리로

표 5-1 알레머니 심장 농민시장 개요

명칭	알레머니 농민시장(Alemany Farmers' Market)
도시(위치)	캘리포니아주 샌프란시스코 (100 Alemany Blvd., San Francisco, 94110)
개장 연도	1943년
개장 일시	연중 매주 토요일 오전 6시에서 오후 4시
시장의 운영	샌프란시스코시(부동산과)에서 운영
웹사이트, facebook	http://sfgov.org/realestate/alemany-farmers-market https://www.facebook.com/Alemany-Farmers-Market-174235636769

출처: http://sfgov.org/realestate/alemany-farmers-market; 〈사진 5-1〉.
자료: 검색일(2017년 4월 8일).

서 역할을 수행해왔다. 소비자는 여기서의 소비를 통해 소규모 가족농을 후원했고, 농민은 도시의 소비자에게 신선하고 건강한 먹거리를 제공함으로써 이들을 도왔다. 이런 점에서, 알레머니 농민시장은 설립 이후 농민과 지역공동체 간의 상호 헌신과 후원이 이어져온 전통 있는 농민시장이라고 볼 수 있다. 그래서 많은 샌프란시스코 시민은 알레머니 농민시장을 소박하면서도 북적거리는 공동체적 분위기 속에서 적정 가격으로 양질의 먹거리를 제공하는 '친구들의 시장people's market'이라는 애칭으로 부르기도 한다.

도시의 심장 농민시장에서 만난 한 판매인은, 알레머니 농민시장이 오랜 역사와 많은 소비자로 붐비는 시장이라 그런지 판매인으로 진입하는 것이 너무 힘들다고 얘기했다(사례 4-3). 자기도 알레머니 농민시장에서 판매를 하고 싶어 신청서를 제출하러 갔는데, 줄을 선 사람이 많았고 신청인들을 적어놓은 파일이 두텁게 쌓여 있었다는 것이다. 신청을 해두기는 했지만 한번 판매인으로 들어간 사람은 10년이고 20년이고 계속하기 때문에 가판대가 도통 비지 않아 거의 포기한 상태라고 했다. 이는 알레머니 농민시장이 농민을 비롯한 판매인들로부터 선호도가 상당히 높은 시장임을 보여준다.

면접조사를 통해 본 알레머니 농민시장의 특징

시에서 운영하는 샌프란시스코 지역 최초의 농민시장

필자가 알레머니 농민시장을 찾은 날은 2012년 2월 4일(토요일)이었다. 시내버스를 타고 시장 근처에 이르자, 시장 명칭과 개장 일시를 소개하는 커다란 입간판이 눈에 들어왔다(〈사진 5-1〉). 특히, 시장 초입에 세워둔 시장 소개 입간판에 EBT 카드의 통용을 대표적인 구성 항목으로 표기하고 있다는 점이 시장의 성격을 대변해주는 듯했다. 한 소비자의 말에 의하면(사례 5-6), 토요일마다 농민시장이 서는 공간은 주중에는 대개 공터로 남아 있고 일요일에는 신나는 벼룩시장이 열린다. 주거지 앞의 넓은 공터에서 토요일에는 농민시장이, 일요일에는 벼룩시장이 주기적으로 열리는 것이다.

시장에 들어서며 주위로 시선을 돌리자, 도로 반대편에 시장을 둘러싼 3~4층 정도의 연립주택들이 보였다(〈사진 5-2〉). 시장과 바로 인접한 위치에 소박해 보이는 서민들의 주거지가 조성되어 있었고, 시장의 전체적인 분

사진 5-1 시장 입구의 알레머니 농민시장 안내판

사진 5-2 알레머니 농민시장과 맞붙어 있는 주택가

위기도 우리의 시골장터 같은 느낌이었다. 시장 소개 입간판의 내용과 시장 입지를 보면서, 필자는 알레머니 농민시장이 무엇보다도 시장 인근 지역주민의 주말장터 역할을 하고 있음을 직감할 수 있었다.

이 시장의 판매인들은 필자가 방문했던 그 어떤 농민시장보다도 손님맞이에 경황이 없었다. 줄지어 설치된 가판대 옆의 통로는 수많은 소비자로 붐볐다. 판매인들에게 면접 제안을 하려고 꽤 긴 시간 지켜보며 틈을 봤지만, 아쉽게도 이들을 상대로 한 면접조사는 한 건도 성사되지 않았다. 손님들과의 거래가 계속 이어졌고, 손님이 끊어지는 경우도 잠시였기 때문에, 바쁜 영업 시간에 면접 시간을 할애해달라고 끼어들 엄두가 나지 않았기 때문이다. 시장 안내소의 관계자들도 상황은 크게 다르지 않았다. 안내소를 찾는 사람이 많아 시장 직원을 오래 붙들고 얘기할 수 없었지만 그나마 2명을 상대로 간단한 몇 가지 사항을 확인

표 5-2 알레머니 농민시장 면접조사 대상자 기본 정보

사례 식별 기호	범주	성별	비고
사례 5-1	시장 직원	여	백인
사례 5-2	시장 직원	여	흑인
사례 5-3	소비자	남	백인(20대)
사례 5-4		남	백인(20대)
사례 5-5		여	백인(20대)
사례 5-6		여	혼혈(중국인과 멕시칸 혼혈, 20대)
사례 5-7		여	남미계 미국인(매스컴 전공 교수)
사례 5-8		남	백인(30대)
사례 5-9		남	백인 부부(50대)
사례 5-10		여	
사례 5-11		남	비영리 협동조합의 직원(1)
사례 5-12		남	비영리 협동조합의 직원(2)
사례 5-13		여	비영리 협동조합 활동가
사례 5-14		여	흑인 할머니(1)
사례 5-15		여	흑인 할머니(2)

할 수 있었다. 시장 상황을 파악한 필자는 판매인 조사를 포기하고 현실적으로 접근이 가능한 소비자 조사에 집중하기로 전략을 바꿨다. 이 시장에서는 결국 시장 직원 2명과 소비자 13명을 면접하는 것으로 만족해야 했다. 면접조사 대상자의 기본 정보는 〈표 5-2〉와 같다.

일단 시장을 대충 돌아본 후 제일 먼저 시도한 것이 시장 직원 2명과의 면접이었다. 시장은 들어서자마자 누가 봐도 매우 바쁘게 돌아가고 있음을 알 수 있었기에, 시장을 관리하는 데 어느 정도의 인력이 투

입되는지 궁금했다. 필자가 시장의 안내소를 찾았을 때, 시장 관리인은 마침 다른 용무로 자리를 비우고 없었다. 그래서 이루어진 것이 현장 사무실에 있던 두 직원과의 대화였다. 한 직원에 의하면(사례 5-1), 시장 관리인 1명과 사무직원 2명이 있고, 자원봉사자는 없다고 했다. 시장 규모에 비해 시장의 관리를 담당하는 사람이 너무 적은 것 같다는 생각이 든 순간, 직원의 추가 설명이 이어졌다. 알레머니 농민시장은 샌프란시스코시에서 운영하기 때문에 프로젝트 관리인 1명과 담당부서의 직무대리인 1명이 시장 운영에 함께 참여한다는 것이었다. 앞서 살펴본 시장 홈페이지의 설명처럼, 알레머니 농민시장의 운영 주체가 샌프란시스코시 당국임을 재확인해준 것이다.

시장을 얼핏 둘러봐도 판매인이 많음을 알 수 있었기 때문에, 판매인 규모에 관해 물었다. 조리음식 판매인 17명을 비롯해 매주 약 200명의 판매인이 이곳에서 활동하고 있다고 했다(사례 5-1). 필자가 한눈에 봐도 며칠 전 방문한 도시의 심장 농민시장보다 규모가 훨씬 컸다. 이곳 시장의 판매인은 모두 소규모 가족농이며, 이들 중 상당수가 시장이 설립된 이후 지금까지 판매인으로 계속 참여해왔다고 한다. 이처럼, 부모나 조부모 때부터 이곳에서 장사를 해온 사람이 많기 때문에 이 시장에서는 다세대 가족농들을 볼 수 있다고 한다. 이런 설명을 뒷받침하듯, 시장의 한 매장 가판대에서는 박스 표면에 소규모의 유기농장을 후원해달라는 문구를 담은 소박한 게시판을 집게로 걸어둔 장면이 눈길을 끌었다.

다양한 인종적 배경의 저소득층 소비자가 찾는 농민시장

이 직원에게 소비자가 이 시장을 주로 찾는 이유는 무엇이라고 생각하는지 물었다. 그는 먼저 가격과 먹거리의 다양성을 들었고, 또한 시장의 역사와 입지적 조건을 꼽았다(사례 5-1). 다시 말해, 소비자는 다른 시장에서 좀처럼 보기 힘든 신선한 아시아계 채소들을 이곳에서 저렴하게 구입할 수 있고, 시장의 위치로 인해 도심지역과 달리 주차하기가 편하다는 것이었다. 또 이 직원은 샌프란시스코에서 문을 연 최초의 농민시장이라는 역사가 많은 소비자가 이곳을 찾는 요인이 된다고 했다. 요컨대, 알레머니 농민시장은 민족적 배경이 서로 다른 다양한 지역

사진 5-3 농민시장 특별 영양보충 프로그램 수혜자 환영 게시물

주민이 갖가지 양질의 먹거리를 값싸게 구입할 수 있는 샌프란시스코 지역 최초의 농민시장이라는 특징을 갖고 있는데, 이것이 소비자를 끌어들이는 강점이라는 것이었다. 한편, 화석연료를 사용하는 장거리 운송을 줄이면서 지역농업과 지역먹거리를 후원하려는 생각도 이 시장을 애용하는 이유로 생각한다고 진단했다. 이와 같은 생각은 다른 농민시장처럼 알레머니 농민시장도 이른바 사회적 배태성의 특징을 지니고 있음을 보여준다.

이 직원은, 이 시장을 이용하는 주된 소비자들의 소득수준은 그 폭이 매우 넓다고 말했다. SNAP 수혜자인 저소득층[3]부터 상당한 부유층까지 여러 계층의 사람이 이곳을 이용한다는 것이다. 앞서 시장을 돌아보면서 다양한 인종의 사람들이 오가는 모습을 볼 수 있었기에 이와 관련해서도 묻자 또 다른 직원(사례 5-2)이 중동계부터 아시아계, 남미계까지 세계 도처에서 온 매우 다양한 소비자가 이 시장을 찾는다고 얘기했다. 그녀는 이런 다문화적인 시장 풍경이 아름답다고 표현하기도

사진 5-4 알레머니 농민시장을 찾는 다양한 배경의 소비자

했다. 요컨대, 인종이나 소비자 계층의 측면에서 본다면, 알레머니 농민시장은 다양한 인종과 계층의 소비자가 찾는 다채로운 농민시장이라는 특징을 갖고 있다(〈사진 5-4〉).

시장 직원들에게 시장을 찾는 소비자 중 단골과 관광객의 비중, 판매인이 내는 시장 이용수수료 같은 몇 가지 사항에 관해서도 물었지만 이 시장에서 근무한 경력이 짧아서 그런지 그다지 신뢰할 만한 대답을 들을 수 없었다. 도시의 심장 농민시장의 시장 관리인과는 대조적인 이런 모습을 대하면서, 시장 관계자의 경력과 경험의 정도에 따라 이들을 통해 파악할 수 있는 농민시장의 특징은 역시 상당한 편차가 있겠다는 생각이 들었다. 이 같은 판단으로 인해, 알레머니 농민시장의 특징을 파악하는 과정에서 필자는 참여관찰과 소비자들과의 대화에 좀 더 집중하게 되었다.

그동안 농민시장에서의 소비자 면접은 오가는 사람들을 눈여겨보다 대상자에게 말을 건네는 방식으로 진행했다. 연령대, 성별, 인종 등을 고려해 가능한 한 여러 범주의 사람들을 균형 있게 접하기 위해서였다. 이처럼 면접 대상자들은 현장에서 임의로 선정되기 때문에 생산자농민의 경우와는 달리, 이들에 관한 사전 정보가 전혀 없는 상태에서 면접이 이루어졌다. 그럼에도, 대다수의 소비자는 조사 취지를 듣고 나면 기꺼이 협조해주고는 했다. 하지만 대상자의 임의적 선정과 즉각적인 조사로 인해 기대한 만큼의 성과를 거두지 못할 때도 있었다. 이런 상황에서 필자는 알레머니 농민시장에서 다소 특이한 소비자를 몇 사람 만날 수 있었다. 교수 1명과 비영리 협동조합 관계자 3명이 바로 그들이다. 자신의 입장을 매우 명확하고 성의 있게 전해준 그들과의 만남에서, 필자는 기대에 미치지 못했던 시장 직원들과의 대화를 보상받는다는 느낌마저 들었다.

그중 한 명은 30대로 보이는 젊은 남미계 여성 소비자였다(사례 5-5). 매스컴을 전공하는 교수라고 한 이 소비자는 시장에서 약 2마일 떨어진 곳에 살고 있었고, 대개 격주로 이 시장에 온다고 했다. 먼저 이 시장에서 파는 먹거리의 품질과 가격이 세이프웨이와 같은 대형 매장의 것과 어떤 차이점이 있다고 생각하는지 물었다. 이 소비자는 가격은 때에 따라 대형 매장의 것보다 비싸기도 하고 저렴할 때도 있는 것 같다고 하면서, 자신은 가격보다는 이곳 먹거리의 품질이 좋기 때문에 이 시장을 찾는다고 했다. 특히, 크고 윤기가 나지만 유기농이 아닌 것은 사지 않고, 겉모양이 지나치게 거부감을 불러일으키지 않는 한 좀 지저분해 보이더라도 유기농 제품을 선호한다고 했다. 알레머니 농민시장의 여러 가판대에 붙어 있던 유기농 홍보 게시물(〈사진 5-5〉, 〈사진 5-6〉)은 이런 유기농 선호 소비자층을 염두에 둔 것이라는 생각이 들었다.

그녀에게 유기농은 가격이 비싸지 않느냐고 물었더니, 너무 비싸다는 느낌이 들 때가 아니면 다른 대형 매장의 먹거리와 비교한다거나 가격에 크게 신경 쓰고 싶지 않다고 말했다(사례 5-5). 필자는 이 소비자가 비싼 먹거리가 많은 것으로 알려진 페리 플라자 농민시장도 이용하는지 궁금해졌다. 그녀는 그곳이 정말 비싼 시장이라는 얘기를 들었으며, 알레머니 농민시장이 자기 집과 훨씬 가깝기 때문에 그 시장에는 별로 관심도 없고 실제로 가본 적도 없다고 했다.[4] 그렇다면 이 시장의 가장 큰 장점은 무엇이라고 보느냐고 물었다.

사진 5-5 유기농 제품임을 알리는 종이 박스

저는 이 시장이 매우 클 뿐만 아니라 이곳에 오는 사람들이 다양하다는 점이 좋습니다. 그렇지 않은가요? 이미 말씀드렸듯이, 저는 페리 빌딩에 위치한 농민시장에는 가본 적이 없습니다. 하지만 제가 생각하는 그 시장의 이미지와 정형화된 관념은 아마도 좀 더 부유한 사람들이 이용하는 시장일 것이라는 점입니다. 그런데 당신도 보시다시피 이 시장은 서로 매우 다른 사람들이 찾는 곳이라는 바로 그 다양성이 있기 때문에 저는 이곳을 좋아합니다. 심지어 때에 따라 다른 것들을 판다는 사실도 제가 이곳을 좋아하는 이유입니다. 그러니까 여기서는 중국의 설과 같은 시기에는 명절음식을 준비하는 데 필요한 식재료를 팝니다. 자신들에게 특별한 의미를 갖는 음식을 생각하며 신이 난 사람들을 보는 것도 정말 멋진 일입니다.

이 소비자는 알레머니 농민시장의 미래도 이런 관점에서 전망했다. 즉, 지역의 유기농 먹거리를 찾는 사람들뿐 아니라 자신들의 문화에서는 중요하지만 슈퍼마켓에는 없는 식재료를 구하려는 사람들을 끌어들일 수 있다면, 시장의 미래는 밝으리라는 것이었다. 서로 다른 문화적 배경을 가진 매우 다양한 사람들이 바로 이곳의 소비자라는 점이 그러한 판단의 근거였다. 또 그녀는 이 시장에서 최근 받기 시작한 SNAP 수혜자들이 농민시장을 계속 이용한다면, 저소득층의 시장 참여 증대에 따른 효과도 기대할 수 있을 것이라는 의견도 덧붙였다. 이 시장이 여러 방식으로 서로 다른 출신과 계층의 다양한 욕구를 계속 충족시킬 수 있을지 여부가 이 시장의 미래를 좌우하게 되리라는 것이 이 소비자의 알레머니 농민시장에 대한 미래 전망이었다.

이 같은 논의를 토대로 알레머니 농민시장의 특징을 규정한다면, 우선 이 시장은 양질의 신선한 지역먹거리를 중시하면서도 서로 다른 문화적 배경을 가진 시장 인근의 지역주민[5]이 자신에게 필요한 먹거리를 농민판매인에게서 직접 구하기 위해 찾는 농민시장이라고 할 수 있다. 알레머니 농민시장이 먹거리의 종류와 내용에 있어 다양한 색채를 보여주는 것도 이로부터 연유한 특징임은 물론이다.

필자는 시장에서 만난 비영리 협동조합 관계자들과의 대화에서도 이 소비자와 대체로 유사한 견해를 접할 수 있었다. 필자는 시장에서 활달하게 얘기를 나누면서 장을 보던 젊은 남녀 일행을 유심히 살펴보다 조사 취지를 설명하고 대화를 청했다. 이들은 자신들을 비영리 협동조합인 '샌프란시스코 생태학 센터Ecology Center of San Francisco, ECOSF'[6]의 직원이라고 소개하면서 선뜻 조사에 응해주었다.

먼저, 알레머니 농민시장을 페리 플라자 농민시장과 비교해달라고 요청했다. 일행 중 한 명은 무엇보다 유기농 농민판매인과 상품 가격의 측면에서 두 시장의 차이를 발견할 수 있다고 설명했다(사례 5-12). 즉, 페리 빌딩 앞에서 열리는 농민시장은 제3자로부터 공식인증을 받은 유기농 농민판매인이 대부분이라 물건 가격이 알레머니 농민시장보다 비싼 편이라는 것이다. 이 피면접자는 페리 플라자 농민시장의 물건들이 비싼 이유도 나름대로 설명해주었다. 공식인증을 받기 위해서는 행정적 절차와 기록 관리 등의 추가 작업으로 인해 비용이 많이 들고, 알레머니 농민시장보다 훨씬 많은 관광객을 상대하기 때문에 가격이 비쌀 수밖에 없다는 것이다. 하지만 알레머니 농민시장은 번잡하고 비용이 많이 드는 공식인증을 받지는 않았지만 실제로는 거의 유기농으로 재배한 농산물을 가져와 파는 농민이 적지 않다고 했다. 그렇지만 앞서 면접한 남미계 여성 소비자와는 달리 이 남성은, 알레머니 농민시장을 찾는 소비자의 동기가 페리 플라자 농민시장의 소비자처럼 공식적인 유기농 제품을 사려는 데 있지는 않을 것이라고 했다. 이와 비슷한 맥락에서 일행 중 또 다른 한 남성은, 소비자가 알레머니 농민시장을 '친구들의 시장'이라고 부르면서 자주 찾는 이유 중 하나가 바로 적정한 수준의 가격에 있다고 생각한다고 말했다(사례 5-11).

그렇다면, 이곳 시장을 찾는 소비자는 과연 유기농을 얼마나 선호하며, 또 먹거리의 가격과 시장 방문 동기의 관계를 어떻게 이해하고 있을까? 이 같은 의문이 든 것은 이 문제들에 관해 이들 일행과 앞서 면접한 남미계 여성 소비자(사례 5-5)의 생각이 엇갈렸기 때문이다. 이를테면, 남미계 여성 소비자는 주로 가격보다는 양질의 유기농 먹거리에 대한 관심으로 인해 이곳을 이용한다고 말한 데 반해, 앞서 언급한 일행은 유기농 여부보다는 먹거리의 품질 대비 가격의 적정성 혹은 저렴함 때문에 소비자가 시장을 찾는다고 생각했다. 소비자에 따라 견해 차이가 있었기 때문에 다른 소비자들의 반응을 함께 살펴볼 필요가 있었다.

한 젊은 여성 소비자는 유기농을 사지 않는다고 잘라 말했다(사례 5-6). 그 이유는 유기농법이란 일종의 영농철학이고 먹거리의 질이나 영양학적 가치와는 무관한 판매 전략이라고 학창시절에 배웠기 때문이라고 했다. 따라서 유기농 구매를 어리석은 행동이라고 본다는 것이다. 그래서 자신은 유기농 먹거리를 구매하기 위해서가 아니라 이 시장의 도처에서 구할 수 있는 신선한 제철 과일과 채소, 양질의 빵 등을 사기 위해 이 시장을 찾는다고 했다. 이와 정반대로, 유기농으로 재배한 먹거리를 구할 수 있다는 점이 이 시장의 최대 장점이라고 생각하는 소비자도 있었다. 이 소비자는, 그동안 비유기농법으로 인해 우리 토양이 매우 오염되어 있기 때문에 토양을 건강하게 만들어 영양가 있는 먹거리를 생산하려면 유기농에 관심을 가져야 한다고 말했다(사례 5-15).

유기농을 사지 않는다는 여성 소비자는, 유기농 먹거리도 다른 곳보다 이곳이 싸다고 했다(사례 5-6). 그래도 비유기농 제품과는 가격 차이가 크기 때문에 자신은 유기농 대신 주로 양질의 채소 같은 먹거리를 이곳에서 값싸게 구입한다고 했다. 유기농 먹거리를 선호하지만 항상 유기농을 구입하는 것은 아니라는 답변도 들을 수 있었다. 한 젊은 백인 남성 소비자는(사례 5-3), 아내가 장을 보면 유기농 먹거리를 사는 경향이 있지만 유기농의 실제 구입 여부는 먹거리의 용도에 따라 좌우된다고 했다. 이를테면, 주스를 만들고자 할 때는 겉모양이 예쁘거나 유기농 과일을 고집할 필요는 없기 때문에 멍이 든 과일을 사기도 한다는 것이다. 또 다른 젊은 백인 남성 소비자는 유기농 과일이나 채소 등을 구입한다고 하면서(사례 5-4), 유기농 먹거리가 비유기농 제품보다 약간 더 비싸지만 그만한 가치가 있다고 생각하기 때문이라고 설명했다. 또 이곳에서 파는 제철 유기농 먹거리는 세이프웨이나 코스트코 같은 대형 슈퍼마켓에서 파는 것보다 품질은 더 좋으면서도 가격은 오히려 싼 편이라고 했다. 말하자면, 이곳 시장은 다른 슈퍼마켓보다 훨씬 좋은 유기농 먹거리를 더 저렴한 가격에 공급하기 때문에, 유기농을 선호하는 동네 소비자는 당연히 장을 보러 이곳을 찾는다는 얘기였다.

30대로 보이는 백인 남성 소비자는 대형 슈퍼마켓에서 파는 유기농과 이 시장에서 판매하는 유기농의 차이점들을 여러 측면에서 매우 예리하게 설명해주었다(사례 5-8). 홀푸즈 같은 일부 대형 슈퍼마켓에서는 양질의 먹거리가 제공되지만, 세이프웨이 같은 대부분의 대형 슈퍼마켓에서는 대규모 농장에서 정성을 기울이지 않은 채 매우 산업적인 방식으로 재배한 유기농 제품이 공급된다는 것이다. 또 대형 슈퍼마켓의 유기농 먹거리는 멕시코나 칠레 같은 외국에서 수입해 선박으로 들여온 것들이 많다는 지적도 했다. 그에 반해 이곳 시장의 먹거리는 이 지역의 농장에서 제철에 재배하고 바로 수확한 신선한 것들일 뿐 아니라 일부 유기농 먹거리는 비싼 비용 때문에 공식인증을 받지 못했지만 실제로는 유기농으로 재배된 것들이라고 했다. 그를 통해, 유기농 농민임에도 공식적인 유기농 인증을 받지 못하는 이유와 그런 농민판매인의 처지 및 생산물의 품질을 적극적으로 알아주는 소비자가 있음을 알 수 있었다.

지금까지의 논의는 다음과 같이 정리될 수 있다. 우선 유기농 자체에 근본적으로 회의적인 시각을 갖고 있는 소비자도 일부 있었지만, 알레머니 농민시장에서 만난 대다수의 소비자는 이곳 시장에서 판매되는 유기농 먹거리의 품질과 가격의 강점을 공식인증 여부와 무관하게 분명 인정하고 있었다. 특히 이들은, 그 먹거리가 유기농이면서 바로 이 지역에서 생산된 것이라는 점에 가치를 부여했다. 한편, 알레머니 농민시장의 소비자 중에는 비유기농이지만 신선한 제철 지역산 먹

사진 5-6 한 유기농 농장에서 차린 먹거리 가판대

거리를 찾는 사람이 더 많아 보였다. 이곳 유기농의 장점을 잘 아는 소비자도 실제로는 가격 대비 품질이 좋은 비유기농 지역먹거리를 구입하는 경향이 있는 듯했다. 물론 이것은 이 시장에서 판매되는 비유기농 먹거리의 신선도를 비롯한 품질의 우수성을 인정하기 때문일 것이다. 결국 알레머니 농민시장의 상당수 소비자는 공식적인 유기농 인증 여부나 실질적인 유기농 여부를 떠나 시장에서 거래되는 먹거리가 지역에서 생산된 양질의 제철 먹거리인가 하는 점을 무엇보다 중시한다고 볼 수 있다. 이런 점에서, 알레머니 농민시장은 자연적 배태성보다 공간적 배태성이 짙게 깔려 있는 농민시장의 특징을 지니고 있다고 할 수 있다.

그러면, 소비자들은 어떻게 이런 인식을 하게 된 것일까? 소비자들의 앞서 얘기에서도 묻어나지만, 그것은 무엇보다도 이곳 시장을 찾는 소비자들이 농민시장 판매인들과 그들이 생산하는 먹거리를 전적으로 신뢰하기 때문이라고 할 수 있다. 한 소비자는 시장에서 여러 해 동안 판매인들을 만나왔기 때문에 이들을 매우 신뢰한다고 했다(사례 5-8). 이 시장의 판매인들과 먹거리를 얼마나 신뢰하느냐고 물었을 때, 이 시장의 판매인들은 거짓말을 하지 않기 때문에 유기농인지 아닌지를 물으면 사실대로 얘기해준다는 답변도 들을 수 있었다(사례 5-5; 사례 5-8). 이 시장에는 살충제를 쓰면서 재배한 먹거리를 파는 곳도 있는데, 필자가 물어봐도 가게 판매인들이 솔직하게 답해줄 것이라고 말하는 소비자도 있었다(사례 5-12; 사례 5-14). 물론 어떤 먹거리인지, 또 누구에게 구입하는지에 따라 특정한 먹거리의 품질이나 가격이 다를 수 있기 때문에 그 품질이 항상 최상이라고 할 수는 없다고 다소 신중하면서도 유보적인 평가를 하는 소비자가 없지는 않았다(사례 5-10). 그럼에도, 알레머니 농민시장의 판매인들에 대한 소비자들의 신뢰는 대체로 확고해 보였다. 이 같은 두터운 신뢰는 오랜 역사를 자랑하는 알레머니 농민시장의 전통에서 비롯된 것이라고 볼 수 있다.

이 같은 면접 결과들에 비추어볼 때, 알레머니 농민시장은 유기농 먹거리 문제를 포함해 다음과 같은 몇 가지 특징을 지니고 있다고 볼 수 있다.

첫째, 알레머니 농민시장은 양질의 유기농 먹거리를 구하고 싶어하는 소비자층의 욕구를 충족시켜주는 농민시장이다. 이 시장을 찾는 대부분의 소비자는 유기농 먹거리의 중요성과 의미를 인정하고 있었다. 그렇다면, 알레머니 농민시장의 유기농 소비자는 누구일까? 이번 현지조사에 의하면, 지역주민 중 가격에 크게 구애받지 않을 정도의 경제력을 갖춘 일부 주민이나, 그런 정도의 경제력은 없지만 다른 대형 슈퍼마켓에서보다 더 신선한 유기농 먹거리를 좀 더 값싸게 구입하려는 소비자층이었다. 이들은 유기농 먹거리에 관심을 갖고 시장을 찾는다는 점에서 공통점을 갖지만, 구매 저변의 산법算法에서는 조금씩 차이가 있다.

둘째, 알레머니 농민시장은 유기농법으로 재배해도 공식적으로 유기농 인증을 받지 않은 채 판매하는 농민들이 적지 않게 활동하는 농민시장이다. 농민판매인들이 공식인증을 받지 않은 상태로 유기농을 공급하는 주된 이유는 공식인증에 소요되는 비용 문제 때문으로 보인다. 공식 유기농 인증을 받지 않은 판매인이 많음에도 알레머니 농민시장이 유기농을 찾는 소비자의 욕구를 계속 충족시킬 수 있었던 것은 유기농 농민과 그들의 먹거리를 믿어주는 신뢰관계가 형성되어 있기 때문이다. 앞서도 지적했듯이, 이런 신뢰는 유기농뿐만 아니라 비유기농 먹거리의 품질에 대한 태도에서도 발견된다. 농민시장에서 장을 보는 것이 먹거리의 장거리 이동에 따른 화석연료의 사용과 그로 인한 환경오염을 막을 수 있다거나, 장바구니를 챙겨서[7] 농민시장을 찾는다는 소비자들의 답변에서도, 지역농민에 대한 신뢰의 일면을 엿볼 수 있었다(사례 5-3; 사례 5-4; 사례 5-6; 사례 5-8; 사례 5-9; 사례 5-10; 사례 5-14). 물론 푸드마일에 관한 관심이나 장바구니의 사용은 기본적으로 환경의식과 관련된 것이지만, 지역농민에 의해 신선한 양질의 먹거리 생산이 이루어지고 있다는 믿음이 없다면 그것이 농민시장 이용으로 이어지기는 어려웠을 것이다. 이와 같이, 알레머니 농민시장에서의 장보기에 경제적 이해만이 아니라 지역농민, 지역먹거리, 환경 같은 가치에 대한 소비자의 인정과 배려가 배어 있다는 것은 이 시장에 사회적 배태성의 특징이 내재해 있음을 보여준다.

셋째, 그럼에도 불구하고, 알레머니 농민시장은 유기농 중심의 시장이라기보다는 신선한 양질의 제철 먹거리를 비교적 저렴한 가격에 공급하는 시장이다.[8] 이는 알레머니 농민시장의 이웃이 다양한 인종적 배경을 가진 노동자계급이라는 점에서 비롯된 특징이라고 할 수 있다. 가격에 개의치 않고 공식 유기농 인증을 받은 먹거리를 찾는 소비자라면, 이 시장보다 페리 플라자 농민시장 같은 곳을 찾을 가능성이 높다. 반면, 알레머니 농민시장에서 볼 수 있는 유기농 소비자는 시장에서 멀리 떨어진 곳에서 온 유복한 소비자가 아니라 시장 인근에 사는 지역주민 중 어느 정도 경제적 여력이 있는 주민이다. 하지만 시장 주변에 주로 포진한 계급이 노동자계급이라는 지역적 특성을 고려하면, 그 일부 중산층 지역주민이 이 시장의 주된 소비자층이라고 보기는 어렵다. 실제로 필자가 면접한 상당수의 소비자는 신선도를 포함한 품질 대비 가격이 대형 슈퍼마켓보다 상대적으로 저렴하다는 점을 시장의 강점으로 꼽았다. 필자가 시장을 직접 돌아다니면서 본 소비자들의 모습이나 가판대의 물건과 가격에서 받은 느낌도 마찬가지였다. 요컨대, 인종적 배경이 다양한 저소득층의 소비자가 거주지 인근의 정기적인 주말장터에서 양질의 먹거리를 값싸게 구하기 위해 모여드는 농민시장이 바로 알레머니 농민시장이다. 이런 점에서 알레머니 농민시장은 상당수의 다른 농민시장과 마찬가지로 시장성의 강점을 토대로 지속되는 시장이라고 할 수 있다.

페리 플라자 농민시장, 도시의 심장 농민시장과 견주어본 알레머니 농민시장

그러면, 이 밖에 알레머니 농민시장의 특징으로 추가할 수 있는 것들은 무엇일까?

한 소비자는 겨울에도 활동하기에 좋은 지역이라 계절을 가리지 않고 야외에서 다양한 양질의 먹거리를 구할 수 있다는 장점 때문에 많은 소비자가 이곳을 찾는 것 같다고 얘기했다(사례 5-3). 알레머니 농민시장을 비롯한 샌프란시스코 지역의 농민시장들은 양호한 기후 조건의

덕을 톡톡히 보고 있는 셈이라고 할 수 있다. 심지어 겨울철에도 실외 농민시장을 운영할 수 있는 지역이라는 점에서 그 어떤 다른 지역의 농민시장보다 이런 장점을 잘 살릴 수 있기 때문이다.

농민시장에서 농민판매인과 소비자가 직거래를 함으로써 얻을 수 있는 장점 중 하나는 먹거리를 사고파는 과정에서 서로에 대한 이해가 깊어진다는 점을 들 수 있다. 그러나 외견상 알레머니 농민시장의 소비자와 농민판매인 간에 그렇게 깊이 있는 상호작용이 이루어지지는 않는 듯했다. 판매인들과 자주 대화하느냐고 물어봤을 때, 올 때마다 거의 하는 편이라고 답한 소비자도 물론 있었다. 먹거리를 재배하는 농민들과 여러 해에 걸쳐 만나고 대화하면서 먹거리에 관해 좀 더 많이 알게 될 뿐 아니라 개인적 관계를 발전시킬 수 있었다는 것이다(사례 5-9; 사례 5-10). 그렇지만 다수의 소비자는 특정 먹거리에 관해 궁금한 점이 있을 때만 질문을 하거나 전혀 대화하지 않는다고 했고, 농민판매인을 개인적으로는 잘 모른다고 답변했다(사례 5-6; 사례 5-14; 사례 5-15). 이는 곧 소비자와 농민판매인 간에 적어도 적극적인 상호작용은 이루어지지 않음을 시사한다. 조사를 위해 시장을 방문했을 당시, 필자가 보기에도 소비자들이 판매인들과 더불어 특별히 유쾌한 대화나 교제를 한다기보다는 시장의 여기저기를 분주하게 돌아다니면서 자기에게 필요한 먹거리를 살펴보거나 구입하는 장면이 눈에 많이 띄었다.[9] 물론 앞서 살펴본 것처럼, 소비자들이 농민판매인과 그들의 먹거리를 신뢰하는 가운데 거래한다는 점에서 알레머니 농민시장에 내재한 사회적 배태성을 발견할 수 있는 것은 사실이다. 하지만 그런 사회적 배태성이 견고하게 뿌리를 내리게 하려면 판매인과 소비자 간에 지금보다는 활발한 상호작용이 이루어지게 하는 방안이 강구될 필요가 있다.

사진 5-7 시장 후면의 피자 가게와 점심식사를 하는 소비자들

농민판매인과 소비자 사이의 교류가 그다지 활달하게 펼쳐지지 않는다면, 알레머니 농민시장에서 주로 발견할 수 있는 상호작용의 유형은 과연 어떤 것일까?

우선, 알레머니 농민시장이 가족의 즐거운 주말 나들이 공간임을 확인할 수 있는 가족 간의 움직임을 쉽게 발견할 수 있었다. 한 소비자는 어린 딸을 데리고 시장에 나와 음악가들의 연주를 들으면서 산책을 즐기기도 하고 점심으로 맛있는 피자를 사 먹기도 한다고 했다(사례 5-3). 또 소비자들은 어린 자녀들에게 자신이 구입하는 과일이나 채소가 어디서 오는 것인지 얘기해주는 등 질적으로 멋진 삶을 누린다는 견해를 제시하는 소비자도 있었다(사례 5-14). 페리 플라자 농민시장이 젊은이와 관광객을 겨냥한 좀 더 세련된 시장이라면, 알레머니 농민시장은 일주일 동안 필요한 가족의 기본적인 먹거리를 식구들이 함께 나와 장을 보며 준비하는 일종의 가족형family-style 농민시장의 성격이 짙다고 비교 평가한 소비자도 있었다(사례 5-8). 실제로 필자는 시장을 둘러보면서 아이들과 함께 나와 가족 단위로 장을 본다거나 점심 먹거리를 사기 위해 줄을 서고, 시장 곳곳의 야외 식탁이나 빈터에 앉아 음식을 먹으며 대화하는 모습을 발견할 수 있었다(《사진 5-7》). 물론 이것은 알레머니 농민시장의 고유한 특징이라기보다는 대부분의 농민시장에서 종종 볼 수 있는 전경이기도 하다. 요컨대, 알레머니 농민시장의 중요한 특징 중 하나는 가족공동체의 결속력 강화에 일조하는 사회적 공간이라는 점이었다.

알레머니 농민시장의 특징을 장터를 둘러싼 관계자들 간의 상호작용의 관점에서 찾아보자면, 또 한 가지 주목해야 할 측면이 소비자 간의 관계라고 할 수 있다. 시장에 왔다가 친구를 비롯한 지인을 만나는 경우도 자주 있고, 여기서 구입한 식재료로 이웃과의 저녁식사를 계획할 때도 있기 때문에, 농민시장은 장터에서뿐만 아니라 이웃과의 공동체 형성에도 기여한다고 얘기한 소비자가 있었다(사례 5-4; 사례 5-10). 농민시장이 지인들 간의 우연한 만남이나 친밀한 관계 형성의 촉매 역할을 한다는 것이다. 지금까지의 논의는, 알레머니 농민시장에서 소비자와 농민판매인 사이의 활발한 사적 상호작용을 보기는 힘들지만 소비자의 가족 구성원 간에, 그리고 소비자 상호 간에는 나름대로 의미 있는 상호작용이 빈번하게 전개됨을 시사한다.

필자는 알레머니 농민시장의 특징을 좀 더 파악하기 위해 페리 플라자 농민시장과 비교하고자 했다.

앞서 면접했던 비영리 협동조합 관계자 일행은 알레머니 농민시장이 이 도시에서 제일 먼저 생긴, 매우 오래된 농민시장이라는 점에서 페리 플라자 농민시장과는 다르다는 점을 언급했다(사례 5-11; 사례 5-13).

이들은 알레머니 농민시장의 또 다른 중요한 특징으로 소비자의 인종적 다양성과 그에 따른 과일과 채소의 독특성을 꼽았다. 즉, 이 시장에는 매우 다양한 인종의 소비자들이 찾아오기 때문에 이들에게 공급하기 위해 캘리포니아주 남부까지 내려가서 재배해 가져오는 먹거리[10]도 있다는 것이다(사례 5-12). 바나나, 샴페인망고, 두리안, 리치, 람부탄 같은 흥미로운 열대 과일과 채소가 그것이다. 그렇다면, 이 시장 소비자의 다수는 다양한 인종적 배경을 가진 사람들이라는 특성 외에 계급적으로는 어떤 위치에 있는 사람들일까? 면접 대상 소비자들에게 페리 플라자 농민시장과 비교해 얘기해달라고 요청했다.

페리 플라자 빌딩에는 관광객이 확실히 많이 찾아오지만 그 지역은 금융가 인근의 부유한 중심지라 수많은 고소득층을 이웃으로 둔 시장이 페리 플라자 농민시장인 데 반해, 샌프란시스코 외곽에 위치한 알레머니 농민시장은 매우 다양한 인종집단의 노동자계급을 이웃으로 열리는 시장이라는 답변이 나왔다(사례 5-11; 사례 5-12). 내친 김에 도시의 심장 농민시장과도 비교해 설명해달라고 했다. 한 남성 소비자는, '시빅센터 시장Civic Center Market' 혹은 '유엔광장 시장UN Plaza Market'이라고 불리는 도시의 심장 농민시장의 소비자층은 크게 두 부류로 나뉜다고 했다(사례 5-12). 알레머니 농민시장의 농민판매인 중 상당수가 도시의 심장 농민시장에도 참여하는데, 그곳 시장의 소비자 중 한 부류는 이 지역의 소비자보다 소득수준이 더 낮은 계층이라는 것이다. 그곳의 많은 공영주택에서 짐작할 수 있듯이, 이곳보다 훨씬 저소득층이 많이 모여 사는 지역이라는 것이 이유였다. 그래서 SNAP 수혜를 받는 소비자가 그 시장에는 매우 많을 것이라고 했다.[11] 도시의 심장 농민시장 소비자의 또 한 부류는 경제적으로 상당히 풍요로운 소비자층이라고 했다. 시장 인근이 도심의 저소득층 거주지이기도 하지만 다른 한편으로는 사업체와 사무실이 많은 곳이기도 하기 때문이라는 것이다.

물론 피면접자 남성은 도시의 심장 농민시장을 구성하는 수요농민시장과 일요농민시장을 명확하게 구분지어 설명하지는 않았다. 하지만 앞서 살펴본 것처럼, 경제적 여유가 있는 소비자층이 주로 찾는 시장은 두 번에 걸쳐 열리는 도시의 심장 농민시장 중에서 주중에 열리는 수요농민시장이다. 그럼에도, 인종적으로나 경제적 계층 측면에서 성격이 매우 이질적인 소비자층이 함께 몰려드는 시장이 바로 도시의 심장 농민시장이라고 할 수 있다. 요컨대, 알레머니 농민시장은 다양한 인종의 욕구를 충족시켜주는 각종 먹거리를 포함한 양질의 먹거리를 값싸게 제공할 뿐만 아니라 그로 인해 여러 인종집단이 모이는 농민시장이라는 점에서 도시의 심장 농민시장과 특징을 공유한다.

그러면서도 알레머니 농민시장은 주로 인근에 거주하는 노동자계급을 소비자층으로 한 시장인 데 비해, 도시의 심장 농민시장은 SNAP의 수혜를 받는 좀 더 가난한 지역주민들을 주요 소비자층의 한 축으로 삼고 있다는 점에서 차이가 있다. 다시 말해, 다양한 인종적 배경을 가진 저소득층이 모두 두 시장의 소비자이지만, 알레머니 농민시장은 도시의 심장 농민시장에 비해 그래도 자기 벌이를 함으로써 어느 정도 소득이 있는 소비자를 주로 상대하는 시장이다. 그렇지만 도시의 심장 농민시장은 알레머니 농민시장의 소비자들보다 경제적으로 더 어려운 소비자층을 상대함과 동시에 경제적 여유가 있는 도심의 사무직 종사자들이 또 다른 소비자층을 이루고 있다는 점에서 알레머니 농민시장과는 구별되는 특징을 갖고 있다고 할 수 있다. 그러면서도 알레머니 농민시장은 도시의 심장 농민시장과 함께 양질의 먹거리를 다양한 인종적 배경의 저소득층에게 비교적 값싸게 제공하는 농민시장이라는 점에서,

페리 플라자 농민시장과는 다른 특징을 공유하고 있다. 사회적 불평등의 관점에서 보자면, 소득 불평등이 심화되는 미국 사회에서 저소득층 소수집단 주민들에게 양질의 먹거리를 저렴하게 공급함으로써 불평등의 폐해를 조금이나마 줄여갈 수 있는 먹거리공동체 중 하나가 바로 알레머니 농민시장이라고 평가할 수 있다.

6장

레인 카운티 농민시장

시장 개요

'레인 카운티 농민시장Lane County Farmers Market'은 2017년 4월 현재 미국 오리건주the U.S. State of Oregon 유진Eugene시 도심에서 4개의 세부 명칭으로 제각각 열리는 농민시장의 총칭이다. 토요농민시장, 화요농민시장, 겨울농민시장, 휴가철농민시장 등이 그것이다. 레인 카운티 농민시장이라는 명칭은 아마도 유진시가 속해 있는 레인 카운티의 대표적인 시장이라는 의미를 담기 위해 붙여진 것으로 보인다.

'유진-스프링필드 광역권Eugene-Springfield Metropolitan Area' 또는 레인 카운티에서 차지하는 유진시의 위상이나 농민시장의 규모로 미루어볼 때, 이 시장이 실제로 이 지역을 대변하는 농민시장이라고 해도

사진 6-1 레인 카운티 토요농민시장의 모습

과언은 아닐 것이다. 왜냐하면 유진-스프링필드 광역권은 오리건주 8개 광역권 중 '포틀랜드-밴쿠버-힐스버러 광역권Portland-Vancouver-Hillsboro Metropolitan Area' '세일럼 광역권Salem Metropolitan Area'에 이어 세 번째 인구밀집 지역이고, 이 지역에서 가장 규모가 큰 중심도시가 바로 유진이기 때문이다.[1] 유진은 지리적으로는 태평양과 접해 있는 오리건주 해안에서 동쪽으로 50마일 정도 떨어진 윌러멧계곡의 남쪽 끝에 있으면서 매켄지강McKenzie River과 윌러멧강Willamette River의 합류지점 근처에 위치한 도시다.[2] 그렇다면, 유진시 소재의 레인 카운티 농민시장은 어떤 특징을 지닌 시장일까? 먼저, 레인 카운티 농민시장의 자체 홈페이지[3]에 소개된 내용을 중심으로 시장의 전반적인 현황을 간략하게 살펴보자.

레인 카운티 농민시장의 시발점은 유진 지역 최초의 생산자 시장Eugene Producers' Market으로, 현재의 시장 자리에서 1915년 문을 연 공설시장Public Market이었다. 1979년에 이르러 재정비된 레인 카운티 농

표 6-1 레인 카운티 농민시장 개요(2016년과 2017년의 예)

명칭	레인 카운티 농민시장(Lane County Farmers Market)
도시(위치)	오리건주 유진 (150 Shelton McMurphey Blvd. #204 Eugene, OR 97401)
개장 연도	1915년(1979년 재조직)
개장 일시와 장소	1. 토요농민시장: 2017년 4월 1일부터 11월 11일 오전 9시에서 오후 3시(8번가와 오크 스트리트 사이의 임시 공간) 2. 겨울농민시장: 2017년 2월 4일부터 3월 25일 토요일 오전 10시에서 오후 2시(8번가와 오크 스트리트 사이의 임시 공간) 3. 화요농민시장: 2017년 5월 2일부터 10월 31일 오전 10시에서 오후 3시(8번가와 오크 스트리트 사이의 임시 공간) 4. 휴가철농민시장: 2016년 11월 19일부터 12월 18일 토요일 오전 10시에서 오후 5시, 일요일 오전 11시에서 오후 5시 (레인 이벤트 센터 공연장)
시장의 운영	5인의 법인 회원 임원과 3인의 지역사회 임원으로 구성된 8인위원회가 운영하는 오리건주 비영리법인
웹사이트, facebook, twitter, instagram, youtube	http://www.lanecountyfarmersmarket.org/markets, https://www.facebook.com/lanecountyfarmers, https://twitter.com/farmmarketeers, https://www.instagram.com/lanecountyfarmersmarket, https://www.youtube.com/channel/ UCPHge4ANTxClg1vysgP0Ylw

자료: 검색일(2017년 4월 12일)

민시장은 지금까지 시장 관계자들과 뜻을 같이하는 지역주민의 후원 아래 성장해왔다고 한다.

앞서도 언급했듯이, 레인 카운티 농민시장은 유진 시내 한가운데서 요일, 시기, 운영 시간 등을 조금씩 달리하면서 1월을 제외한 나머지 11개월간 시장별로 각각 정해진 요일에 열린다(〈표 6-1〉 참조). 가장 오랜 기간 개장하는 시장은 4월에서 11월 초, 5월 초에서 10월 말까지 토요일과 화요일에 운영되는 토요농민시장Saturday Farmers Market과 화요농민시장Tuesday Farmers Market이다. 또 겨울철에는 2월 초부터 3월 하순까지 1개월가량 운영되는 겨울농민시장Winter Farmers Market과 휴가철인 11월 하순부터 12월 중순까지 역시 1개월가량 매주 토요일과 일요일에 개장하는 휴가철농민시장Holiday Farmers Market이 있다. 휴가철농민시장을 제외한 3개의 농민시장은 모두 도심의 동일한 장소에서 열리며, 이중 가장 규모가 크고 인기 있는 시장은 토요농민시장이다. 요컨대, 계절과 요일에 따라 개장 기간, 운영 시간 등에 차이를 보이면서 토요농민시장을 중심으로 네 가지 유형으로 구성, 운영되는 것이 레인 카운티 농민시장이다.

다른 농민시장들처럼, 레인 카운티 농민시장은 자신이 직접 재배하거나 만든 먹거리를 가져와 파는 85명 이상의 오리건주 농민판매인들[4]과 대면하면서 신선한 제철 지역산 먹거리를 구매할 수 있는 기회를 지역주민에게 제공한다. 또 레인 카운티 농민시장은 농민과 먹거리 장인에게도 활기찬 장터를 제공해 지역농장과 지역먹거리경제를 보호하고 강화하려는 사명을 표방하고 있다. 특히, 소비자들은 시장에서 펼쳐지는 요리 시연 행사에 참여하거나 시장 측으로부터 연주 일정을 사전에 허락받은 음악가들의 연주를 즐길 수 있다. 이런 점들은 레인 카운티 농민시장이 농민시장으로서 일반적 특징을 갖고 있음을 보여준다.

레인 카운티 농민시장은 비영리법인의 형태를 띠고 있고, 농민시장의 관계자들 중에서 선임된 5명의 임원과 지역사회에서 선임된 3명의 임원으로 조직된 8인위원회가 운영한다. 실무는 시장 책임자를 비롯한 4명의 직원이 맡아서 처리한다.[5] 법인 운영위원회에 지역사회 관계자 3명을 포함시킨 것은 지역사회와의 협력과 연대를 바탕으로 시장을 꾸려가려는 의지를 보여주는 것이라고 해석할 수 있다.

레인 카운티 농민시장은 EBT 시스템을 통해 SNAP 수혜를 받는 저소득층의 참여를 넓히려 노력하는 농민시장 중 하나다. 이 점은 이 시장을 구성하는 네 유형의 농민시장이 모두 소비자의 EBT 카드와 '오리건 트레일 카드Oregon Trail Card'[6] 이용을 독려하는 내용을 홈페이지에 명시하고 있다는 사실에서도 확인할 수 있다. SNAP 수혜자는 시장 안내소에서 자신의 EBT 카드로 원하는 만큼의 액수를 결제하고 토큰을 받아 시장에서 먹거리를 구입한다(《사진 6-2》). 물론, 이 시장에서도 EBT 카드로는 과일, 채소, 빵, 고기 등은 구입할 수 있지만 술이나 담배, 애완동물의 먹거리, 비누, 비타민, 의약품 등은 살 수 없다. 저소득층의 먹거리 비용을 정부가 전부 감당할 수는 없지만 그래도 가용한 정부예산 범위 안에서 건강한 먹거리 구입비를 보조함으로써 이들의 영양을 보충하기 위해 운영되는 것이 바로 이 프로그램이기 때문이다. 따라서 구입이 가능한 대상은 그 취지에 맞는 품목으로 한정된다. 이 같은 구입 용도의 제한은 농민시장 같은 곳에서 신선한 과일과 채소를 조금이나마 더 구입할 수 있게 하려는 것이라고 볼 수 있다.

유진-스프링필드 지역의 경우, 매달 SNAP의 보조금을 받는 저소득층은 4만 253가구[7]이고, 이들의 전체 수령 금액은 매월 800만 달러가 넘는다(*The Register-Guard*, 2016. 6. 30). 따라서 이렇게 비중이 큰 저소득층을 가능한 한 많이 농민시장으로 끌어들일 수 있다면, 이들의 건강한 식생활은 물론 농민시장의 활성화에도 크게 도움이 되리라는 것은 재론의 여지가 없다. 미국 연방정부가 농민시장에 EBT 시스템 도입의 확산을 정책적으로 적극 추진한 것도 이런 방향의 기대 효과를 염두에 두었기 때문일 것이다.[8]

한편, 소비자들은 대부분의 판매대에서 신용카드나 직불카드로 구입 대금을 바로 결제할 수 있고, 그게 곤란할 경우에는 시장안내소에

사진 6-2 레인 카운티 농민시장에서 사용되는 토큰의 앞면과 뒷면

서 카드로 토큰을 구입해 사용할 수 있다. 결국 레인 카운티 농민시장은 EBT 카드, 신용카드, 직불카드 결제 방식의 전면적인 도입을 통해 대금 결제의 편의성을 제고함으로써 저소득층을 비롯한 소비자들의 시장 이용을 촉진하고자 노력하고 있는 셈이다.

이런 맥락에서, 레인 카운티 농민시장에서 주목하게 되는 것이 이른바 '먹거리 대응 보조금 2배 지급 프로그램Double Up Food Bucks program'이다.[9] 이것은 SNAP의 수혜자가 농민시장에서 먹거리 구매에 자신의 보조금 2달러를 사용할 때마다 2달러를 추가로 지원하는 프로그램이다. 이들은 농민시장이 열리는 당일 최대 10달러까지 대응 보조금을 지급받아, 이것으로 과일, 채소, 버섯, 허브 같은 먹거리를 구입할 수 있다. 다시 말해, SNAP의 혜택을 받고 있는 어떤 소비자가 자신의 EBT 카드로 10달러를 쓰면, 그는 그날 자신에게 할당된 보조금에 추가 대응 달러를 합친 20달러만큼 장을 볼 수 있는 것이다. 레인 카운티 농민시장은 20달러로 구입할 수 있는 과일과 채소의 종류 또는 분량을 예시한다는 취지에서 홈페이지에 그 가격에 해당하는 일종의 세트 먹거리 사진 50여 장을 게시하고 있다.[10] 이는 소비자가 이 시장의 대표적 먹거리인 신선한 과일과 채소를 20달러로 어느 정도 구입할 수 있는지 가늠하게 해줌으로써 소비자의 관심을 환기하려는 의도로 보인다.

먹거리 대응 보조금 2배 지급 프로그램은 농민시장에서의 EBT 시스템 도입에 따른 SNAP 수혜자의 시장 이용을 좀 더 활성화해 복합적인 효과를 기대하는 새로운 제도라고 할 수 있다. '윌러멧 농장·먹거리 연합Willamette Farm and Food Coalition'[11]의 한 상임이사는 이 프로그램이 세 가지 측면에서 모두 효과를 거둘 수 있다고 얘기한다(*The Register-Guard*, 2016. 6. 30).

> SNAP의 지원을 받는 쇼핑객은 가족에게 필요한 신선한 먹거리를 더 많이 구입할 수 있고, 농민은 생산물을 그만큼 더 팔 수 있습니다. 또 연방정부에서 제공하는 보조금이 좀 더 많이 지역공동체 내부에서 머물며 순환하게 되어, 그로 인해 지역경제도 강화될 수 있습니다.

흥미로운 것은 필자가 레인 카운티 농민시장을 방문하던 2014년 당시에도 윌러멧 농장·먹거리 연합이 이미 이 시장의 현장에서 저소득층 소비자의 지역먹거리 접근성 제고를 위한 모금 운동을 전개하고 있었다는 점이다. 이 사실은 이번 저술 작업을 진행하면서 필자가 그때 촬영해둔 사진들을 꼼꼼히 다시 점검하는 과정에서 발견했다. 그것은 어느 가판대의 한 모퉁이에 걸려 나부끼는 홍보물 사진이었다. 그 사진은 윌러멧 농장·먹거리 연합이 레인 카운티 농민시장의 방문객에게 저소득층에게 제공할 대응 보조금 모금에 동참해달라고 요청하는 '농민시장의 친구들Friends of the Farmers Market'이라는 프로젝트를 소개하는 내용을 담고 있었다(《사진 6-3》).[12]

다행히 레인 카운티 농민시장은 2016년 7월 먹거리 대응 보조금 2배 지급 프로그램을 도입했다. 레인 카운티 농민시장의 경험에 의하면 이 프로그램은 여러 측면에서 효과를 발휘하고 있는 것으로 보인다. 2016년 7월부터 10월까지의 기간을 대상으로 조사된 몇 가지 통계 자료가 이를 뒷받침해준다.[13] 먼저 이 프로그램이 도입된 2016년 7월 이후 10월까지의 SNAP 수혜자의 거래 건수 4,798건은 2015년 동일 기

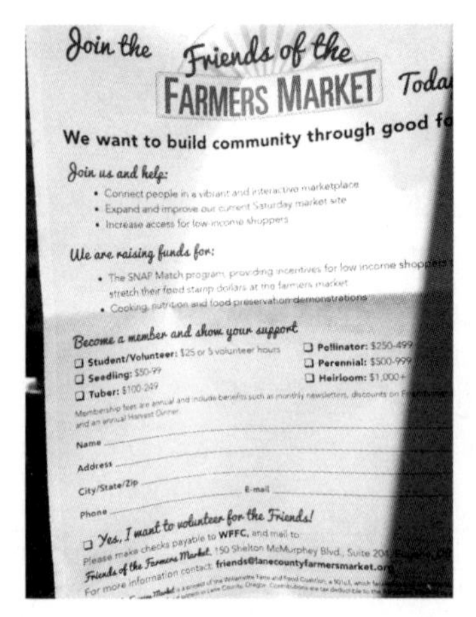

사진 6-3 레인 카운티 농민시장의 대응 보조금 프로그램 홍보 게시물

간의 1,508건과 비교하면 약 3.2배 증가한 것이다. 판매액도 같은 기간에 2015년 3만 1,174달러에서 2016년 9만 5,020달러로 3배 이상 늘어났다. 또 이 프로그램에 의해 2016년 7월부터 10월까지 4개월간 레인 카운티 농민시장에서 지급한 먹거리 대응 달러는 4만 287달러였다. 새로운 프로그램의 효과는 SNAP 수혜자의 농민시장 접근, 방문 횟수, 과일과 채소의 구입 증가 등에서도 나타났다. SNAP의 수혜자 중 600명이 처음으로 레인 카운티 농민시장을 방문하여 먹거리를 구입했고, 그 프로그램의 수혜를 받는 소비자 가운데 59퍼센트가 매달 세 번 이상 시장을 방문한다고 응답했다. 또한 SNAP 수혜 소비자의 88퍼센트는 자신이 농민시장에서 장을 볼지 여부를 결정하는 과정에 이 프로그램이 '매우 중요한' 영향을 끼쳤다고 했고, 이들의 92퍼센트는 과일과 채소의 구입 양이 늘어났다고 답했다. 그에 반해, 과자나 캔디 같은 가공식품의 구입 양은 줄어들었다고 응답한 비율이 76퍼센트였다. 이 같은 통계를 반영하듯, 많은 SNAP 수혜 소비자는 이 프로그램을 농민시장을 '매주 방문하여weekly visit' 신선하고 건강에 좋은 지역산 먹거리를 좀 더 많이 구입할 수 있게 해준 '축복blessing'과도 같은 '놀랍고amazing' '너무나 감사한so grateful' 프로그램[14]이라고 표현했다.

그렇지만 이 같은 긍정적인 효과의 징후를 전국적 수준으로 일반화할 수는 없다. 왜냐하면 이 제도의 도입 시점이 워낙 최근이라 좀 더 지켜봐야 하고, 통계 자료를 만든 조사 대상 기간이 짧고, 레인 카운티 농민시장 이외의 다른 농민시장들에서도 이 프로그램의 효과에 대한 충분한 검토가 있어야 하기 때문이다. 하지만 레인 카운티 농민시장의 경우가 농민시장에서의 EBT 이용 편의성 제공만으로는 부족해 보였던 현실을 새로운 제도의 도입으로 보완, 발전시킬 수 있음을 실증하는 사례인 것만은 분명하다. 따라서 농민시장 관계자들뿐만 아니라 지역공동체가 이 프로그램의 확충과 또 다른 새로운 혁신적 프로그램의 개발에 힘을 모을 필요가 있다. 그런 노력이 제대로 이어져야 저소득층의 건강한 먹거리 확보와 농민시장 및 지역경제의 활성화에도 더욱 뚜렷한 진전을 기대할 수 있을 것이기 때문이다.

참여관찰과 면접조사를 통해 본 레인 카운티 농민시장의 특징

필자는 레인 카운티 농민시장에서 여러 명의 농민을 만나(〈표 6-2〉 참조), 그들의 경험과 생각을 여러 각도에서 분석해볼 수 있었다.

레인 카운티 농민시장에 참여하는 농민을 8명이나 면접할 수 있었던 것은 두 가지 요인 덕분이었다. 첫째, 레인 카운티 농민시장의 경우에는 농민시장의 자체 홈페이지를 비롯한 관련 웹사이트들을 통해 면접은 시도할 만한 농민들에 관한 유용한 여러 정보를 비교적 손쉽게 확보할 수 있었다. 둘째, 대다수의 면접 대상자를 농장으로 직접 찾아갔다. 레인 카운티 농민시장도 여느 시장처럼 장날에는 몰려드는 소비자들로 매우 붐비는 곳으로 알려져 있었다. 이전에 이 시장을 방문했던 필자의 기억도 그랬다. 이런 이유로, 필자는 시장에서 이들을 만나 충분한 시간을 갖고 조사를 한다는 것이 사실상 불가능할 것이라고 판단했다.

표 6-2 레인 카운티 농민시장 면접조사 대상자 기본 정보

사례 식별 기호	범주	성별	비고(지명은 농장 소재지)
사례 6-1	농민판매인	남	채소와 과일 재배 농민판매인(Junction)
사례 6-2	농민판매인	여	채소와 과일 등 재배 남매(여동생과 오빠) 농민판매인(Dexter)
사례 6-3	농민판매인	남	채소와 과일 등 재배 남매(여동생과 오빠) 농민판매인(Dexter)
사례 6-4	농민판매인	남	채소와 베리 등 재배 농장주(판매인으로는 활동하지 않음)(Noti)
사례 6-5	농민판매인	여	축산 농장주(판매인으로는 활동하지 않음)(Junction)
사례 6-6	농민판매인	남	채소와 과일 등 재배 및 가공식품(김치, 말린 과일 등도 생산, 판매) 생산 농민판매인(Junction)
사례 6-7	농민판매인	여	원예식물, 블루베리 등 재배 농민판매인(Creswell)
사례 6-8	농민판매인	여	건두류(乾豆類) 등 생산 농민판매인(Junction)
사례 6-9	농장 직원	여	축산 농장주(사례 6-5)의 농장 사무직원이자 농민시장 판매원(Junction)
사례 6-10	농민시장 관리인	여	-
사례 6-11	농민시장 코디네이터	여	-
사례 6-12	소비자	여	대학원생(동시 면담)
사례 6-13	소비자	남	대학원생(동시 면담)
사례 6-14	소비자	남	-
사례 6-15	소비자	여	-

다행히 실제 조사 과정에서 필자는 면접 대상자 8명 중 7명을 그들의 농장에서 만날 수 있었다. 농장에서는 농민들이 제법 많은 시간을 기꺼이 할애해주었기 때문에 오랜 시간에 걸쳐 차분하게 대화할 수 있

었다. 나머지 여성 농민 1명은 레인 카운티 농민시장에서 면접조사를 했다. 이 농민판매인의 경우는, 사전 접촉이 되지 않아 주소를 보고 무작정 찾아갔다가 만나지 못했는데 다행히 농장에서 통화가 성사되어 시장에서 면접조사를 하기로 약속을 할 수 있었다. 농민판매인은 자신을 만나고자 애쓴 외국인 연구자의 성의에 답하고자 했던지 손님들로 붐비는 시장이었음에도 면접조사에 적극적으로 협조해주었다.[15]

이 농민을 포함해 농민시장 관계자 2명, 그리고 소비자 4명에 대한 면접조사는 레인 카운티 토요농민시장 현지에서 2014년 4월 12일 실시되었다.

다양한 연령대의 소비자가 어우러지는 지역먹거리의 직거래 장터

레인 카운티 농민시장을 들어서자 한 가판대 위에 걸려 있던 '인증 유기농'과 '공동체지원농업CSA' 홍보 문구가 눈길을 끌었다(〈사진 6-4〉). 농민시장이 유기농 생산물 시장의 성격이 짙고 농민시장 참여 농민의 상당수는 CSA에도 동시에 종사하는 농민임을 상징적으로 보여주는 장면이었다. 특히, CSA에의 동참을 요청하는 홍보 문구는 농민시장이 CSA 회원 모집의 통로로도 일조하고 있음을 보여주었다. 농민시장은 CSA 회원들이 주별 배당 먹거리를 찾아가는 배달 장소이기도 한데, 위의 문구는 이를 안내하는 역할도 하고 있었다. 하지만 농민판매인들이 그런 홍보 표식을 걸어두면서 더 크게 기대하는 것은 농민시장 소비자들의 CSA 가입 촉구라고 볼 수 있다.[16]

레인 카운티 농민시장을 여러 바퀴 돌아보면서 눈에 들어온 것 중 하나는 소비자 연령층의 다양성이었다. 중장년층 소비자도 많았지만 함께 몰려다니며 구경도 하고 장을 보는 대학생 또래의 젊은이도 있었고, 어린 아이를 데리고 나온 가족 단위의 젊은 소비자도 곳곳에서 눈에

사진 6-4 레인 카운티 토요농민시장 가판대의 인증 유기농과 CSA 홍보 문구

띄었다(〈사진 6-5〉). 장년층이나 노년층 소비자 중심의 우리 재래시장과는 분위기가 사뭇 달랐다. 말하자면, 레인 카운티 농민시장은 어린 아이와 청장년층부터 노년층에 이르기까지 다양한 연령대의 소비자가 어우러지는 장터였다.

이 같은 갖가지 느낌을 뒤로 한 채 면접조사에 들어갔다. 먼저, 이 시장의 관리인에게 레인 카운티 농민시장에서 팔 수 있는 먹거리에 관해 물었다. 레인 카운티 농민시장의 여성 관리인은, 자신이 어려서부터 농장에서 자랐기 때문에 지역농업의 육성 필요성이나 농민시장의 배경 등을 잘 알고 있다고 말하면서, 이곳의 농민판매인은 자신이 직접 생산한 것만 팔 수 있다고 강조했다(사례 6-10).

> 저희 시장에서는 그 어떤 것이든 재판매는 허용되지 않습니다. 그렇기 때문에 저희 시장의 모든 판매인은 자신이 팔려는 것을 반드시 직접 재배해야 합니다. 저희 시장에는 부가가치 판매인과 먹거리 장인도 참여하는

사진 6-5 레인 카운티 토요농민시장에서 장을 보는 어린이 및 젊은 소비자(위)와 중장년층 소비자(아래)

데, 지역산 식재료로 만든 것이어야 한다는 조건이 붙습니다. 지역산 식재료를 25퍼센트 이상 사용한 것이어야 합니다. 시장에 따라 이와 관련된 규칙들이 다릅니다만, 저희 시장은 그런 규정을 적용하고 있습니다.

그 이유는 자신들의 시장이 생산자 시장이기 때문이라고 했다. 이 규정은 《2017년판 레인 카운티 농민시장 판매인 안내서2017 Vendor Handbook, Lane County Farmers Market》에 좀 더 구체적으로 명시되어 있다. 이를테면, 레인 카운티 농민시장에서 판매하는 것은 반드시 오리건주 안에서 재배하거나 생산한 '지역산local'이어야 하고, 실제로 생산물의 출처를 모두 밝혀야 한다는 것이다. 요컨대, 오리건주 내에서 재배된 농산물이나 그것을 식재료로 한 가공식품이 생산자 농민이나 지역의 가공식품업자를 통해 소비자에게 직접 공급되는 공간이 바로 레인 카운티 농민시장인 것이다.

지역공동체성의 매개 공간

레인 카운티 농민시장에서 만났던 20대 후반의 남성 대학원생 소비자는 농민시장에서의 장보기가 갖는 의미를 이렇게 표현했다(사례 6-13).

> 저도 이곳에 오면 코스트코나 세이프웨이에 가서 장을 보지 않는 것이 중요하다는 생각을 하게 됩니다. 이곳은 〔그런 대형 슈퍼마켓보다〕 제가 살고 있는 곳과 좀 더 가깝습니다. 〔이곳에서 장을 보면〕 저희가 전혀 모르는 거대한 〔농〕기업체로 우리의 돈이 흘러들어가는 것이 아니라 제가 유진 지역 주변을 실제로 후원하고 있다는 느낌이 듭니다.

농민시장에서 장을 보면서 지역산 먹거리 구매의 중요성을 깨닫게 된다는 것이다. 다시 말해, 소비자는 농민시장에서의 소비가 지역농민의 삶과 지역경제에 기여한다는 자부심을 체감한다. 결국 농민시장은 지역의 소농과 주변 도시의 소비자가 지역먹거리를 매개로 지속적으로 만나면서 일체감을 키워가는 장소이고, 이런 점에서 공간적 배태성의 특징을 내포하게 된다.

필자는 한 젊은 남성 소비자와의 대화에서 이런 맥락과 연결될 수 있는 또 다른 매우 흥미로운 답변을 들었다(사례 6-14). 이 소비자는 이 시장을 이용하는 주된 이유로, 구입할 수 있는 생산물의 다양성, 품질, 그리고 지역공동체의 구성원이 된다는 점을 꼽았다. 필자가 다른 농민시장과 구별되는 레인 카운티 농민시장의 특징에 관해 묻자 공동체가 다시 등장했다.

> 매우 긴밀한 연대감이 형성되어 있다는 점이라고 저는 확신합니다. 그것은 이 시장이 이곳에서 오랜 기간 지속되어왔기 때문입니다. 여기 있는 사람들은 누구나 서로에 대해 알고 있고, 그렇기 때문에 멋진 공동체를 형성하고 있지요.

이 소비자는 공동체성을 농민시장에 내재해 있는 중요한 특징이자 미래 전망의 중심축으로 보기도 했다.

> 농민시장은 지속가능한 상품이라고 저는 생각합니다. 저는 사람들이 이런 부류의 환경을 원하고, 더 나아가 서로 상호작용할 수 있기를 갈망한다고 봅니다. 저는 우리의 세계가 커지면 커질수록 우리 주변에 작은 세계를 소유하는 것이 우리에게 공동체에 대해 더 좋은 느낌을 갖게 해주고 서로의 연결성을 더 느낄 수 있게 해주리라 생각합니다. 그렇기 때문에, 우리가 좋은 생산품을 공급받을 수 있는 한 농민시장은 앞으로도 지속되리라고 봅니다. 우리는 지금도 좋은 것들을 생산하는 농민들과 지역의 예술가들을 보유하고 있습니다.

이 같은 답변을 들으면서 필자는 일반인이 지구적 차원에서의 규모 변화 추이와 인간의 상호작용 욕구를 연계하면서 농민시장의 미래를 전망한다는 사실에 내심 놀라지 않을 수 없었다. 그의 답변은 필자에게 무엇보다도 줄리 스타인코프 라이스Julie Steinkopf Rice의 주장을 연상시켰다. 물론 농민시장에 관한 라이스의 분석은 이 면접 대상자의 견해보다 훨씬 이론적이고 예리하지만 큰 틀에서의 흐름은 상당히 유사하다. 라이스의 문제의식은 개인주의화의 심화로 인한 공동체 위기의 시대에 농민시장이 과연 어떤 의미를 가질 수 있을까에 맞추어져 있다. 벡Beck과 바우만Bauman의 이론적 통찰을 토대로, 그녀는 공동체, 먹거리, 환경 등을 둘러싼 전반적인 위기상황에서 농민시장에서의 소비 행위가 의미 있는 돌파구가 될 수 있음을 강조한다. 즉, 소비자는 농민시장 참여를 통해 지역농민과 지역경제를 후원하면서 동시에 지역공동체에 소속감을 갖게 되고,[17] 지구적 먹거리체계에서 비롯되는 먹거리 불안정과 환경 파괴의 위험에도 대응하게 된다는 것이다(Rice, 2015; 김원동, 2016: 98). 이런 일련의 논의는 결국 소비자의 농민시장 참여에 수반되는 농민시장의 공간적 배태성이 복합적 위기의 시대에 가지는 중요성을 일깨워준다고 할 수 있다.

필자는 레인 카운티 농민시장에 참여하는 농민들을 면접조사하면서도 소비자들의 경우와 마찬가지로 레인 카운티 농민시장에 내포된 공간적 배태성을 확인할 수 있었다.

레인 카운티 농민시장의 특징 중 하나로 깃들어 있는 공간적 배태성은 자신의 생산물에 상당한 자부심을 가진 한 농민[18]과의 대화에서 쉽게 읽어낼 수 있었다(사례 6-1). 레인 카운티 농민시장 중 토요농민시장에만 참여한다는 이 농민은, 토요농민시장을 위해 하루 전날인 금요일에 수확해 그다음 날 바로 가져와 팔기 때문에 자신의 과일이나 채소는 매우 신선하다고 했다. 비용이 많이 들기 때문에 공식 유기농 인증을 받지는 않았지만, 자신의 농산물은 유기농법에 따라 엄격하게 재배한 확실한 유기농 먹거리이고 최고의 신선도를 유지하기 위해 최선을 다하고 있다고 특히 강조했다. 자신의 생산물이 최고 품질이라는 점이 자신에게 커다란 자부심을 안겨주는 원천이라는 얘기도 덧붙였다.

한편, CSA와 농민시장 참여를 동시에 하고 있다는 축산농가[19]의 농민은 자신들의 소득이 지역에 환원된다는 점을 강조했다(사례 6-5). 그 출발점은 물론 소비자의 지역먹거리 구매행위라고 했다. 말하자면, 소비자가 CSA의 회원이나 농민시장의 소비자로 참여하는 과정에서 지출하는 먹거리 대금이 지역농민에게 들어가고, 그들이 다시 자신의 필요에 따라 지역공동체에서 그것을 쓰기 때문에 일종의 분산형 지역경제 체계가 선순환적으로 구축된다는 것이었다. 이 농민은 이 지역에서 자신의 소득 중 80퍼센트를 쓴다고 했다. 이는 곧 지역순환형 경제체계의 형성을 가능하게 하는 중요한 원천의 하나가 바로 지역먹거리의 생산과 소비에서 비롯되는 농민시장의 공간적 배태성임을 환기시켜준다. 원예식물과 블루베리를 재배한다는 한 여성 농민(사례 6-7)은 농민시장의 소비자가 누릴 수 있는 이점과 기여를 동시에 언급했다. 즉, 월마트나 코스트코에서와는 달리 농민시장에서는 소비자들이 먹거리의 생산지 정보를 알 수 있을 뿐 아니라 먹거리의 구매 행위를 통해 자신의 이웃인 지역농민을 후원할 수 있다는 것이다. 요컨대, 소비자와 생산자농민 모두에게서 나타나는 이런 이점들은 결국 농민시장의 공간적 배태성에서 비롯되는 것들이라고 볼 수 있고, 레인 카운티 농민시장은 바로 그런 농민시장의 하나인 것이다.

지역의 소규모 농장에서 생산된 지역먹거리의 사회적 가치 공유 공간

농민시장의 공간적 배태성이라는 문제는 농민시장에서 판매하는 생산물이 유기농 또는 지역산인지의 여부와 관련이 있다. 레인 카운티 농민시장을 둘러보면서 가판대의 여러 곳에서 자신의 생산물이 인증 유기농임을 알리는 문구들이 걸려 있음을 쉽게 발견할 수 있었다. 또 당일 판매용 유기농 물량의 매진과 그에 대한 감사의 뜻을 전하는 메모가 가판대 측면에 걸려 있는 것도 간혹 눈에 띄었다(〈사진 6-6〉). 그렇다면, 유기농이나 지역먹거리에 대한 농민과 생산자들의 생각은 어떤 것일까? 또, 그런 견해를 공간적 배태성의 관점으로 해석한다는 것은 어떤 의미일까?

자신의 농장에서는 유기농 먹거리만을 생산한다고 한 남성 농민은 소비자의 유기농 선호 이유를 신선도, 맛, 영양분에 대한 고려에서 찾았다(사례 6-3). 유기농이 비유기농 먹거리보다 맛이나 신선함 또는 영양학적 측면에서 우수하기 때문에 소비자가 유기농을 찾는다는 것이다. 이 같은 생각에서는 자기 농장의 생산물이 지역산이자 유기농이라는 점에서 영양분을 포함한 품질의 측면에서 좀 더 강점을 갖는다는 인식이 드러난다.

사진 6-6 레인 카운티 토요농민시장 가판대의 매진 및 감사 게시물

그런가 하면, 유기농 먹거리와 지역산 먹거리에 관한 여성 농민의 다음과 같은 견해는 명쾌하면서도 신선했다(사례 6-8; 김원동, 2016: 100-101).

> 저는 소규모의 지역산(농산물이라는 점)이 유기농보다 더 중요하다고 생각합니다. 여전히 매우 지속 불가능한 방법으로 유기농업을 하는 대규모의 유기농 농장이 많기 때문입니다. 그런 농장들이 농약을 사용하지는 않겠지만 소규모 농장들이 하는 것처럼 세심하게 주의를 기울여 재배하지는 않을 겁니다. …… 둘 다 중요하지만, 제 생각에는 지역산이라는 것이 유기농보다 훨씬 더 중요합니다. 왜냐하면 지역산이 더 신선하고 돈을 지역에 머물게 함으로써 지역경제에도 도움을 주기 때문입니다.

자신을 대학원생이라고 밝힌 소비자는 레인 카운티 농민시장에서 구입하는 먹거리의 가격이 식료품점보다 비싸지만 그만한 가치가 있는 공정한 가격이라고 생각한다면서, 다음과 같은 얘기를 덧붙였다(사례 6-12).

> 이 대목에서 더 중요한 것은 (유기농 여부보다는 이곳에서 제공되는) 생산물이 지역산이라는 점과 소규모 농장에서 생산된 것이라는 점입니다. 저는 대형 농업보다는 이것이 훨씬 좋은 형태의 농업이라고 생각합니다. 어떤 먹거리가 대규모 농업에 의해 생산된 유기농이라면, 지역의 비유기농 농장에서 생산된 것보다 품질이 떨어진다는 점은 더 말할 나위도 없습니다. 지역의 소규모 농장들이 대개 자신의 작물을 훨씬 더 잘 돌보며 기르기 때문입니다.

이 소비자는 외지의 유기농보다도 이 농민시장에서 유통되는 비유기농 지역산 먹거리의 품질이 오히려 낫다는 소신을 가지고 있었다. 외지에서 들어오는 먹거리, 특히 수입산 먹거리는 오랜 운송 기간을 거치기 때문에 운송에 따른 에너지 소모가 많고, 맛이나 품질의 측면에서도 이곳에서 생산되는 것과는 완전히 다른 생산물이라는 점이 이유라고

그림 6-1 농장 유형별 소비자 신뢰도 비교

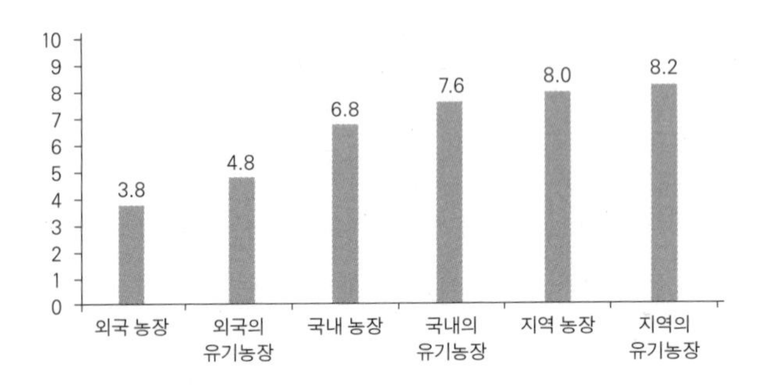

주: 위의 숫자는 10점 척도로 측정된 것이고 '가장 신뢰한다'가 10점.
자료: Kearney(2013: 13).

했다.

이 맥락에서 흥미로운 것은, 미국의 일반 소비자도 이와 비슷한 인식을 갖고 있음을 보여주는 경험적 조사 결과를 발견할 수 있다는 점이다.

〈그림 6-1〉에서 보듯이, 미국의 소비자들은 자신과 농장의 근접성을 농장 신뢰도의 중요한 기준으로 삼고 있음을 알 수 있다. 소비자들은 지역농장local farms을 외국의 유기농장foreign organic farms보다 더 신뢰할 뿐만 아니라 심지어 국내의 유기농장domestic organic farms보다 좀 더 신뢰하는 경향이 있는 것으로 나타나났다. 또 지역산 유기농을 지역산 비유기농보다는 더 신뢰하지만 그 신뢰도의 차이는 다른 유형의 경우보다 미미한 것으로 나타났다(Kearney, 2013: 13). 이런 일련의 조사 결과는 미국의 소비자들이 지역먹거리를 그 어떤 유형의 먹거리보다도 신뢰하고 있음을 보여주는 강력한 경험적 근거가 될 수 있다. 이런 특징은 미국 소비자들이 유기농보다 지역먹거리의 구입에 식품비를 기꺼이 더 지불할 의향이 있다는 답변에서도 읽을 수 있다(〈그림 6-2〉).

그림 6-2 유기농 대 지역산 중 식품 구입비를 지불할 의향

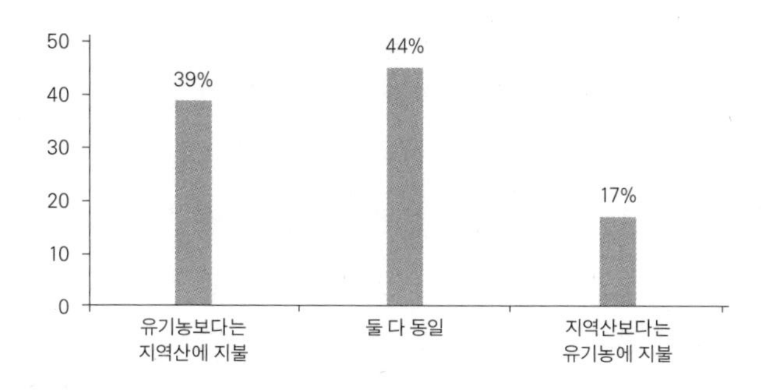

자료: Kearney(2013: 16).

결국 앞서의 소비자들뿐만 아니라 미국의 일반 소비자도 대체로 유기농 여부보다는 지역산 여부에 방점을 두고 있음을 알 수 있다. 다만, 유기농을 평가하는 데 있어서는 이들 간에 다소 차이가 있다. 어떤 소비자와 생산자는 유기농보다 지역산을 더 중시하고, 심지어 다른 지역에서 들여온 유기농은 유기농이라 하더라도 지역산보다 못하다고 하면서까지 지역산을 강조한다. 그런가 하면, 또 다른 생산자는 지역산이면서 유기농인 먹거리가 갖는 질적 우수성에 각별한 관심을 보인다. 물론 이들의 견해를 쉽게 일반화할 수는 없다. 그럼에도, 레인 카운티 농민시장의 먹거리가 지역농민에 의해 정성스럽게 재배되어 판매되는 것이라는 점에는 생산자와 소비자 모두 상당한 가치를 부여하고 있다고 봐도 무리는 없다. 이런 맥락에서 레인 카운티 농민시장은 자연적 배태성의 특징을 내재하고 있다고 볼 수 있다.

이런 맥락에서, 레인 카운티 농민시장의 농민판매인들이 유기농에 갖고 있는 관심의 의미를 좀 더 새겨볼 필요가 있다. 자기 농장에서 생산한 먹거리가 모두 공식인증을 받은 유기농이라고 한 여성 농민에게

공식인증이 판매에 도움이 되느냐고 물었다. 그녀는 농민시장과 CSA를 비교하며 다음과 같은 답변을 내놓았다(사례 6-2). 우선, CSA에서는 공식인증이 그렇게 중요한 의미를 갖는지 확신할 수 없다고 했다. 그 이유는, 회원들이 공식인증 유무와 관계없이 자기와 같은 농민을 그대로 믿어주기 때문이라는 것이다. 생산자농민에 대한 믿음은 물론 그 농민을 잘 알기 때문에 가능한 것이다. 하지만 농민시장에서는 소비자들이 자신을 모두 아는 게 아니므로 공식적인 유기농 인증이 좀 더 도움이 된다고 했다.[20] 이는 소비자들이 공식인증을 받은 먹거리를 더 신뢰하기 때문일 것이다. 레인 카운티 농민시장의 이름으로 열리는 3개의 시장인 토요농민시장, 화요농민시장, 목요농민시장[21]에 매주 모두 참여한다고 말한 남성 농민판매인의 답변도 비슷했다. 오리건주립대학교에서 농업 계열의 전공을 마쳤고, 농민시장 참여 경력이 20년이라고 한 이 농민은, 1년에 4,000달러의 비용을 지불하면서도 공식 유기농 인증을 유지하고 있다고 했다. 농민시장 내외에서 경쟁이 날로 격심해지는 현실에서 인증받은 먹거리인지에 관심을 갖는 소비자가 많기 때문[22]이라는 게 이유였다.

그렇다면, 레인 카운티 농민시장에 참여하는 농민이 유기농의 공식인증에 갖는 관심이 시사하는 바는 무엇일까?

공식 유기농 인증에 대한 농민들의 관심은, 한마디로 시장성에 대한 관심이라고 볼 수 있다. 이는 농민시장에 참여하는 소규모 가족농의 지속가능성이 그만큼 낮다는 현실과 무관해 보이지 않는다. 물론 유기농법으로 생산하면서도 공식인증을 받지 않고 농장을 꾸려가는 농민들은, 인증의 이점을 충분히 인식하면서도 공식인증의 절차와 유지에 소요되는 비용 부담 때문에 포기한 이들이라고 볼 수 있다. 그에 비해, 넉넉하지는 않더라도 그런 유기농 인증 비용 정도는 감당할 여력이 있는

사진 6-7 레인 카운티 토요농민시장의 채소 진열대

농가들이 일정 수준의 시장성을 염두에 두고 공식인증을 받는다. 필자가 레인 카운티 농민시장에서 면접조사한 농민 8명 중 7명이 공식 유기농 인증을 받은 이들이었다.[23] 필자의 이번 조사는 전수조사가 아닌 사례조사이기 때문에 레인 카운티 농민시장의 농민들 중 압도적인 다수가 유기농 농가라고 단정할 수는 없다. 하지만 무작위로 면접했던 농민들 중 상당수가 공식적인 유기농 인증을 받았다는 사실에 비추어볼 때, 공식인증을 받은 유기농 먹거리의 판매가 이 시장에서 그만큼 많이 이루어지고 있다고 볼 수 있을 것이다.

생산자와 소비자 간의 상호 배려와 연대의 사회적 공간

한편, 레인 카운티 농민시장의 한 농민판매인은 유기농 먹거리도 중요하지만 자신의 평범한 이웃에게 좋은 먹거리를 공급하는 데 더 큰 관심이 있다고 말했다(사례 6-3). 지역주민들이 자신 같은 지역농민과 그 먹거리를 믿고 후원해주는 것에 고마운 마음을 갖고 있다고 한 농민도 있었다(사례 6-4). 또 저소득층이나 노인들에게는 생산물의 가격을 할인해주거나 덤을 주기도 하고, 지역의 학교들에도 기부를 많이 하는 편이라고 말한 농민도 있었다(사례 6-5; 사례 6-7). 정도의 차이는 있지만, 레인 카운티 농민시장에 참여하는 농민들은 자신의 이웃이자 고객인 소비자에게 나름대로 관심을 갖고 배려하고 있었던 것이다. 어떤 농민은 농민시장이 지역산 먹거리를 매개로 소비자와 생산자농민을 직접 연결해줌으로써 공동체를 형성할 뿐 아니라 소비자의 지역 내 소비로 자금을 공동체에 머물게 함으로써 지역경제에도 기여한다는 점을 강조했다(사례 6-8).

그런가 하면, 레인 카운티 농민시장의 소비자에 대한 조사는 그들의 농민시장 이용이 오로지 신선한 먹거리를 구입하려는 동기 때문만은 아님을 보여주었다. 이들은 농민시장을 다른 사람과의 만남과 대화의 장소이자 화사한 분위기에서 주말의 여가를 보낼 수 있는 장소로 받아들이고 있었기 때문이다. 특히, 날씨가 화창한 날에는 야외에서 열리는 농민시장에 손님을 모시고 나와 함께 시간을 보내기도 하고, 방문객의 무리 속에 섞여 계절의 향취와 시장의 활기찬 분위기를 즐기는 행복한 시간을 갖기도 한다는 것이 소비자들의 답변이었다(사례 6-12; 사례 6-13; 사례 6-14; 사례 6-15). 이 같은 소비자들의 반응은 농민시장이 지역주민의 공동체적 유대에 의미 있는 영향을 끼치고 있음을 보여준다.

농민시장과 환경의 연계성에 주목하는 소비자도 있었다. 학부에서 인류학을 전공했다는 대학원생 소비자는, 농민시장 참여가 환경 보호에 기여하는 방법 중 하나라는 점에서 중요하다면서 여러 측면으로 그 근거를 제시했다(사례 6-12).

이미 말씀드린 것처럼, 지역산 먹거리를 후원하는 것은 중요합니다. 그

사진 6-8 레인 카운티 토요농민시장의 연주자 앞에 모여든 어린 아이들

것이 운송비를 절감하기 때문입니다. 운송의 필요성을 줄여준다는 것이지요. 뭔가를 해상으로 운송해야 할 필요가 없어진다면, 해상운송으로 인한 이산화탄소 배출은 없어질 것입니다. 운송으로 야기되는 오염도 그만큼 줄어들겠지요. 그 일이 환경에 도움이 된다는 것은 이런 점에서입니다. 대규모 농업, 단작은 지구적 차원에서도 문제입니다. …… 〔현재〕 우리의 먹거리공급〔체계〕에서는 건강한 유전적 다양성을 확보하지 못하고 있습니다. 그렇기 때문에 농민시장이 그러한 상황을 바로잡는 방법 중의 하나라는 것입니다.

농민시장에서의 소비가 먹거리를 매개로 한 것이지만 운송, 에너지, 이산화탄소, 오염, 단작, 유전적 다양성 같은 다양한 환경 관련 주제어와의 관계에서도 중요한 의미를 갖는다는 것이다. 다시 말해, 상당수의 농민과 소비자가 농민시장에 참여하고 있고, 또 앞으로 더 많은 이가 동참해야 하는 이유는 환경적 관점에서도 그 당위성을 발견할 수 있다는 것이다.

지금까지 살펴본 바와 같이, 레인 카운티 농민시장의 생산자농민과 소비자는 농민시장을 단순히 먹거리의 경제적인 거래 장소로 한정해 접근하지 않는다. 이들은 레인 카운티 농민시장을 생산자와 소비자가 서로를 믿고 배려하는 가운데 먹거리의 거래가 이루어지고, 또 그 과정에서 지역공동체가 형성되고 강화되는 사회적 공간으로 폭넓게 이해하고 있다. 이런 점에서 보면, 레인 카운티 농민시장도 다른 농민시장 못지않게 사회적 배태성이 특징의 하나로 배어 있는 농민시장이라고 할 수 있다.

7장

스프라우트 농민시장

시장 개요

스프라우트 농민시장Sprout Farmers' Market의 홈페이지 주소[1]는 구글에서 확인할 수 있었지만, 어떤 이유에서인지 접속이 되지 않았다. 다른 경로로도 접근해봤지만 역시 소득이 없었다. 페이스북에 스프라우트 농민시장 웹사이트가 있지만 제공되는 정보는 장터의 위치, 사진, 리뷰 등에 그쳤고, 그나마 개장 시간 같은 정보는 정확하지도 않았다. 이런 까닭에 스프라우트 농민시장에 대한 개관은 다른 농민시장 사례와는 달리 웹사이트 내용을 중심으로 진행할 수 없었다. 차선책으로 서로 다른 유형과 출처의 몇 가지 자료를 결합해 개요를 파악하는 방식을 택했다. 스프링필드시City of Springfield 홈페이지, 오리건대학교

표 7-1 스프라우트 농민시장 개요

명칭	스프라우트 농민시장(Sprout Farmers' Market)
도시(위치)	오리건주 스프링필드 (418 A St., Downtown Springfield, OR 97477)
개장 연도	2012년
개장 일시	연중 매주 금요일 오후 3시부터 7시까지
시장의 운영	근린경제개발법인
웹사이트	https://www.facebook.com/Marketplace.Sprout

자료: https://www.facebook.com/Marketplace.Sprout(검색일:2017. 5. 23); Pearson(2013).

홈페이지를 비롯한 인터넷 사이트들에서 확보한 단편적인 정보들, 2014년 시장 현지조사 당시의 참여관찰 내용과 촬영해둔 사진 등을 종합적으로 참고해 재구성하는 방법이 그것이다.

인터넷에서 스프라우트 농민시장을 검색하다 보면 '스프라우츠 농민시장Sprouts Farmers Market' 때문에 혼란을 겪게 된다. 앞서 언급했듯이, 스프라우트 농민시장의 웹사이트는 접속이 되지 않았다. 그에 반해, 이름이 매우 유사한 스프라우츠 농민시장 웹사이트와 관련 사이트들은 곧바로 접속이 되는 데다 비교적 잘 알려져 있어서 스프라우트 농민시장을 스프라우츠 농민시장으로 오해하기 쉽다. 양자는 물론 별개의 것이다. 즉, 스프라우츠 농민시장[2]은 2002년 애리조나주 챈들러Chandler, AZ에서 첫 가게를 연 이후로 현재 미국의 15개 주 250개 가게에서 주로 자연식품 또는 유기농 식품을 판매하는 식료잡화점 브랜드이고, 스프라우트 농민시장은 2012년부터 오리건주 스프링필드에서 매주 금요일 연중 열리는 실내 농민시장indoor farmers' market이다.

스프라우트 농민시장은 건물의 실내에서 대부분의 농산물과 가공식

사진 7-1 스프라우트 농민시장이 열리는 건물 입구

사진 7-2 스프라우트 농민시장이 열리는 옛 교회 건물

품이 판매되고 있고, 꽃, 화분, 묘목, 핫도그 같은 극히 일부 품목이 건물 출입문과 맞붙은 외부의 텐트 판매대에서 거래된다(〈사진 7-1〉). 이런 점에서 앞서의 '실내indoor' 농민시장이라는 표현이 다소 걸릴 수도

있겠지만 판매인과 소비자 간의 관계가 대부분 건물 안에서 이루어진다는 점에서 보면 그렇게 문제될 것은 없어 보인다.

필자는 그동안 미국의 농민시장을 비교적 많이 찾아다닌 편이지만 장터가 교회 건물 안에 서는 것은 스프라우트 농민시장에서 처음 목격했다(《사진 7-2》). 기독교 신자인 필자로서는 사실 충격이었고 당혹스럽기도 했다. 교인이 감소함에 따라 진행되는 교회 건물의 매각과 전용 세태를 목전에서 체감하는 순간이었기 때문이다.

사진 7-3 스프라우트 농민시장 실내 벽면의 게시물(지역먹거리의 정의)

건물 입구 바로 안쪽의 벽면에는 이 시장의 역사적 의미, 이용 안내 문구가 이곳저곳에 부착되어 있었다. 교회 건물의 특징에 대한 간단한 소개, '독특하고 역사적으로 중요한 장소A Unique & Historic Venue'[3] '와이파이 접속 방법' 같은 내용이었다. 특히, "이곳에서는 지역에서 재배한 먹거리를 팔고 있다"거나 "지역농장에서 먹거리를 구매함으로써 지역경제를 후원하고 우리의 지역먹거리체계를 구축하고자 노력하고 있다"는 문장과 함께 여기서 말하는 '지역산'의 개념이 무엇인지를 명시한 게시물(《사진 7-3》)이 눈길을 끌었다.

근린경제개발법인Neighborhood Economic Development Corporation, NEDCO[4]이 스프링필드 도심에 위치한 현재의 교회 건물을 2011년 12월 구입하여 보수하고 나서 2012년 3월 '스프라우트'라는 명칭을 내걸고 출발한 것이 스프라우트 농민시장이다(Pearson, 2013). 스프라우트 농민시장은 외견상 이런 과정을 거쳐 출범했지만 그 속사정을 들여다보면, 원래는 도심 지역주민들에게 건강한 먹거리를 제공함과 동시에 도심을 재활성화하려는 목적으로 추진된 프로그램의 일환이었다. 이 시장이 생기기 10년 전의 스프링필드 도심지역은 주민의 지역사회 참여와 기본적인 주민서비스 제공의 결여로 상당한 어려움을 겪고 있었기 때문이다. 게다가, 스프링필드의 도심지역은 영양가 있는 먹거리를 적절한 가격으로 구입하기 매우 어려운 이른바 먹거리사막 중 하나였다. 스프링필드 가구의 27퍼센트가 SNAP 수혜자일 정도로 경제적으로 힘든 가정이 많았기 때문에 건강한 생활양식을 영위할 수 있는 주민도 그만큼 적었던 것이다(NEDCO, 2017).

이런 현실적 상황을 배경으로 등장한 스프라우트 농민시장은 지역농민과 중하위 소득계층의 지역주민들에게 새로운 사업기회를 제공했다. 즉, 새로 조성된 장터에서 양질의 농산물을 판매하거나 시장 건물 안의 주방에서 곧바로 먹거리를 만들어 팔 수 있는 여건을 마련해준 것이다. 저소득층 주민의 입장에서 보면, 신선한 양질의 먹거리를 적정한 가격으로 조달받고 싶어하는 지역소비자의 '먹거리 중심food hub'으로 들어선 것이 스프라우트 농민시장인 셈이다(NEDCO, 2017; City of Springfield, 2016; Pearson, 2013). 스프라우트 농민시장이 다른 농민시장들과 마찬가지로 '먹거리 대응 보조금 2배 지급 프로그램'을 시행하는 것은 자연스러운 일이라고 볼 수 있다. 장날 하루당 대응 달러가 최대 5달러에 불과하지만(Partners for a Hunger-Free Oregon, 2017), 그래도 농민시장을 이용하는 저소득층 소비자에게는 크게 도움이 되는 프로그램이기 때문이다.

스프라우트 농민시장과 관련해 또 한 가지 작지만 주목할 만한 측면

사진 7-4 스프라우트 농민시장의 실내 전경

은, 인근에 위치한 지역대학을 통해 농민시장을 지역사회에 알리기 위해 꾸준히 노력하고 있고, 지역대학도 협력하는 모습을 엿볼 수 있다는 점이다. 이를테면, 스프링필드와 동일 생활권이라고 할 수 있는 유진시 소재의 오리건대학교 홈페이지에서는 스프라우트 농민시장 1주기 기념식 행사, 스프라우트 농민시장의 특징, 스프라우트 농민시장에서의 요리교실 참여 안내 홍보 등에 관한 기사를 볼 수 있었다(Havlik, 2013; University of Oregon, 2017). 이런 점은 추후 한국에서 지역대학과 농민시장의 관계를 설정할 때에도 참조할 만한 대목이라고 생각된다. 필자가 2014년 4월 스프라우트 농민시장을 방문하여 실내외를 둘러보던 당시에도 젊은 소비자를 자주 볼 수 있었다. 스프라우트 농민시장은 중장년층 고객이 많기는 했지만 젊은이를 포함한 여러 연령대의 소비자가 함께 찾는 시장이었다.

필자에게 와 닿은 착잡함과는 별개로, 옛 교회 건물의 실내 장터 모습은 강렬한 원색의 스테인드글라스를 통해 스며드는 영롱한 빛깔의 햇살과 어우러져 보는 이들에게 아름다움을 선사하기에 충분했다. 간간이 이어지며 울려 퍼지는 연주[5]도 격조가 있었다(〈사진 7-4〉).

스프라우트 농민시장에서는 빵, 감자, 당근, 브로콜리, 양파, 달걀, 상추, 케일, 꿀, 호박 같은 각종 채소와 가공식품, 식재료가 손님을 맞고 있었다. 레인 카운티 농민시장에서 본 것처럼, 한 판매대 옆에서는 판매 중인 농산물을 소개하는 동시에 자신의 농장에서 운영하는 CSA에 가입할 것을 권유하기 위해 세워둔 입간판을 볼 수 있었다. 농민시장 판매인 중에는 CSA를 함께 운영하는 농장이 적지 않음을 스프라우트 농민시장에서도 확인할 수 있었다.

면접조사를 통해 본 스프라우트 농민시장의 특징

시장에 도착해서 장터 내부와 주변을 한 바퀴 둘러보고 나서 필자는 스프라우트 농민시장의 특징을 짚어보기 위해 시장 관리인을 찾았다. 이 농민시장의 남성 관리인은 매우 활달해서 30여 분에 걸쳐 알찬 대화가 가능했다. 이 시장에서 면접한 이들은 농민시장 관리인 1명, 여성 농민판매인 1명, 40대와 70대 부부 소비자 1쌍씩 4명, 30대 여성 소비자 1명, 모두 7명이었다(〈표 7-2〉 참조).

이 시장에서 많은 수의 농민과 소비자를 접한 것은 아니었기 때문에, 여기서는 비교적 일목요연한 설명을 들을 수 있었던 농민시장 관리인의 얘기를 가능한 한 자세하게 적어보고자 한다. 먼저 농민시장 관리인과의 대화를 통해 알게 된 스프라우트 농민시장의 성격과 일반적인 특징은 다음과 같다(사례 7-7).

먹거리사막의 저소득층 지역주민을 위한 농민시장

시장 관리인은, 이 시장의 농민판매인 규모가 겨울철에는 20명에서 25명, 봄과 여름철에는 25명에서 40명 선이라고 했다. 오리건주에는 농민시장이 매우 많기 때문에 이 시장의 농민판매인 중 상당수는 유진이나 코밸리스Corvallis 농민시장 같은 인근의 농민시장에도 참여하는데, 이 시장에서는 연회비 30달러와 주별 시장 이용 수수료 30달러를 낸다고 했다. 또 농민판매인은 반경 20마일 이내의 자기 농장에서 농사를 짓는 사람들이고, 시장 측에서 요구한 조건은 아니지만 모두가 인증받은 유기농 농민이라고 했다. 계절에 따라 판매인의 숫자는 차이가 있지만, 이들에 의해 신선한 먹거리가 한 해 동안 내내 끊이지 않고 제공되는 공간이 바로 스프라우트 농민시장이라고 시장 관리인은 설명했다.

표 7-2 스프라우트 농민시장 면접조사 대상자 기본 정보

사례 식별 기호	범주	성별	비고
사례 7-1	농민판매인	여	CSA에도 참여
사례 7-2	소비자	여	30대
사례 7-3	소비자	남	40대 부부
사례 7-4	소비자	여	-
사례 7-5	소비자	남	70대 부부
사례 7-6	소비자	여	-
사례 7-7	농민시장 관리인	남	-

이는 스프라우트 농민시장이, 농민에게는 계절의 제약에서 벗어나 연중 소득을 창출할 기회를 제공하고, 먹거리사막의 지역주민에게는 양질의 먹거리를 지속적으로 공급하는 장임을 시사한다. 스프라우트 농민시장의 개장으로 인해 일정 수 이상의 농민이 먹거리 직판에 연중 참여할 수 있는 길이 마련되고, 소비자의 지속적인 먹거리 확보가 가능해졌기 때문이다.

또 시장 관리인에 의하면(사례 7-7), 스프라우트 농민시장의 관계자들은 생음악, 요리 강연, 가족을 위한 행사, 각종 배움의 기회를 제공하려 노력함으로써 지역사회의 구심점 역할을 한다. 특히, 시장의 판매인들이 장날에 짐을 싣거나 내리는 일을 서로 도와줌으로써 다른 농민시장에서는 보기 힘든 실질적인 공동체를 형성하고 있다는 점도 주목할 만한 사실이라고 했다. 소비자의 대다수는 지역주민이므로 걸어와서 장을 본다고 했다. 결국 판매인 상호 간에는 물론이고 이웃 주민에 대한 봉사를 통해 판매인과 소비자 간의 '독특한 공동체a unique community' 형성을 매개하는 역할을 스프라우트 농민시장이 수행한다고 볼 수 있다. 그렇기 때문에 이곳에서는 장날에 판매인들이 행복해하는 얼굴을 볼 수 있고, 이곳에 둘러앉아 있는 이웃들을 보면서 공동체가 바로 이 도심지역으로 내려온 것 같은 느낌을 받는다고 시장 관리인은 뿌듯한 표정으로 말했다. 시장 관리인은 자신에게도 장날이 힘들고 바쁘지만 가장 만족스러우면서도 최고의 충족감을 느낄 수 있는 날이라고 하면서, 스프라우트 농민시장이 앞으로 이런 잠재력을 최고 수준까지 발현할 수 있기를 소망했다.

스프라우트 농민시장을 방문했을 때 필자의 관심을 끈 것 중의 하나는 SNAP 수혜자들의 농민시장 이용을 돕기 위해 운영하던 프로그램이었다. 시장 관리인은(사례 7-7), 지역의 금융기관, 대규모 먹거리 사업체로부터의 협찬, 자체 특별 행사, 스프라우트 농민시장을 운영하는 근린 경제개발법인 주도의 민간 기부 프로그램 등을 통해 SNAP에서 한 단계 진전된 자체 지원 프로그램을 갖고 있다고 운을 뗐다. 즉, 스프라우트 농민시장에서는 푸드 스탬프 카드를 받고 있는데, 이들이 카드를 사용할 때마다 2달러 기준으로 그에 상응하는 달러를 장날 당일 5달러 한도 내에서 무료 제공한다는 것이었다.[6] 2014년 조사 당시 스프라우트 농민시장보다 규모가 훨씬 컸던 유진의 레인 카운티 농민시장에는 저소득층을 대상으로 한 이런 자체 지원 프로그램이 없었다(김원동, 2016: 104-105). 스프라우트 농민시장에서 이런 프로그램이 먼저 개발된 이유는, 이 지역이 낙후된 먹거리사막일 뿐만 아니라 경제적으로 어려운 저소득층 주민이 많은 곳이기 때문일 것이다. 인근의 농민시장보다 규모가 작고 경제적 여건도 좋지 않은 지역임에도, 스프라우트 농민시장은 '먹거리 대응 보조금 2배 지급 프로그램'이 도입, 확산되기 이전부터 지역의 저소득층 주민에게 건강한 먹거리를 제공하기 위해 애써온 농민시장인 것이다. 이는 곧 스프라우트 농민시장이 설립 취지에 부응하고자 적극적으로 노력하고 있으며, 따라서 시장 관리인의 희망이 현실화될 가능성이 높음을 보여주는 것이기도 하다.

생산자와 소비자 간의 배려와 호혜에 토대를 둔 전망 있는 먹거리공동체

한편, 35년째 농부로 살고 있다고 자신을 소개한 여성 농민판매인과의 대화는 필자에게 많은 것을 생각하게 했다(사례 7-1). 직업으로서 농업을 대하는 태도나 그녀의 거침없는 실천적 삶의 흔적에서 인생과 농민시장의 미래를 진지하게 성찰하게 한다는 느낌을 받았기 때문이다. 그는 오리건주립대학교 농업연구원의 협조를 받고 뜻을 같이하는 사람들을 규합해 1976년 오리건주의 뉴포트New Port에서 지역먹거리 협동조합을 결성하고 농민시장을 열었다고 했다. 소비자에게 직접 판매하는 방식을 통해 수익을 얻고 싶어서였다. 이런 자신의 경험을 언급하면서, 미국에서 먹거리의 소비자 직판과 유기농 운동의 전개는 정부의 도움이 아닌 시민운동에 의한 것임을 강조했다. 본인이 관여한 사례도 자신들이 원하는 방향으로 끌고 갈 힘을 소비자가 갖고 있음을 보여주는 하나의 실례라고 했다. 이 같은 논의는, 지역농민의 소득을 제고하면서 양질의 먹거리를 소비자에게 직접 공급하는 공간으로 농민시장을 계속 성장시킬지 여부가 지역농민과 소비자의 의지에 달려 있음을 시사한다.

이 여성 판매인은 자신의 자녀가 모두 대학 진학을 한 후에는 이런 종류의 영농법을 가르치는 능력을 갖추어야겠다는 목적으로 오리건주립대학교에 진학해 천연자원 교육학을 전공해 2004년 졸업했고, 지금은 자신이 늘 하고 싶었던 일을 하고 있다고 했다. 농사일이 힘들고 일한 만큼의 경제적 대가가 돌아오는 것이 아님을 알지만, 농민은 '자신이 꿈꾸어온 직업my dream job'이고 전업농으로서 자신의 직업과 삶을 사랑한다고 자랑스럽게 얘기했다.

농민시장의 미래에 대한 전망과 근거에 관해서도 그녀는 나름의 분명한 입장을 보여주었다(사례 7-1). 농민시장은 미국의 농업경제 중 가장 빠르게 성장하는 부문이고 앞으로도 그럴 것이라는 견해였다. 성장 전망의 근거는 농민시장 간의 경쟁이 심해지는 것이 사실임에도 점점 더 많은 사람이 농민시장의 가치를 발견하고 있다는 점에서 찾았다. 살모넬라 식중독 같은 식품사고가 터질 때마다 사람들은 자신의 먹거리가 어디의 누구로부터 오는지를 알고 싶어하고, 제초제, 농약, 유전자조작식품이 먹거리와 환경, 아이들에게 미치는 영향에도 좀 더 관심을 갖게 된다는 것이다. 이런 상황에서 농민시장에서의 장보기는 소비자에게 먹거리의 안전감을 제공할 뿐만 아니라 지역공동체에도 매우 긍정적

사진 7-5 스프라우트 농민시장의 주방

인 경제적 영향을 미치기 때문에 농민시장을 찾는 소비자는 늘어날 것이라고 전망했다.

스프라우트 농민시장이 1년 6개월 전에 문을 연 매우 새로운 농민시장이라고 정확하게 알고 있던 한 여성 소비자는, 농민시장을 찾는 것이 농약 문제, 소농의 생계 문제 같은 여러 가지 측면을 고려한 결정이라고 했다. 또 자신은 이 시장에서 판매되는 먹거리가 품질이 좋고 건강에도 유익하다고 생각하며 신뢰한다고 했다(사례 7-2). 앞서 살펴본 농민판매인의 얘기처럼, 이런 소비자의 시각은 먹거리불안을 불식할 양질의 지역먹거리가 제공되는 곳으로서의 농민시장, 그리고 소농의 영농과 삶을 후원하려는 소비자의 동기가 작동하는 장소로서의 농민시장이라는 복합적인 인식이 배어 있는 현장이 스프라우트 농민시장임을 보여준다. 이는 곧 스프라우트 농민시장에서 공간적 배태성과 사회적 배태성의 특징을 동시에 확인할 수 있음을 의미한다. 이 소비자는 시장의 먹거리 가격이 자신의 입장에서는 비싼 편이지만 공정한 가격이라고 생각한다고 답변했다. 이와 함께, 농민시장의 사회적 기능이 이웃과 함께 대화하며 휴식을 취할 수 있는 공간이라는 점에 있다고 하면서, 농민시장은 앞으로도 성장할 것이라는 긍정적인 전망을 제시했다.

결국 종합하면, 지역의 저소득층 주민은 스프라우트 농민시장을 양질의 지역먹거리를 공정한 가격으로 공급하는 곳이라고 보면서도, 가격 측면에서 다소 부담을 느끼고 있었다. 스프라우트 농민시장이 위치한 도심이 원래 낙후지역이고 저소득층이 많이 거주하는 지역이라는 점을 떠올리면 충분히 예상되는 반응이기도 하다. 이런 점에서 '먹거리 대응 보조금 2배 지급'과 같은 저소득층 소비자 지원 프로그램의 양과 질을 확장하려는 정책적 노력이 스프라우트 농민시장의 당면 과제 중 하나라고 볼 수 있다. 그럼에도, 스프라우트 농민시장은 이웃과 교제할 수 있는 휴식 공간이라는 사회적 기능도 수행하기 때문에, 지역주민이 계속해서 찾는 사회적 공간으로서의 특징을 분명히 내포하고 있는 장소다.

한 남성 소비자에게서도 앞서 여성 소비자의 얘기와 전반적으로 비슷한 반응을 접할 수 있었다(사례 7-3). 이 소비자는 다양한 지역먹거리를 구매할 수 있고, 슈퍼마켓에서 장을 볼 때와는 달리 자신의 먹거리가 어디서 오는지를 알 수 있기 때문에 이 시장에 온다고 했다. 다시 말해, 농민판매인 중에 알고 지내는 사람도 있으며, 그들이 지속가능한 방법으로 농사를 짓고 있는지를 정확하게 알 수 있다는 것이다. 또 지역사업체를 지원할 수 있다는 점도 농민시장을 찾는 이유라고 했다. 이 소비자는 슈퍼마켓의 먹거리는 산지에서 슈퍼마켓에 도착할 때까지 적어도 일주일이나 10일 정도 걸리겠지만 농민시장의 먹거리는 바로 수확한 것을 가져오기 때문에 정말로 신선하다는 점도 들었다. 한 걸음 더 나아가, 그는 품질의 측면보다는 공동체의 일원으로서 지역농민의 지속가능한 영농을 지원할 필요성이 있기 때문에, 대형 매장의 유기농 제품보다 이 시장의 먹거리를 구입한다고 강조했다. 그런 지원을 통해 자신의 전 생애에 걸쳐 양질의 먹거리를 계속 공급받을 수 있게 된다는 점에서, 우리 모두에게도 매우 중요하고 유익하다는 점을 분명하게 지적한 것이다. 이는 생산자와 소비자 간의 호혜와 상호 보완을 토대로 한 먹거리공동체가 바로 스프라우트 농민시장의 특징 중 하나라는 해석을 가능하게 해준다.

옆에 서서 남편의 답변을 듣고 있던 그의 아내도 거들고 나섰다(사례 7-4). 자신은 화학비료나 살충제 또는 제초제 없이 재배한 먹거리인지 아닌지를 잘 분별한다고 하면서, 농민시장의 먹거리는 화학물질을 사용하지 않고 키운 것이라는 사실이 중요하다고 강조했다. 유기농의 가격이 다소 비싼 것은 사실이지만 그만한 가치가 있다는 것이다.

남성 소비자는 농민시장의 미래에 대해 낙관적으로 전망하면서 여러 가지 이유 또는 근거를 들었다(사례 7-3). 앞서 농민판매인의 얘기와 똑같이, 자신의 먹거리가 어디에서 오는지에 관심을 갖는 사람이 점점 더 많아지기 때문이라는 것이다. 이를테면, 3년 전만 해도 스프라우트 농민시장은 이곳에 없었지만 지금은 주방까지 갖춘 농민시장이 이곳에서 연중 열리고 있지 않느냐고 반문했다. 그저 가게 선반에 먹거리를 올려두고 채우는 식료잡화점과는 달리 농민시장에서는 면대면 관계가 형성되고 먹거리에 관해서도 알 수 있기 때문에, 농민시장이 장차 먹거리를 바라보는 소비자의 사고방식과 영농 패러다임을 변화시킬 것이라고 주장했다. 자신들은 이곳에서 구할 수 없는 것을 슈퍼마켓에서 구매하지만 대부분의 먹거리를 이곳에서 구입한다고 했다.

유진Eugene 농민시장을 30년 동안 이용했지만 스프라우트 농민시장이 개장한 이후로는 거의 매주 이곳을 찾는다는 70대 부부 소비자와도 대화했다. 이들의 반응 역시 전체적으로 앞서의 소비자들과 비슷했다(사례 7-5; 사례 7-6). 이곳의 먹거리는 농민들이 아침에 수확한 것을 가져와 팔기 때문에 매우 신선하고 놀라울 정도로 품질이 좋다는 것이다. 이를테면, 몸에 좋은 먹거리를 취급한다고 광고하는 다른 식료잡화점에서 구입한 껍질콩은 외관상 좋아 보여도 며칠 못 가지만 농민시장에서 구매한 콩은 그대로 두고 먹어도 적어도 한 주는 양호한 상태를 유지한다는 것이었다. 가격은 먹거리의 종류에 따라 다르지만 자신은 거의 모든 먹거리를 이곳에서 구매하며, 이를 통해 지역농민을 도울 수 있어서 행복하다고 했다. 또 농민시장은 농민이 농장에서 나와 지역주민과 직접 만날 수 있는 곳이고, 바로 그 점 때문에 소비자도 그 농민이 생산한 먹거리에 호의적 감정을 갖게 된다고 했다. 소비자들 간의 관계 측면에서는 지인들과 만날 기회가 생기기 때문에 농민시장에 오는 것을 좋아하는 사람들도 있다고 했다(사례 7-6). 이런 얘기는 농민시장을 찾는 소비자의 동기가 건강에 좋은 신선한 먹거리의 구매, 지역농민의 지속적인 영농에 대한 후원, 농민이나 소비자 상호 간의 교류 등 복합적임을 다시 한 번 확인해준다. 또 이런 논의는 스프라우트 농민시장에 사회적 배태성이 내재해 있음을 명확하게 일깨워준다.

남성 소비자는 판매인과 소비자 간의 관계 측면에서 스프라우트 농민시장이 유진 농민시장보다 유리하다고 덧붙였다. 왜냐하면 유진시의 레인 카운티 농민시장은 규모가 커서 농민과 소비자가 서로를 잘 알기가 어렵고, 따라서 좀 더 공식적인 관계를 맺게 된다는 것이다(사례 7-5). 이는 판매인 상호 간에, 그리고 판매인과 소비자 간의 친밀한 관계의 형성과 유지라는 사회적 기능은 규모가 작은 농민시장에서 오히려 더 효과를 발휘할 수 있음을 시사한다. 하지만 한 여성 소비자는 규모가 작으면 식사용 먹거리가 다양하게 준비되지 못할 수 있다는 점을 환기시켜주었다(사례 7-6). 스프라우트 농민시장이 처음에 실제로 그랬다고 한다. 이후 시장 측에서 좀 더 많은 식사용 먹거리를 준비하려고 노력하고 있고 저녁식사 시간을 넘긴 오후 7시까지 장을 열기에 저녁식사를 이곳에서 할 수 있어 좋다고도 했다. 그렇지만 이 소비자는 농민시장의 미래를 낙관하면서도 스프라우트 농민시장의 경우 여전히 현장에서 먹을 수 있는 먹거리가 다양하지 않아 이 점에서는 개선의 여지가 있음을 내비쳤다.

8장

포틀랜드주립대학교 농민시장

시장 개요

'포틀랜드 농민시장'을 구성하는 7개 농민시장 중 하나

포틀랜드에서는 금요일을 제외한 나머지 6일간 시내 도처에서 매일 농민시장이 열린다. 물론 장터가 운영되는 시기와 장터 당일의 영업시간은 시장별로 조금씩 차이가 있다. 장터가 가장 많이 열리는 요일은 일요일인데, 이날은 무려 7곳에서 장이 선다. 횟수로 보면 그다음은 토요일이다. 포틀랜드에서 토요농민시장이 열리는 곳은 4곳이나 된다. 2017년 기준으로 포틀랜드 지역에서 운영되는 농민시장 22개[1] 중 딱 절반이 토요일과 일요일에 열리는 셈이다. 이는 곧 주말을 이용해 포틀랜드 지역을 방문한다면, 시내 도처에서 열리는 여러 농민시장을 쉽게

사진 8-1 포틀랜드주립대학교 캠퍼스 입구

접할 수 있음을 의미한다.

농민시장의 지속적인 성장은 포틀랜드의 지역적 특성을 배경으로 한 것이라고 볼 수 있다. 주지하다시피, 포틀랜드는 '실리콘 포레스트Silicon Forest'라고 불릴 정도로 인텔Intel, 테크트로닉스Tektronix 같은 첨단산업 분야의 기업과 인구가 밀집해 있는[2] 오리건주 제1의 경제도시다(김원동, 2007, 2008, 2014b; Dodds & Wollner, 1990). 도시의 위상에 걸맞게 다른 도시에 비해 주거시설이나 대중교통 여건 같은 도시 기반시설도 친환경적으로 잘 구축되어 있다. 좋은 일자리가 많고 자연환경과 도시경관이 빼어나 경제력을 갖춘 고학력의 젊은 세대와 중산층이 많고, 환경과 건강, 지역공동체 등에 대한 주민들의 관심도 높은 지역으로 알려져 있다. 포틀랜드가 미국인 사이에서 선호도가 높은 도시의 하나로 손꼽히는 이유도 이런 점들 때문일 것이다(김원동, 2007). 바로 이런 지역적 특성이 또한 포틀랜드 지역의 농민시장을 성장시키고 활성화하는 배경으로 작용했다고 볼 수 있다. 앞서의 장들에서도 드러나듯이, 농민시장은 건강뿐 아니라 환경, 지역공동체 등에 대한 소비자의 관심이 먹거리를 둘러싸고 표출되는 장소이기 때문이다.

포틀랜드에서 운영되는 22개의 농민시장 중에 '포틀랜드 농민시장 Portland Farmers Market'이라는 명칭을 함께 사용하는 농민시장은 7개다. 이들 7개의 농민시장은 동일한 홈페이지[3]를 사용하고 있고, 개별 시장의 세부 내용은 공동의 홈페이지 안에 각각 간단하게 소개되어 있다(〈표 8-1〉 참조).

필자가 포틀랜드 지역의 농민시장들을 처음 조사한 2008년 당시 포틀랜드 농민시장은 네 곳에서 운영되고 있었는데, 지난 9년 사이에 세 곳이 추가되어 7개로 늘어난 것이다. 〈표 8-1〉에서 보듯, 7개의 농민시장은 서로 다른 장소에서 개장 기간과 요일 등을 다소 달리하며 운영되고 있다.

이번 장에서 사례로 다루는 포틀랜드주립대학교 농민시장은 포틀랜드 농민시장을 구성하는 7개 시장 중 하나로, 포틀랜드주립대학교 캠퍼스에서 열리는 농민시장이다. 여기서는 포틀랜드 농민시장의 홈페이지와 그 안에 있는 포틀랜드주립대학교 농민시장에 관한 내용[4]을 중심으로 이 시장의 특징을 살펴보고자 한다.

지속가능한 지역먹거리체계의 구축을 선도하는 농민시장

먼저, 포틀랜드주립대학교 농민시장을 비롯한 포틀랜드 농민시장의 일반적 특징을 알아보자. 이것은 포틀랜드주립대학교 농민시장에도 해당되는 것이기 때문에 포틀랜드주립대학교 농민시장의 특징 중 일부를 살펴보는 셈이기도 하다.

표 8-1 포틀랜드 농민시장의 현황 (2017년의 예)

시장 명칭	개장요일·시간(운영 기간)	세부 웹사이트(장소)
포틀랜드주립대학교 (Portland State University) 농민시장	토요일 오전 8시 30분에서 오후 2시(3월-10월) 토요일 오전 9시에서 오후 2시 (11월-2월)	http://www.portlandfarmersmarket.org/our-markets/psu (South Park Blocks between SW College & Montgomery)
파이어니어 법원청사 광장(Pioneer Courthouse Square) 농민시장	월요일 오전 10시에서 오후 2시 (6월 5일-9월 25일)	http://www.portlandfarmersmarket.org/our-markets/pioneer-courthouse-square (SW 6th & SW Yamhill)
셰먼스키 공원 (Shemanski Park) 농민시장	수요일 오전 10시에서 오후 2시 (5월 3일-10월 25일) (11월 22일: 추수감사절 특별 시장)	http://www.portlandfarmersmarket.org/our-markets/shemanski-park (SW Park & SW Salmon)
켄턴(Kenton) 농민시장	수요일 오후 3시에서 7시 (6월 7일-9월 27일)	http://www.portlandfarmersmarket.org/our-markets/kenton (N McClellan & N Denver)
북서(Northwest) 농민시장	목요일 오후 2시에서 6시 (6월 1일-9월 28일)	http://www.portlandfarmersmarket.org/our-markets/northwest (NW 19th & NW Everett)
렌츠 인터네셔널 (Lents International) 농민시장	일요일 오전 9시에서 오후 2시 (6월 4일-10월 29일)	http://www.portlandfarmersmarket.org/our-markets/lents-international (SE 92nd and Reedway between Foster and Harold)
킹(King) 농민시장	일요일 오전 10시에서 오후 2시 (5월 7일-11월 19일)	http://www.portlandfarmersmarket.org/our-markets/king (NE 7th & NE Wygant)
시장 전체 웹사이트와 SNS	-	portlandfarmersmarket.org, facebook.com/portlandfarmersmarket, twitter.com/portlandfarmers, flickr.com/photos/portlandfarmersmarket, instagram.com/portlandfarmers

출처: http://www.portlandfarmersmarket.org; http://www.portlandfarmersmarket.org/wp-content/uploads/2017/05/2017-5-17_Press_Kit-UPDATED.pdf에서 발췌.
자료: 검색일(2017년 7월 21일)

포틀랜드 농민시장은 '전국적으로 가장 번창하면서도 건강하고 지속 가능한 먹거리체계를 구축하기 위한 촉매제'라는 역할을 비전으로 제시한다. 즉, 포틀랜드 농민시장은 먹거리 생산자의 번영, 신선한 먹거리에 대한 모든 지역주민의 접근성 보장, 지역공동체의 형성과 육성 및 고취를 비전으로 내걸고 있다. 포틀랜드 농민시장의 첫 번째 시장은 3명의 지역 활동가와 13명의 판매인이 1992년 한 주차장에서 설립했는데, 1998년 포틀랜드주립대학교 캠퍼스로 장소를 옮겼다. 1998년 셰먼스키 공원에서 포틀랜드 농민시장의 두 번째 시장으로 수요농민시장이 개장했고, 이후 새로운 농민시장들이 가세했다. 2016년 설립된 렌츠 인터네셔널 농민시장까지, 포틀랜드 도심을 포함한 7개 지역에서 240명 이상의 판매인이 지역의 소비자에게 농장의 신선한 먹거리와 가공식품을 연중 제공하는 현재의 포틀랜드 농민시장 체계가 완결되었다.[5]

포틀랜드 농민시장에서 홈페이지에 게시한 시장 관련 자체 통계 자료에 의하면(Portland Farmers Market, 2017), 농민을 비롯한 판매인들이 생산물을 소비자에게 전달하기까지 걸리는 시간은 평균 하루에 불과하고, 먹거리를 농장에서 시장까지 가져오는 데 소요되는 거리, 즉 이른바 푸드마일food mile은 평균 50마일이며, 83퍼센트의 농민판매인이 100마일 이내에서 자기 농장을 운영하고 있다. 이는 포틀랜드 농민시장에서 거래되는 먹거리가 매우 신선한 것일 수밖에 없음을 뒷받침하는 근거다. 7개의 포틀랜드 농민시장에서 장을 보는 방문객은 여름 성수기에 매주 평균 약 2만 4,000명에 달하고, 2016년 한 해 방문객 수는 모두 67만 명 정도였다고 한다. 포틀랜드 농민시장의 통계에서는 시장의 가판대에서 장사를 하다 소규모 업체를 창업한 사례가 40건 이상 된다는 기록도 눈길을 끈다. 페리 플라자 농민시장 사례에서 볼 수 있듯이(김원동, 2014a: 238-241), 이는 포틀랜드 농민시장이 영세 음식 판매인이 소규모 가게 창업자로 성장할 수 있게 돕는 보육장소의 기능도 수행하고 있음을 의미한다.

한편, 포틀랜드 농민시장의 두드러진 특징 중 하나는 운영 방식에서 엿볼 수 있다. 즉, 7개의 농민시장을 운영하는 일종의 상부조직an umbrella organization인 포틀랜드 농민시장은 포틀랜드시나 오리건주 또는 연방정부로부터 일체의 재정지원을 받지 않은 채, 판매인들의 수수료, 너그러운 시장 후원자들의 지원, 기금조성 행사, 자원봉사자들의 시간 봉사, 자체 교육 프로그램을 위한 시장 판매인들의 먹거리 기부 등으로 시장을 운영한다. 좀 더 구체적으로 소개하면, 유급의 정규직과 시간제 직원, 계절별 임시직을 포함한 13명의 직원이 전원 자원봉사자로 구성된 이사회의 감독 아래 자원봉사자(2016년의 경우에는 28명)와 8개 후원업체의 도움을 받으면서 시장을 운영한다는 것이다.[6]

포틀랜드 농민시장이 정부의 도움 없이 자력으로 운영하면서도 이 시장에서의 판매를 통해 매년 800만 달러의 경제적 효과를 낳고 있다는 사실은 지역경제에 대한 기여도가 결코 적지 않음을 보여준다. 포틀랜드 농민시장에서는 직불카드나 신용카드로도 먹거리를 구입할 수 있다. 즉, 소비자들은 시장 안내소에 가서 직불카드나 신용카드로 결제하고 받는 5달러짜리 나무 토큰으로 시장 내의 모든 가판대에서 식재료와 음식 등을 구매할 수 있다. 또 포틀랜드 농민시장에서는 'SNAP의 보조금을 받는 주민의 EBT 카드/오리건 트레일 EBT 카드SNAP/Oregon Trail EBT cards'도 7개 시장 모두에서 통용된다. EBT 카드 소지자는 시장 안내소에서 자신의 카드로 결제하고, 그에 상응하는 1달러짜리 나무 토큰을 받아 시장의 모든 매장에서 사용한다. 물론 다른 농민시장에서와 마찬가지로, 여기서도 이 토큰으로는 이 제도의 취지에 부합되는 과일, 채소, 고기, 생선, 낙농제품 등은 구입할 수 있지만 따뜻한 음식이나 즉석식품 같은 일부 품목은 살 수 없다. 신용카드나 직불카드를 사용하는 일반 소비자와는 달리 EBT 카드 소지자는 카드로 구입할 수 있는 물품에 제한을 받는다는 점에서 양자 간에는 차이가 있다. EBT 카드 소지자가 장을 보고 나서 남은 토큰을 안내소에서 반환하면 시장에서는 그 사람의 카드 계정에 그 액수만큼 다시 입금해준다.[7]

특히 SNAP 수혜자와 관련해 살펴볼 때, 포틀랜드 농민시장이 '먹거리 대응 보조금 2배 지급 프로그램'을 주도해온 농민시장이라는 점에 주목할 필요가 있다. 포틀랜드 농민시장은 2012년 저소득층, 노인층을 포함해 서비스를 제대로 못 받는 집단이 건강에 좋은 지역먹거리에 좀 더 많이 접근할 수 있게 도우려는 비영리조직 '농민시장기금Farmers Market Fund'을 만들었다. 이 농민시장기금이 오리건주 차원에서 운영되는 SNAP 수혜자를 위한 첫 번째 대응 프로그램을 주도해왔다. 오리건주 안의 12개 CSA 농장과 50개 농민시장을 상대로 시행되는 이 프로그램은 SNAP 수혜자가 장날 과일과 채소를 구입할 때 10달러 한도 내에서 1달러당 1달러씩 제공된다. 그 소요 기금은 포틀랜드 농민시장과 미국 농무부를 비롯한 여러 조직에 의해 조성된다. 결국 이 프로그램은 오리건주의 저소득층이 과일과 채소를 좀 더 많이 섭취할 수 있게 유도하고, 이를 위한 먹거리의 구매 과정에서 지역의 가족농과 지역경제를 후원하는 역할을 하는 것이다. 농민시장기금은 지역 차원 대응 기금 조성을 위해 오리건주 내에서 운영되는 농민시장들의 협력을 이끌어냄으로써 이 프로그램이 공동체에 미치는 집합적 영향력을 증대하려 애쓰고 있다. 포틀랜드 농민시장이 2009년 이후 SNAP 수혜자 대상의 대응 프로그램을 통해 이들에게 제공한 대응 달러는 15만 8,268달러에 이른다고 한다(Portland Farmers Market, 2017).

포틀랜드 농민시장의 시발점이자 대표 시장

포틀랜드 농민시장에서는 먹거리 대응 보조금 2배 지급 프로그램뿐만 아니라 장터의 음악 연주 프로그램, 어린이 요리교실, 유명 요리사 초청 요리 시연회 같은 다양한 프로그램과 행사가 기획, 시행되고 있다. 먹거리를 사고파는 것에 추가적으로 이루어지는 이런 프로그램과 행사들은 시장의 활성화 외에도 교육적 목적으로 진행되는 것들이다. 시장 관계자들이 포틀랜드 농민시장의 지속적인 성장을 위해서는 무엇보다 지역농업과 먹거리의 가치를 제대로 인식할 수 있게 소비자를 교육할 필요가 있다고 생각하기 때문이다. 활동에 필요한 기금은 후원자들과 판매인들의 현물기부 등을 통해 조성되고, 자원봉사자들의 시간 헌신을 통해 추진된다. 모든 프로그램은 매년 비용과 편익의 관점에서 평가한 후 지속 여부를 결정하고, 적절하다고 판단되는 프로그램을 추가한다고 한다.[8] 이런 점에서, 포틀랜드 농민시장은 먹거리와 연관된 각종 프로그램과 행사가 갖는 중요성과 다목적성을 시장의 관계자들이 인식하고 공유하는 농민시장이라고 볼 수 있다.

앞서도 언급했듯이, 포틀랜드주립대학교 농민시장은 포틀랜드 도심에 위치한 포틀랜드주립대학교 캠퍼스에서 연중 토요일마다 열리는 농민시장으로, 포틀랜드 농민시장의 시발점이 된 곳이다(〈표 8-2〉 참조).

표 8-2 포틀랜드주립대학교 농민시장 개요

명칭	포틀랜드주립대학교 농민시장(Portland State University Farmers Market)
도시(위치)	오리건주 포틀랜드 (South Park Blocks between SW College & Montgomery)
개장 연도	1992년
시장의 운영	2017년 현재 13명의 직원이 전원 자원봉사자로 구성된 이사회의 감독 아래 운영

사진 8-2 포틀랜드주립대학교 농민시장은 매주 토요일 열린다.

햇살이 좋은 날에는 아담하고 아름다운 캠퍼스를 배경으로 연이어 들어선 판매인 텐트와 그 사이를 오가며 즐거워하는 소비자와 아이들의 밝은 표정이 시장통의 여러 곳에서 울려 퍼지는 선율[9]과 어우러져 보는 이들에게도 생동감과 평화로움을 고스란히 전해준다. 성수기 주말 장터에는 200명 이상의 농민과 음식 판매인이 약 140개의 가판대에서 매주 1만 5,000명에서 2만 명에 이르는 쇼핑객을 맞이하는 분주한 시장이기도 하다. 포틀랜드주립대학교 농민시장은 포틀랜드 농민시장의 이름을 걸고 개장하는 7개의 시장 중 규모가 가장 크다. 그래서 시장 내부에서도 포틀랜드 농민시장의 '대표 시장flagship market'으로 소개된다.[10] 시장 홈페이지에 게시된 한 자료에 의하면(Portland Farmers Market, 2017), 〈허핑턴포스트Huffington Post〉와 〈여행과 여가Travel+Leisure〉는 이 시장을 미국 최고의 농민시장으로, 그리고 잡지 《델타 스카이Delta SKY》는 세계 최고의 농민시장 중 하나로 꼽았다.

사진 8-3 농민시장이 열린 포틀랜드주립대학교의 캠퍼스 풍경

다양한 연령대의 지역주민을 위한 먹거리 사회화의 공간

한편, 포틀랜드 농민시장의 주력 시장으로서 포틀랜드주립대학교 농민시장이 주최하는 대표적인 행사는 요리 시연과 어린이 요리교실이다.[11] 물론 다른 지역의 농민시장에서도 이런 행사를 자주 볼 수 있다. 하지만 홈페이지에 안내된 행사 소개와 내용을 보면, 여타의 농민시장들에 비해 이런 행사가 매우 체계적으로 기획, 진행됨을 알 수 있다.

우선, 2017년 6월 초 시점에서 요리 시연 행사 계획[12]을 살펴보면, 2017년 6월부터 9월까지 한 주도 거르지 않고 매주 1회씩 요리 시연을 할 요리사의 이름과 소속을 시연 일자별로 홈페이지에 게시해두었을 뿐만 아니라, 소속을 클릭하면 해당 요리사의 음식점 홈페이지로 바로 접속해 들어가 자세한 정보를 확인할 수 있다. 즉, 포틀랜드 최고의 요리사들이 농민시장에 직접 나와서 시장에서 판매하는 식재료로 현장에서 즉석요리를 하고 때로는 시음도 하는 행사를 연속으로 개최하고 있는 것이다. 이 행사는 소비자가 건강한 식재료로 가정에서 요리를 자주 하도록 교육하고 고무하려는 의도로 추진되는 것으로, 포틀랜드주립대학교 농민시장이 단순한 먹거리 판매 장소가 아니라 가정식 조리법의 전달을 통해 건강한 식생활을 유도하는 음식교육의 장임을 보여준다.

요리 시연 행사가 성인을 대상으로 한 것이라면, 7세에서 11세까지의 어린이를 대상으로 한 어린이 요리교실이 오전 8시 30분부터 10시까지 포틀랜드주립대학교 캠퍼스에서 진행된다.[13] 요리교실의 운영 시기는 6월 중순부터 8월 말까지로, 어린이들은 매주 피자, 옥수수 팬케이크 같은 다양한 요리를 배운다. 이런 요리교실을 통해 어려서부터 조리기술뿐 아니라 농장에서 생산된 신선한 제철 먹거리와 식재료, 농민에 관해 배울 기회도 갖는다. 또 어린이들은 여기서 익힌 조리법을 집이나 학교에서 가족, 친구들과 공유하게 된다. 따라서 이런 행사는 포틀랜드주립대학교 농민시장이 지역의 어린이들을 대상으로 건강한 제철 지역먹거리, 요리, 가정식 중심의 식생활 등에 관한 먹거리 사회화 교육을 실시하는 주체로 기능하고 있음을 의미한다. 이런 경험과 추억을 가진 어린이들은 지역먹거리, 지역농민, 환경, 조리 등의 가치를 이해하며 성장할 가능성이 높기 때문에, 농민시장의 미래 고객이자 '먹거리시민'(김종덕, 2012)이 될 개연성도 그만큼 커진다.

면접조사를 통해 본 포틀랜드주립대학교 농민시장의 특징

미국의 농민시장 가운데 필자가 가장 많이 방문한 곳이 포틀랜드주립대학교 농민시장이다. 물론 계기가 있었다. 10여 년 전 연구년을 보냈

표 8-3 포틀랜드주립대학교 농민시장 참여자 및 기타 면접조사 대상자 기본 정보

사례 식별 기호	범주	성별	비고	면접 시기
사례 8-1	소비자	여	포틀랜드주립대학교 농민시장에서 면접한 자매	2014년 4월
사례 8-2				
사례 8-3		여	포틀랜드주립대학교 농민시장에서 면접한 중국계 미국인 여성과 백인 남성 부부	
사례 8-4		남		
사례 8-5	농민 판매인	여	농장주의 딸이자 기혼 농민 할리우드 농민시장에서 면접	2013년 2월
사례 8-6		남	주로 CSA에 종사하고 농민시장 1곳에 참여하는 부부 포틀랜드주립대학교 농민시장이 아닌 비벌턴 농민시장에 참여	2013년 2월
사례 8-7		여		
사례 8-8		여	모녀(8-8은 엄마, 8-9는 딸)	2011년 2월
사례 8-9				
사례 8-10	농민	남	CSA에만 참여하는 농민	2013년 1월
사례 8-11	농민시장 판매인*	남	가공식품(김치) 판매	2014년 4월
사례 8-12		여	포틀랜드주립대학교 농민시장에도 참여하지만 힐스데일 농민시장에서 면담	2013년 2월
사례 8-13	농민시장 관리인	여	포틀랜드주립대학교 농민시장 관리인	2011년 2월

주: 여기서 농민시장 판매인(*)이란 '농민판매인'과는 달리 농사를 짓지 않고 농민시장에서 판매 업무만 하는 사람을 의미

던 곳이 포틀랜드주립대학교였고, 그 이후 이곳 캠퍼스에서 열리는 농민시장을 여러 차례 조사 대상지로 선택한 바 있기 때문이다. 이런 이유로, 포틀랜드주립대학교 농민시장과 관련해서 만난 사람 중에는 면접 시기가 서로 다른 사람이 여럿이다. 이번 분석의 최종 대상자로는 모두 13명을 선정했다(〈표 8-3〉 참조).

농민은 모두 6명과 면접을 했는데, 그중에는 농민시장 판매인으로

는 활동하지 않고 CSA에만 참여하는 농민 1명(사례 8-10)이 포함되어 있다. 이 농민과의 대화에서 대안농업의 주요 유형 중 하나인 CSA에 종사하는 농민의 눈에 비친 농민시장과 농민시장 판매인에 대한 생각을 읽을 수 있었고, 그 대목이 농민시장의 이해에 도움이 되리라고 보았기 때문이다. 이와 비슷한 맥락에서 여기서의 분석에서는 부부 농민 판매인 2명도 조사 대상자로 넣었다(사례 8-6; 사례 8-7). 이들은 주로 CSA에 주력하며, 농민시장에는 극히 일부만 참여했으며, 심지어 포틀랜드주립대학교 농민시장이 아닌 다른 농민시장에 참여하고 있었다. 그럼에도 이 부부를 면접 대상으로 삼은 까닭은, 이들과의 대화에서 농민시장에 참여하는 농민의 한 형태와 농민시장 참여 동기의 일면을 잘 이해할 수 있었기 때문이다. 농민시장의 농민판매인으로 활동 중이던 나머지 농민들 중 2명의 모녀는 해당 농민과의 사전 연락을 통해 농장을 방문해 면접을 실시했고(사례 8-8; 사례 8-9), 포틀랜드주립대학교 농민시장에도 참여하던 판매인 2명은 조사 일정상 포틀랜드주립대학교 캠퍼스가 아닌 또 다른 장소에서 열리던 농민시장으로 찾아가 면접했다. 이 두 명은 모두 농장주의 딸이었지만 그중 한 명은 농사일에 참여하면서 농민판매인으로도 일하고 있는 여성이었다(사례 8-5). 나머지 한 명은 자신을 농민이 아니라 농민시장의 판매인이라고 소개했다. 자신이 농장에서 직접 일을 하는 것은 아니고, 농민시장에서 채소를 파는 일만 하기 때문이라는 것이었다. 하지만 농장주의 딸로서 농장에서 생활하기 때문에 농사가 많은 물리적 노동력의 투입이 요구되는 매우 힘든 작업이라는 것을 잘 알고 있다고 했다(사례 8-12). 포틀랜드주립대학교 농민시장 판매인 중 현장에서 직접 만난 것은 김치를 판매하는 가공식품 판매인 1명(사례 8-11)이었고, 농민시장 관리인 1명과는 사전 약속을 통해 카페에서 만나 길게 대화를 나눌 수 있었다(사례 8-13). 소비자

4명은 모두 포틀랜드주립대학교 농민시장에서 만나 즉석에서 잠깐씩 면접조사를 실시했다(사례 8-1; 사례 8-2; 사례 8-3; 사례 8-4).

생산자와 소비자 사이의 동반자적 관계 형성의 공간

포틀랜드주립대학교 농민시장에서 필자는 20대 한국인 2세 김치 판매인과 조우했다(사례 8-11). 자신이 직접 김치를 담그는 것은 아니고 어머니가 4명의 직원을 데리고 만든 김치를 농민시장에 매주 가져와서 4년째 혼자서 판매하고 있다고 했다.[14] 포틀랜드주립대학교 농민시장에 관해서뿐만 아니라 농민시장 전반에 대한 견해, 농민시장의 소비자, 지역사회에 대해 농민시장이 갖는 의미 등에 이르기까지 다양한 질문을 던졌다.

이 젊은 한국계 판매인은 농민시장의 장점으로 두 가지를 지적했다. 즉, 소매상과 같은 중개인을 거치지 않고 소비자에게 직접 팔기 때문에 판매 방식에 있어 경제적으로 유리하다는 점과 소비자와 상호작용을 할 수 있다는 점이다. 특히, 그는 일반 잡화점과는 달리 농민시장에서는 판매인과 소비자가 생산물을 중심으로 직접 대화를 나눌 수 있다는 점을 가장 큰 강점으로 꼽았다. 자기 가족은 김치 사업을 이곳 포틀랜드주립대학교 농민시장에서 처음 시작했고, 지금은 다른 두 곳의 농민시장에도 참여하지만 이 농민시장을 가장 좋아한다고 했다. 주된 고객층은 대개 20대부터 40대 중반의 여성이고 자신의 먹거리와 건강, 생산자의 정체 등에 관심이 많고 대학교육을 받은 사람들이라고 했다. 또 포틀랜드주립대학교 캠퍼스에서 열리는 장터라 소비자 중에는 한국인 유학생과 교환학생도 많다고 했다. 지역에서 재배된 채소로 김치 한 품목만 전문적으로 만들어 팔고 있는데, 소비자들로부터 확실하게 신뢰를 받고 있다고 했다. 그는 또한 일부 여행객을 포함한 지역주민이 이곳

사진 8-4 '최씨네 김치'의 김치 시식대

농민시장에 와서 쇼핑을 하면 그 돈이 지역생산자의 주머니에 들어가고 다시 지역에서 사용됨에 따라 농민시장은 지역사업체의 존속을 가능하게 한다는 견해를 제시하기도 했다. 즉, 농민시장이 지역순환경제의 형성과 유지에 기여한다는 의견이었다. 또한 농민시장은 자신의 먹거리를 생산하는 농민을 만날 수 있고 그들과의 대화를 통해 먹거리에 관해 알 수 있는 곳이기 때문에 중요하며, 이런 점에서 농민시장은 생산자와 소비자가 함께 구성하는 '하나의 커다란 공동체' '커다란 원a big circle과 같은 것'이라고 비유하기도 했다. 요컨대, 농민시장은 생산자와 소비자 간의 먹거리 직거래를 통해 서로 경제적 혜택을 주고받는 곳일 뿐만 아니라 먹거리의 재배 방식과 생산자, 환경 등을 좀 더 깊이 있게 이해하게 해주는 상호작용의 공간이자 공동체라는 것이다. '음식의 도시a food city'로도 알려져 있는 포틀랜드에서 먹거리공동체의 중심에 있는 농민시장이 바로 포틀랜드주립대학교 농민시장인 셈이다.

필자가 방문한 한 농장[15]에서의 면접조사 과정에서도 이와 유사한 얘기들을 들을 수 있었다. 농장주의 가족 중 면접에 응한 모녀(사례

8-8; 사례 8-9)에 의하면, 자신들은 여러 농민시장에 동시에 참여하기 때문에 성수기에는 가족은 물론 피고용인들과 함께 지역을 나누어 나간다고 했다.[16] 이 중에서 포틀랜드주립대학교 농민시장은 매우 큰 시장이라 항상 자기들 가운데 적어도 2명은 그곳으로 간다고 했다. 전직 교사라는 여성 농민은 포틀랜드주립대학교 농민시장과 농민시장 자체에 관한 자신의 생각을 얘기해주었다(사례 8-8). 그녀에 의하면, 포틀랜드는 멋진 음식점도 많고, 자신의 먹거리가 어디서 오고 또 어떻게 준비되는 것인가에 대한 주민의 관심이 매우 많은 도시로, 농민시장이 이 도시의 핵심적인 부분을 구성한다고 했다. 신선하고 좋은 먹거리에 관심이 많은 사람들이 농민시장에 와서 자신의 먹거리를 생산하는 농민들을 직접 만나고 그것이 어떻게 재배되는지를 이해하려 하면서 장을 본다는 것이다. 동일한 소비자가 매주 계속 와서 자신의 가판대를 찾는데, 자신은 재배하거나 만들어온 먹거리를 설명하고 그들에게 시식 기회를 제공하며, 그들은 시식도 하면서 구매를 한다는 것이다. 또 농민시장에서의 상호작용을 통해 자기 농장의 먹거리에 관해 알게 되므로, 고객들은 농민시장이 아닌 일반 매장에서도 자기네 제품을 알아보고 그것을 구입한다고 했다. 시간이 지나면서 고객과 자신들의 관계가 일종의 '동반자 관계'로 발전함으로써, 자신들로서는 너무나 고마운 충성스러운 고객a customer loyalty 기반이 구축된다는 것이다. 이런 점에서 농민시장은 자기네 농장 먹거리에 대한 전시, 교육, 평가, 대중과의 관계 등이 이루어지는 현장일 뿐만 아니라 고객의 충성도와 동반자 관계가 형성되는 매우 소중한 장소라는 것이 이 농민의 평가였다.

사회적 교류의 지역적 구심점이자 사회적 배태성이 내재된 공간

그러면, 위의 농장과는 달리 농민시장을 주된 판로로 활용하는 농가가 아닌 경우에 농민시장은 과연 어떤 의미를 갖는 것일까? 2013년 한 농장을 찾아가 만났던 농민 부부와의 대화에서 필자는 평소 갖고 있던 궁금증에 대한 실마리를 얻었다. 이 농가의 소득 중 95퍼센트가 CSA에서 나오고, 나머지 5퍼센트를 농민시장에서 얻는다고 했다(사례 8-6). 그래서 농민시장에서의 소득 비중이 그렇게 작은데도 굳이 농민시장에 나가는 이유가 무엇인지를 물었다. 아내 농민이 흥미로운 답변을 했는데, 그녀가 든 이유는 두 가지였다. 첫째, 자신의 농장에서 재배한 토마토, 식물, 꽃 같은 생산물 중에서 CSA 회원들에게 전달하고 남은 것을 농민시장에 나가 판매함으로써 약간의 가외 소득을 얻을 수 있다고 했다. 다시 말해, CSA에 주력하는 농민의 입장에서는 회원들에게 제공할 수확량을 사전에 정확하게 가늠하기 어렵기 때문에, 그로 인해 불가피하게 생기는 여분의 먹거리를 농민시장에서 판매해 조금이나마 추가 소득을 얻는다는 얘기였다. 이는 농민시장을 주된 판로로 삼고 있지 않는 농가에게도 농민시장이 대안적 판로 중 하나임을 의미한다. 둘째, 농민시장은 다른 사람들과의 사회적 교류의 장이 된다고 했다. 농사일은 혼자 하는 것이라 매우 외로운 직업이다. 이런 상황에서 농민시장에 참여하면 많은 사람을 만나 대화할 기회를 가질 수 있기 때문에 이런 문제를 어느 정도 해소할 수 있다는 얘기였다. 이 농민은 농민시장을 '매우 사회적인 것'이라고 표현하기도 했다(사례 8-7). 이는 곧 포틀랜드주립대학교 농민시장을 비롯한 농민시장이 생산자농민과 소비자 사이에 주기적으로 사회적 교류가 이루어지는 장으로서 기능하고 있음을 의미한다.

CSA를 하면서 동시에 포틀랜드주립대학교 농민시장을 비롯한 여러 곳의 농민시장에 참여한다는 한 여성 판매인[17]은 포틀랜드주립대학교 농민시장을 비롯해 자신이 참여하는 농민시장들을 CSA 회원들의 주별 먹거리 박스 배달 장소로도 활용하고 있다고 했다. 즉, 자기 농장의 CSA 회원 중 상당수가 포틀랜드에 거주하지만, 농장까지 찾아오려면 차로 1시간 반 정도는 운전해야 하기 때문에 대개 농민시장에 와서 장도 보면서 자신에게 배당된 먹거리를 가져간다는 것이다(사례 8-12). 전체 농가수입 중 CSA 비중이 75퍼센트이고, 농민시장에서의 수익은 25퍼센트를 차지한다고 한 또 다른 여성 판매인도 마찬가지 얘기를 했다(사례 8-5). 자기 농장에서는 농민시장을 CSA 참여 회원들이 자신들의 주별 배당 먹거리를 '찾아가는 장소'로 이용한다는 것이었다. CSA와 농민시장이 분명히 차이[18]가 있지만 자신들은 이런 방식으로 양자를 결합시키고 있다고 했다. 즉, CSA 참여 회원들이 농민시장에 와서 자신에게 배당된 먹거리를 찾아가면서, 추가로 더 필요한 것이 있으면 자기네 매장에서 할인된 가격으로 구입할 수 있다는 것이다.

이와 같이 농민시장은 CSA를 주로 하는 농민에게는 회원들에게 분배하고 남은 먹거리와 기타 작물을 판매해 추가 소득을 얻는 장소이고, 양자를 병행하는 농민에게는 회원들에게 전달할 농작물의 배달 장소이자 일반 소비자 대상의 판매 장소다. 또한 농민시장은 가족농과 소비자가 자주 만나 대화하고 사귀는 사회적 교류의 공간이기도 하다. 이런 점에서 다른 농민시장들과 마찬가지로 포틀랜드주립대학교 농민시장은 사회적 배태성을 일반적 특징으로 지니고 있는 시장이라 할 수 있다.

농민시장에서 생산자농민과 소비자 간의 지속적인 만남은 먹거리의 품질에 대한 소비자의 믿음뿐만 아니라 공동체의식으로 이어지기 쉽다. 포틀랜드주립대학교 농민시장에서 만난 소비자들은 이런 가능성이 현실로 나타나고 있음을 확인해주었다. 필자와 면담했던 한 여성 소비자는 이곳 시장에서 제공되는 생산물의 품질이 너무나 훌륭하다면서, 특히 여름철에는 자기가 필요로 하는 채소를 모두 이 시장에서 구입한다고 했다(사례 8-1).[19] 채소뿐만 아니라 다른 먹거리도 이 시장에서 구입하기 때문에 여기서 쓰는 비용이 자신의 전체 식료품비 중 60~70퍼센트를 차지할 것이라고 했다. 예외가 있게 마련이라 100퍼센트라고 얘기할 수는 없지만, 이곳의 생산물과 농민판매인들을 99.5퍼센트 신뢰한다고 말하고 싶을 정도라는 말도 덧붙였다. 또 자신은 농민들이 농민시장에 심고자 하는 철학이 무엇인지를 알기 때문에 이들을 신뢰할 뿐 아니라 이미 '영농공동체farming community'에 속해 있다고 얘기하면서, 우리 모두가 농장을 소중히 여기고 지켜야 한다고 강조했다. 농민시장에서 팔리는 먹거리의 가격이 다른 유형의 매장에 비해 더 비싸다는 점[20]이 항상 쟁점이 되지만, 가능한 한 많은 소비자가 그들의 생산물을 가치에 걸맞은 가격으로 사줄 필요가 있다는 점도 이 소비자는 확실하게 지적했다. 농민들이 농장에서 이곳 시장까지 오가면서 치르는 운송비와 장날 온종일 이곳에서 시간을 보내면서 투입하는 많은 기회비용을 감안하면, 이는 당연하다는 것이다. 이 같은 당위성에도 불구하고, 여전히 가격 문제로 인해 많은 사람이 포틀랜드주립대학교 농민시장을 방문해서 양질의 먹거리를 구입하기는 어렵다는 점을 이 소비자는 재차 환기했다. 그렇지만 정부에서 제공하는 식품보조비가 있기 때문에 저소득층도 이곳 농민시장을 이용할 수 있다는 기대감을 피력하기도 했다. 이 같은 논의들은 소비자의 입장에서도 농민판매인과 그들의 생산물에 대한 신뢰, 먹거리 가격의 정당성, 가격 문제에 대한 정부의 대응방식, 지역농민과의 결속력 등을 분명하게 의식하고 있음을 보여준다. 이는 또한 포틀랜드주립대학교 농민시장에서도 사회적 배태성의 특징이 소비자를 통해 스며들고 있음을 시사한다.

포틀랜드주립대학교 농민시장에서 면접했던 소비자들은 이 시장이 식료잡화점보다 친환경적인 분위기에서 산책도 하고 주위도 둘러보면서 쫓기지 않고 장을 볼 수 있는 곳이라고 했다. 주말에 외출해 재미있는 여가활동과 문화적 체험을 할 수 있는 곳이 포틀랜드주립대학교 농민시장이라는 얘기였다(사례 8-3; 사례 8-4). 또 농민시장이 없었더라면 아예 오지 않았을 많은 사람을 오게 만듦으로써 이 지역의 중심성을 높이는 방식으로 '장소의 정체성'을 형성하는 곳이 농민시장이라고 했다. 어떤 소비자는 자신의 거주지를 이곳으로 정한 이유 중의 하나도 이런 장소와 가까운 곳에 살고 싶었기 때문이라고 했다(사례 8-3).

지금까지 살펴본 소비자들의 답변은, 포틀랜드주립대학교 농민시장이 먹거리에 초점을 둔 시장인 것은 분명하지만 그저 먹거리를 사고파는 경제적 공간으로서의 의미만 갖는 것은 아니라는 점을 일깨워준다. 즉, 포틀랜드주립대학교 농민시장은 인근 지역뿐만 아니라 타지 거주자들까지 주기적으로 끌어들여 점심시간대 전후의 반나절 여가와 문화적 체험을 즐길 수 있게 해주는 포틀랜드의 구심적 공간으로의 기능도 경제적 기능과 더불어 수행하고 있는 것이다.

9장

피플스 농민시장

시장 개요

'피플스 먹거리 협동조합'이 운영하는 농민시장

'피플스 먹거리 협동조합People's Food Co-op'의 웹사이트[1]에 소개된 농민시장 관련 내용[2]을 중심으로 피플스 농민시장People's Farmers' Market에 관해 간략히 살펴보면 다음과 같다(〈표 9-1〉과 〈사진 9-1〉 참조).

피플스 농민시장은 피플스 먹거리 협동조합 매장[3] 건물 옆에 있는 실외 공터에서 일주일에 한 번씩 수요일에 열린다. 일주일에 하루 개장하지만 연중 열리기 때문에 웹사이트의 소개처럼 '포틀랜드에서 가장 장기간 열리는 농민시장'이라고 할 수 있다.

피플스 농민시장의 연원은 피플스 먹거리 협동조합과 밀접한 관련

표 9-1 피플스 농민시장 개요

명칭	피플스 농민시장(People's Farmers' Market)
도시(위치)	오리건주 포틀랜드 (3029 SE 21st Ave Portland, OR 97202에 위치한 협동조합 매장 빌딩 옆의 실외 공간)
개장 연도	1994년
개장 일시	연중 매주 수요일 오후 2시부터 7시
시장의 운영	피플스 먹거리 협동조합
웹사이트	http://www.peoples.coop/farmers-market

자료: 검색일(2017년 5월 13일).

이 있다. 현재의 피플스 먹거리 협동조합은 1960년대 말 자연식품을 구하는 데 관심이 많았던 리드대학Reed College의 일부 학생들이 결성한 '먹거리 구매 클럽a food buying club'으로 출발했다. 소규모로 시작했지만, 2015년에는 마침내 회원-소유자 주주member-owner shareholders 숫자가 1만 명에 이를 정도로 규모 있는 협동조합으로 성장했다.[4] 새로운 협동조합이 급증하던 1960~70년대에 출범한 협동조합으로 지금까지 포틀랜드에 남아 있는 2개의 먹거리 협동조합 중 하나다. 하지만 이렇게 성장하기까지는 우여곡절도 있었다. 농민시장은 협동조합이 겪었던 어려움을 극복하기 위한 전략적 시도의 일환이었다.[5] 이런 배경을 갖고 1994년 탄생한 피플스 농민시장은 개장 이후 소비자들에게 화학비료, 살충제, 농약을 투입하지 않은 고품질의 신선한 지역산 먹거리를 제공하고자 노력하고 있다. 피플스 농민시장의 시장 입구에 설치된 차단막에서도 이 시장에서 공급되는 먹거리가 '화학비료를 전혀 사용하지 않은 생산물'이자 '지역먹거리'임을 강조하는 문구들을 볼 수 있다.

또 웹사이트에서는 피플스 농민시장이 단순한 먹거리 시장 이상의 의미를 지니고 있음을 강조한다. 즉, 지역주민들이 와서 친구 또는 이웃과 함께 음악, 교육 행사, 요리 시연 등을 즐기며 시간을 보내면서 지역공동체의 여러 조직에 관해 더 많은 것을 배울 수 있는 일종의 '지역사회의 모임 장소a community gathering space'가 피플스 농민시장이라는 것이다. 결국 피플스 농민시장은 스스로 이 시장을 먹거리의 거래 공간을 넘어 지역주민의 교류 공간, 휴식 공간, 교육 공간, 통합 공간으로 기능하는 복합적인 사회적 공간으로 규정하고 있음을 알 수 있다.

사진 9-1 피플스 먹거리 협동조합 건물 입구의 측면 기둥에 부착되어 있는 농민시장 소개 문구

한편, 피플스 농민시장은 시장에서 EBT 카드를 사용하는 SNAP 수혜자를 위한 '먹거리 대응 보조금 2배 지급 프로그램'을 운영하고 있다. 이는 농민시장이 열리는 당일에 한해 한 사람당 최대 10달러까지 대응 보조금을 지급하는 프로그램이다.[6] 레인 카운티 농민시장 사례에서 볼 수 있듯이, 유자격자 중 이용을 원하는 사람은 누구나 시장 안내소에 가서 대응 보조금을 수령할 수 있다. 또 피플스 농민시장에서는 소비자들이 직불카드와 신용카드도 사용할 수 있다(〈사진 9-2〉).

이런 점들은 피플스 농민시장이 저소득층을 좀 더 많이 시장으로 유도하고, 소비자의 지불 편의성을 높임으로써 이들에게 신선한 지역먹거리를 더 많이 구입할 수 있게 배려하고, 농민판매인의 소득에도 도움을 주기 위해 애쓰고 있음을 보여준다.[7]

사진 9-2 농민시장 안내소의 직불카드, 신용카드, EBT카드 이용 안내 문구

친환경 먹거리, 환경, 소비자 만족도에 주목하는 농민시장

필자는 피플스 농민시장을 2011년, 2013년, 2014년에 각각 방문한 바 있다. 그때마다 농민시장뿐만 아니라 농민시장 바로 옆에 있는 피플스 먹거리 협동조합 건물 안의 매장을 함께 둘러보면서 양자의 연계성을 알아보려 했다. 피플스 농민시장과 건물 안의 매장이 모두 피플스 먹거리 협동조합에 의해 운영된다는 점에서 양자 간에는 모종의 유사점이 있을 것으로 생각했기 때문이다.

피플스 농민시장과 피플스 먹거리 협동조합 매장은 무엇보다도 환경에 대한 관심을 공유한다는 느낌을 주었다. 두 곳에서 모두 유기농법으로 재배한 농산물이나 유기농 가공식품과 같은 친환경적 먹거리를 공급하려 노력한다는 점[8]을 곧바로 확인할 수 있기 때문이다(《사진 9-3》).

환경이 피플스 먹거리 협동조합이 지향하는 가치 중 하나라는 점은 협동조합 건물을 설명하는 매장 안의 한 게시물에서도 발견할 수 있었다. 게시물에 의하면, 협동조합 매장이 있는 건물은 출입구, 벽, 외

사진 9-3 유기농으로 재배했음을 강조하는 피플스 농민시장의 한 매장

관의 페인트 등에 모두 재생가능 소재가 사용되었고, 건축 폐기물의 90퍼센트 이상이 재활용되었다고 한다. 이와 같이 피플스 먹거리 협동조합은 여러 측면에서 환경에 대한 자신들의 관심을 표현하고 있고, 이를 농민시장의 운영에서도 적용하고 있는 것이다.

그런가 하면, 피플스 농민시장과 피플스 먹거리 협동조합 매장의 결정적인 차이점은 영업일, 판매인, 장소에서 볼 수 있다. 앞서도 언급한 것처럼, 농민시장은 농민판매인을 중심으로 1년 내내 열리지만 횟수로는 일주일에 한 번, 그것도 오후 2시부터 7시까지 5시간만 운영된다. 이에 비해 협동조합 매장은 오전 8시부터 오후 10시까지 거의 온종일 매일 열리는 상설매장이다.[9] 또 협동조합 매장은 건물 안에 있지만 농민시장은 건물 바로 전면의 노상에서 열린다.

피플스 농민시장은 그저 30~40미터 길이의 공간 양쪽 끝부분에 차량 출입을 봉쇄하는 임시 차단막을 설치하고 그 사이의 양쪽에 열서너

사진 9-4 피플스 농민시장의 연주자와 소비자

개의 가판대가 늘어서 있고, 소비자들이 가판대 사이의 좁은 통로를 오가며 구경하고 장을 보는 아담하고 소박한 공간이었다.[10] 소비자들이 짧은 시장통의 매장 거리를 몇 차례씩 왕래해서 그런지 시장은 꽤 붐벼 보였고, 중간 지점에서 흘러나오는 경쾌한 연주 소리[11]와 젊은 소비자들의 모습[12]이 시장에 활기를 더해주었다(〈사진 9-4〉).

소비자 만족도와 같은 이들의 실제 반응이 궁금했지만 피플스 농민시장의 홈페이지에서는 소비자 대상의 조사나 그와 관련된 정보를 발견할 수 없었다. 하지만 피플스 농민시장 현장에서는 다행스럽게도 소비자의 반응을 살펴보려는 관심을 엿볼 수 있었다. 원형 스티커를 붙여 자신의 의사를 표시하는 방식의 조사dot survey가 진행되는 장면을 볼 수 있었던 것이다(〈사진 9-5〉). 조사 문항에는 시장 방문 이유, 시장 방문 빈도, 당일 쇼핑 액수 같은 여러 내용이 골고루 들어 있었다. 포장 박스의 한 모서리를 잘라내고 하얀 종이를 붙여 만든 설문지에서는 농

사진 9-5 피플스 농민시장의 '스티커 부착 방식의 조사' 게시판

민시장의 소박함이 묻어났고, 또 소비자의 입장에서 시장 측에 하고 싶은 얘기를 무엇이든 적어달라고 요청하는 자유서술형 문항도 있었다. 이런 조사에서 어떤 결과가 나왔는지, 또 그것을 어떻게 활용했는지는 공개되지 않아 알 수 없었지만, 피플스 농민시장 관계자들이 소비자의 생각에 관심을 기울이고 있는 것만은 분명해 보였다.

면접조사를 통해 본 피플스 농민시장의 특징

협동조합 매장과의 연계성으로 경제적 시너지 효과를 누리는 농민시장

필자는 피플스 농민시장을 여러 차례 방문하면서 판매인, 소비자, 시장 관리인, 협동조합 직원, 장터의 연주자 등을 대상으로 면접을 실시했다(〈표 9-2〉 참조).

피플스 농민시장의 관리인이면서 협동조합의 직원이라는 피면접자[13]

표 9-2 피플스 농민시장 면접조사 대상자 기본 정보

<table>
<tr><th>사례 식별 기호</th><th>범주</th><th>성별</th><th>면접 시기</th></tr>
<tr><td>사례 9-1</td><td rowspan="2">농민판매인</td><td>남</td><td>2011년 2월</td></tr>
<tr><td>사례 9-2</td><td>남</td><td rowspan="2">2013년 1월</td></tr>
<tr><td>사례 9-3</td><td>농민시장 관리인</td><td>남</td></tr>
<tr><td>사례 9-4</td><td>피플스 먹거리 협동조합 직원</td><td>여</td><td>2014년 4월</td></tr>
<tr><td>사례 9-5</td><td rowspan="2">농민시장 연주자</td><td>남</td><td rowspan="2">2011년 2월</td></tr>
<tr><td>사례 9-6</td><td>여</td></tr>
<tr><td>사례 9-7</td><td rowspan="6">소비자</td><td>남</td><td rowspan="4">2011년 2월</td></tr>
<tr><td>사례 9-8</td><td>여</td></tr>
<tr><td>사례 9-9</td><td>남</td></tr>
<tr><td>사례 9-10</td><td>여</td></tr>
<tr><td>사례 9-11</td><td>남</td><td rowspan="2">2014년 4월</td></tr>
<tr><td>사례 9-12</td><td>여</td></tr>
</table>

에 의하면(사례 9-3), 피플스 농민시장은 3~4명의 농민판매인으로 출발했다. 그동안 규모가 커져서, 현재 겨울철에는 농민판매인이 15~16명, 여름철에는 25~26명이 참여한다고 한다. 농민시장 터는 피플스 먹거리 협동조합이 시에 사용료를 내고 일주일에 한 번씩 길거리의 양끝을 차단한 후 그 사이의 공간을 확보하는 방식으로 마련한다. 겨울에는 판매인들이 수수료 없이 영업을 하고, 그 밖의 정규 시즌에는 가판대 이용 수수료를 낸다고 했다. 농민시장과 협동조합 매장을 둘러보면서 먼저 떠오른 의문은, 두 곳에서 동시에 판매하는 유기농 먹거리를 둘러싼 갈등이나 경쟁 같은 것은 없을까 하는 점이었다. 특히, 채소나 과일 같은

품목은 실내의 협동조합 매장과 농민시장의 양쪽 모두에서 팔리기 때문이다. 시장 관리인은 양자 간의 경쟁이나 상호 영향을 정확히 추적할 수는 없다고 하면서도, 농민시장이 열리는 수요일에 다른 날보다 훨씬 더 많은 소비자가 이곳을 찾는다고 답변했다. 그날 소비자들은 농민시장에서 필요한 것들을 구입하고, 실내의 협동조합 매장으로 들어가 농민시장에는 없는 다른 상품을 살 수 있기 때문인 것 같다고 했다.

이 같은 농민시장 관리인의 응답으로 두 매장의 관계를 짐작할 수 있었다. 관리인의 얘기에서 수용 가능해 보였던 내용은, 농민시장에서 파는 것과 협동조합 매장에서 판매하는 것이 서로 다른 종류의 먹거리이거나 상이한 관점에서의 필요를 충족시켜준다는 점에서 일종의 상호 보완성을 갖는다는 해석이었다. 협동조합 매장 안에는 실제로 농민시장에는 없던 과자류 같은 가공식품과 다양한 종류의 곡물, 외국산 식재료 등이 구비되어 있어서 소비자들은 협동조합 매장과 농민시장 양쪽에서 자신이 필요로 하는 서로 다른 먹거리를 구입할 수 있었다. 피플스 농민시장의 연혁에 대한 앞서의 검토에서 보았듯이, 이런 점들은 먹거리 협동조합이 농민시장의 개설을 통해 거두고자 한 시너지 효과가 어느 정도 적중했음을 시사한다.

우선, 농민시장의 개장일에 평소보다 소비자의 발걸음이 많다는 것은 먹거리 협동조합 매장의 매출 증대와도 이어질 수 있으므로, 경제적 측면에서 성공한 전략이다. 농민시장의 농민판매인의 입장에서도 마찬가지다. 농민시장의 개장을 모른 채 협동조합 매장에서 장을 보러 온 소비자라 해도 나온 김에 농민시장에서도 장을 보게 될 공산이 크다. 어떤 경우든 소비자들은 협동조합 매장만 있을 때에는 구입하기 힘든 신선한 지역먹거리를 농민시장을 통해 구할 수 있다. 다른 날보다 장날에 소비자가 더 몰린다는 점이 이를 뒷받침해준다. 농민시장과 협동조

사진 9-6 피플스 농민시장의 가족 나들이

합 매장의 결합이 성공한 전략이라고 생각되는 또 다른 이유는 농민시장을 매개로 비경제적인 측면에서 소비자들이 여러 혜택을 누릴 수 있기 때문이다. 특히, 조합원 소비자들에게는 이런 효과가 더욱 클 것으로 보인다. 협동조합 매장은 조합원 소비자들에게 자신의 소유 매장에서 양질의 먹거리를 구매한다는 자족감을 줄 수는 있다. 하지만 협동조합 매장이 농민시장처럼 농민이나 친구 또는 이웃과 대화를 나누거나 여유롭게 휴식을 취하면서 장을 보는 곳은 아니다. 따라서 일주일에 한 번씩 협동조합 매장과 붙어 있는 야외 농민시장에서 흥겨운 연주를 들으면서 상쾌한 기분으로 가족이나 친구와 더불어 장을 보고 밝은 햇살과 청명한 하늘, 장터의 아기자기한 풍경을 즐길 수 있다는 것은 협동조합의 실내 매장이 안겨줄 수 없는 또 다른 즐거움일 것이다. 이런 점에서 피플스 농민시장과 피플스 먹거리 협동조합의 결합은 먹거리의 구매를 둘러싼 경제적 이점과 사회적 이점의 시너지 효과를 보여주는 사례라고 할 수 있다.[14]

그런데, 피플스 먹거리 협동조합에서 판매되는 물품들은 어디에서 오는 것일까? 이 점은 피플스 농민시장과 피플스 먹거리 협동조합의 매장을 동시에 둘러보며 누구나 갖는 궁금증일 듯했다. 농민시장 관리인과 협동조합 직원에 의하면, 협동조합에서는 가능한 한 지역산을 구입해 소비자에게 제공하려고 애쓰고 있다고 했다. 그런 이유로, 피플스 농민시장의 농민판매인들로부터 구입하는 것도 있지만 농민시장과 협동조합 매장에서 파는 것 중에 중복되는 품목은 많지 않아서, 그들로부터 구입하는 것은 얼마 되지 않는다고 했다. 협동조합 매장에서 판매하는 대부분의 상품은 별도의 유통 계열에 소속된 다수의 판매인으로부터 조달한다는 것이다(사례 9-3; 사례 9-4). 필자가 봤을 때도 협동조합 매장의 물품 중에는 농민시장에서 판매되지 않는 가공식품들이 많았고, 과일도 농민시장에 진열된 것과는 다른 종류가 많았다. 그렇다면, 농민시장이 열리는 날에 소비자들은 어떤 구매 행태를 보일까?

필자의 관찰에 의하면, 제철 채소나 과일처럼 농민시장과 협동조합 매장 모두에서 구할 수 있지만 신선도나 가격 경쟁력에서 농민시장이 더 우위를 갖는 품목은 농민시장 쪽으로 구매가 쏠리는 듯했다. 물론 조합원을 포함한 소비자들은 수요일을 제외한 나머지 6일은 설령 농민시장에서의 구매보다 품질이나 가격 측면에서 다소 불리해도 당연히 협동조합 매장에서 과일과 채소를 구입할 수밖에 없을 것이다. 또 조합원 소비자는 먹거리의 다양성과 구입의 편의성, 협동조합 이념의 실천 같은 여러 가지 고려로 인해 농민시장보다 협동조합 매장을 더 선호할 가능성이 커 보인다. 협동조합 매장은 조합원들 스스로에 의해 운영될 뿐만 아니라 과일이나 채소에서부터 가공식품에 이르기까지 농민시장과는 비교가 되지 않을 정도로 다양한 먹거리를 언제든 구매할 수 있는 곳이기 때문이다. 따라서 장날에 나온 소비자들은 농민시장에서 구

사진 9-7 피플스 먹거리 협동조합 매장의 판매대

매할 것은 그곳에서 구하되 일상생활에 필요하지만 농민시장에는 없는 여러 먹거리 품목은 장을 보러 나온 김에 협동조합 매장에서 구입한다고 볼 수 있다.

먹거리의 질적 경쟁력과 소비자의 신뢰 및 후원의식이 내포된 공간

자신이 협동조합의 조합원이자 직원이라고 소개한 한 여성은 협동조합 매장과 농민시장에 관해 설명하면서, 자신이 장을 보는 곳은 농민시장이 아니라 협동조합 매장이라고 분명하게 선을 그었다(사례 9-4). 협동조합 조합원이라고 해서 모두가 이런 쇼핑 행태를 취할 것이라고 생각되지는 않는다. 조합원이라는 한 젊은 남성 소비자(사례 9-11)는 농민시장의 먹거리가 이곳 협동조합뿐만 아니라 다른 협동조합의 것보다 훨씬 품질이 좋다고 했다. 조합원이면서 굳이 농민시장을 이용하는 이유를 묻자, '같은 생산물이 아니라 다른 생산물'이라고 봐야 한다고 답했다. 즉, 이곳 농민시장에서 판매되는 먹거리는 모두 제철 유기농 먹거리이고, 대부분 농장에서 농민이 그날 수확해 직접 가지고 와서 파는 것이라는 얘기였다. 그렇기 때문에 협동조합 매장의 것보다 농민시장의 먹거리가 품질 면에서 우위에 있다는 의견이었다. 이 소비자가 든 농민시장 이용의 또 다른 이유는 지역농민에 대한 후원이었다. 건물 안의 협동조합 매장에 물건을 대는 이들에 비해 농민시장에 참여하는 농민들은 소농이며, 농민시장은 이들로 구성된 '훌륭한 공동체'[15]이기 때문에 자신의 쇼핑 참여는 여러 해에 걸쳐 동일한 농민들을 후원하는 방법이 될 수 있다는 것이었다. 다시 말해, 농민시장에서 지역농민이 생산한 신선한 제철 지역먹거리를 구입하는 것은 소비자의 건강뿐만 아니라 지역소농의 영농을 지속가능하게 하기 때문에, 결과적으로 지역농민을 후원하는 방법이 된다는 것이다. 또 농민시장을 통한 지역먹거리의 구매는 먹거리의 원거리 운송에 따른 화석연료 사용을 감소시킴으로써 오염을 줄이고 지구 환경을 지키는 의미도 갖는다[16]고 얘기했다. 정부가 소규모 영농에 좀 더 많은 투자를 하고, 특히 농민의 고령화 추이를 인식해 젊은 농민의 육성에 관심을 기울이는 것이 향후 미국의 농장과 농민시장의 발전을 위해 무엇보다 중요하다고 강조하기도 했다.

한 젊은 여성 소비자도 이 남성 소비자와 비슷한 반응을 보였다(사례 9-12). 피플스 농민시장에서 파는 채소는 지역농장에서 재배한 것이기 때문에 다른 매장의 것들보다 맛이 더 좋다고 했다. 자신은 프레드 마이어Fred Meyer 같은 대형 매장에서 장을 볼 때에도 되도록 제철 지역산 먹거리를 구입하는 편이지만, 앞서와 같은 이유로 한 달 식비의 약 70퍼센트를 농민시장에서 쓴다고 했다. 또 이 소비자는 농민시장에서 파는 제철 채소는 대형 매장의 것들보다 가격이 결코 비싸지 않으며, 어떤 때는 더 저렴하다고 했다. 피플스 농민시장에서 판매하는 빵들도 신선한 유기농 식재료를 써서 다른 곳에서 파는 것과는 품질에 차이가 있다고 했다. 결국, 피플스 농민시장의 먹거리가 품질과 가격의 측면에서 다른 매장의 것들보다 경쟁력이 있기 때문에 농민시장을 찾는다는 얘기다. 이 소비자는 피플스 농민시장에서 장을 보는 또 다른 이유로 역시 지역농민에 대한 후원을 들었다. 농민시장의 농민판매인들과 대화를 해보면 그들이 자신의 일에 전념하고 있을 뿐만 아니라 상당한 자부심을 갖고 있음을 알게 된다면서, 이들을 절대적으로 신뢰한다고 했다. 때로는 이들이 살충제를 사용해야 할 때도 있다는 것을 알지만, 이들이 땅을 존중하고 환경친화적인 영농을 하고자 많은 노력을 기울이고 있음을 느끼기 때문에 이들에 대한 자신의 신뢰에는 변함이 없다는 점을 강조하기도 했다. 특히, 일반인이 자신의 먹거리에 점점 많은 관심을 갖기 때문에, 농민시장은 앞으로 틀림없이 더 대중화될 것이라고 전망했다. 이 소비자는 농민시장을 부정시하는 얘기를 들어본 적이 없다는 얘기도 덧붙였다.

또 다른 젊은 남성 소비자의 얘기도 앞서의 소비자들과 크게 다르지 않았다(사례 9-9). 이곳 농민시장에서 파는 먹거리는 창고에 묵혀둔 것이 아니라 농장에서 바로 수확해 가져오는 것들이라 다른 매장의 먹거리보다 훨씬 신선하고 영양가도 높다고 했다. 먹거리의 가격도 대체로 싼 편이라 유기농 먹거리를 많이 취급하는 '뉴시즌스New Seasons'[17]의 먹거리보다 더 저렴한 것이 많다고 설명했다. 달걀처럼 다른 곳보다 가격이 좀 더 비싼 먹거리도 있는데, 그런 경우에도 품질이 더 낫다고 믿기 때문에 문제가 되지 않는다고 했다. 또 농민시장에서는 농민들로부터 직접 먹거리를 구하기 때문에 누구에게서 자신의 먹거리를 구입하는지 당연히 알 수 있고, 농민판매인들과도 관계를 맺게 된다는 것이다. 자신이 농민시장을 찾는 이유 중 하나도 시장에서 장을 보면서 농민들과 대화를 나누는 것을 좋아하기 때문이라고 했다. 특히, 농민시장은 단순히 먹거리를 사고팔기만 하는 장소가 아니라고 생각하기 때문에 자신은 때로는 먹거리를 구입하지 않을 때에도 시장에 들러 농민들과 대화하곤 한다고 했다. 이런 점에서 농민시장은 도시지역과 그 주변의 농촌지역을 이어주는, 일종의 공동체 결속을 위한 공간이라는 것이 그의 견해였다.

피플스 농민시장에 매주 온다고 한 여대생 소비자의 생각도 대체로 흡사했다(사례 9-8). 철학을 전공한다는 이 소비자는, 뉴시즌스나 세이프웨이 같은 대형 매장에서보다 훨씬 신선한 먹거리를 구할 수 있다는 점을 농민시장 방문 이유 중 하나로 꼽았다. 그런 대형 매장에서 구하는 먹거리는 그저 며칠 정도 가지만 여기서 구입하는 것들은 10여 일씩 두고 먹어도 될 정도로 신선하다는 것이었다. 또 생산자농민과 대화를 할 수 있다는 점이 농민시장을 찾는 또 다른 이유라고 했다. 이런 점은 농민시장이 사람들을 '먹거리의 근원food source'과 좀 더 직접적으로 연결시켜주는 정말로 중요한 통로임을 의미한다는 것이다. 왜냐하면, 농민시장에서 구매하면서 소비자는 자신의 먹거리가 어디서 온 것이고 실제로 자신이 무엇을 먹고 있는지를 인식하게 되기 때문이다. 이 소비자는 농민시장을 통한 지역먹거리 구입이 여러 측면에서 장점을 갖는다는 점도 강조했다. 농민시장에서 신선한 먹거리를 구매하면 사람들의 건강에도 유익하지만, 먹거리의 운송으로 인한 이산화탄소의 배출을 줄일 수 있기 때문에 환경에도 좋고, 공동체의 형성에도 기여한다는 것이다. 특히, 자신에게 농민시장 방문은 가장 즐거운 일이라고 한다. 다른 날은 학교에 온종일 있으면서 공부를 비롯한 여러 일을 하지만, 수요일에는 여기에 와서 긴장을 풀고 휴식을 취할 수 있다면서, 농민시장은 멋진 사회적 공간이라고 했다. 농민시장의 활성화를 위해 필요한 것이 무엇이라고 생각하느냐는 물음에 대해서는, 현재 큰 불만은 없지만 겨울철에도 이곳에서 좀 더 다양한 먹거리를 구할 수 있으면 좋겠다고 했다.

농민판매인들과 적극적으로 대화하지도 않고 안면이 있는 농민도 없지만, 이들과 농민시장 자체를 공동체의 중요한 구성요소로 인식하고 신뢰한다는 소비자도 만날 수 있었다(사례 9-7). 자신이 인텔에서 근무하는 엔지니어라고 한 젊은 남성 소비자는 개인적으로는 농민판매인을 거의 모르지만 그런 게 문제가 되지는 않는다고 했다. 자신은 그들이 지역농민이고 지역공동체와 우리 생태계의 일원임을 이미 인식하고 있기 때문이라는 것이다. 이 소비자는 격주로 농민시장에서 장을 봐왔지만, 피플스 농민시장에는 필자와의 면접이 이루어진 날이 두 번째 방문이라고 했다. 이 시장을 방문할 기회가 적어 이 시장의 농민판매인을 모를 수밖에 없어서 나온 답변이라는 생각도 들었지만, 이 소비자의 얘기는 농민시장과 농민판매인을 기본적으로 신뢰하는 소비자가 많음을 시사해주었다. 또 농민시장의 활성화를 위해 가장 중요한 것이 무엇이라고 보느냐는 물음에는 바로 직전에 언급한 여성 소비자(사례 9-8)처럼 "좀 더 많은 종류의 먹거리"라고 하면서, "농민시장의 수도 더 늘어났으면 좋겠다"는 바람도 덧붙였다.

매주 수요일마다 이곳 농민시장을 찾는다는 한 젊은 기혼 여성 소비자는 농민시장의 먹거리 품질, 생산자농민, 유기농법을 지향하는 가치 등을 모두 신뢰한다고 했다(사례 9-10). 피플스 농민시장 같은 곳에서 판매되는 지역먹거리의 장점이 무엇이라고 생각하느냐고 묻자, 그녀는 신선함과 품질이라고 답변했다. 이곳에서처럼 농민에게 직접 구입하는 것은 환경에도 도움을 준다고 했다. 우리가 구입하는 먹거리가 우리 손에 들어오기까지의 거리가 짧기 때문이라는 것이다. 엄마로서 자신은 이런 먹거리를 자기 아들에게 먹이길 원한다고 했다. 이 소비자는 피플스 농민시장의 가격이 대형 매장에 비해 비싼 편이라고 하면서도, 주로 농민시장에서의 수입으로 살아가는 이곳 농민판매인의 농장과 지역농업을 후원하고 싶어서 계속 이 시장에서 먹거리를 구입한다고 했다. 피플스 농민시장의 먹거리 가격에 대한 평가는 소비자 개인별로 다소 편차가 있음을 알 수 있다. 이는 다른 농민시장에서도 볼 수 있는 현상이었다. 이 소비자는 또한 농민시장이 지역농민과 공동체를 이어주는 역할을 한다고, 앞서의 소비자와 같은 의견을 보였다.

다시 피플스 농민시장에 초점을 맞춰보면, 피플스 농민시장의 소비자들은 지역의 소농을 후원하려는 의식을 갖고 있고 이곳에서의 지속적인 먹거리 구매를 통해 자신들의 필요를 일정 부분 충족하고, 일상적 먹거리의 대다수는 협동조합 매장에서 해결하고 있었다. 이 경우에 소비자들이 농민시장에서 장을 보는 또 다른 이유는, 앞서도 지적했듯이 유사한 품목이라 하더라도 농민시장의 먹거리가 협동조합 매장의 먹거리보다 품질이 낫다고 생각하기 때문이었다. 그렇지만, 심지어 농민시장이 열리는 날에도 소비자들은 농민시장보다는 옆에 위치한 협동조합 매장에서 먹거리 구입의 상당 부분을 충당했는데, 농민시장에서 구매할 수 있는 품목이 한정되어 있기 때문이었다. 이 점은 농민시장의 활성화를 위해 가장 필요한 사항이 농민시장에서 판매되는 먹거리의 다양성이라고 지적한 소비자들의 의견과 일맥상통한다고 볼 수 있다. 물론 소비자들이 협동조합 매장을 애용하는 또 다른 이유는 피플스 농민시장을 찾는 이들 중 상당수가 피플스 먹거리 협동조합의 조합원이기 때문일 것이다. 요컨대, 지역소비자의 다양한 먹거리 욕구를 일상적으로 충족시켜주는 협동조합 상설매장과 인접한 공간에서, 한정된 품목이기는 하나 그와 별도로 신선한 양질의 지역먹거리를 일주일에 한 번씩 연중 제공함으로써 이들의 먹거리 수요를 상호 보완하는 정례적인 시장이 바로 피플스 농민시장이다.

피플스 농민시장에만 판매인으로 참여한다는 15년차 농민은 시장이 열리는 수요일에는 아주 일찍 기상해서 바로 딴 채소를 시장으로 가져오기 때문에 자신의 먹거리는 매우 신선하다고 강조했다(사례 9-1). 코스트코나 세이프웨이 같은 대형 슈퍼마켓에서도 비슷한 과일이나 채소를 구입할 수 있겠지만, 농민시장에 나오는 먹거리가 품질이 훨씬 더 좋은 것은 그 때문이라고 했다. 또 이 농민은 농민시장이 대형 매장에 비해 경쟁력을 갖는 원천이 먹거리의 신선함과 더불어 지역먹거리와 지역공동체에 대한 소비자들의 후원의식에 있다고 했다. 이는 앞서 살펴본 소비자의 생각이나 기대와 놀라울 정도로 일치한다. 이 농민이 보여주었던 농민으로서의 자부심과 상당한 정도의 직업만족도도 이런 측면과 밀접한 관련이 있었다. 즉, 자신이 좋은 먹거리를 생산해 제공하고 있고, 소비자가 그것을 인정해준다는 점이 직업만족도와 자부심을 가질 수 있는 이유였다. 이는 곧 농민시장이 양질의 먹거리를 생산하는 농민에게 자부심을 갖게 함과 동시에 그들이 제공하는 먹거리의 가치를 인정해주는 지역주민들과 어우러져 살아갈 수 있게 해주는 지역공동체의 형성 공간임을 의미한다.

피플스 농민시장에서 만난 또 다른 농민은 자신과 소비자들이 농민시장에 부여하는 의미에 대해 확고한 이념적 색채를 불어넣었다(사례 9-2). 그는, 이런 야외 농민시장에서 농민판매인에게서 채소를 구입하는 행동은 영국에 맞서 싸운 간디Gandhi처럼 총이나 폭력을 사용하지 않고 '평화혁명'에 동참하는 셈이라고 했다. 말하자면, 농민판매인으로서 자신의 활동이 지구적 지배를 제어하는 나름의 방법이듯, 농민을 후원하기 위해 눈이 오나 비가 오나 대형 실내 매장 대신 야외 농민시장에 와서 장을 보는 소비자도 사회적 정의를 실천하는 주체라는 것이었다. 또한 그는 우리 모두가 신선한 먹거리를 필요로 하기 때문에 소농이 있어야 하고, 세계의 미래도 바로 소농에게 있음을 강조했다. 이런 주장은 소농판매인과 소비자 간의 지속적인 상호작용을 통해 대농과 대형 매장 주도의 먹거리 생산 및 판매[18]에 제동을 걸면서 미래를 기약할 수 있는 정의로운 전략적 매개 공간이 농민시장일 수 있음을 시사한다. 그의 관점에 의하면, 피플스 농민시장은 물론 그런 실천이 전개되는 장이다.

지금까지 살펴본 소비자와 생산자농민의 얘기는 피플스 농민시장과 관련해 배태성의 측면에서 몇 가지 함의를 보여준다. 첫째, 피플스 농민시장은 지역의 소농이 직접 재배한 친환경 먹거리와 지역산 식재료로 가공한 먹거리를 생산자가 가져와서 소비자를 상대로 직접 제공하는 공간이다. 또 소비자가 농민시장에서 장을 보는 동기는 그런 지역먹거리의 품질을 신뢰하고 이를 생산하는 지역농민들을 후원하려는 욕구 때문이다. 이런 점에서 피플스 농민시장은 공간적 배태성의 특징을 함축하고 있다. 둘째, 피플스 농민시장은 지역소농들의 공동체, 지역농민, 지속가능한 농업, 화석에너지 사용의 절감, 지구 환경 등의 비경제적 가치를 중시하는 소비자의 참여와 후원을 엿볼 수 있는 장소다. 생산자농민은 소비자의 그런 기대를 인지하고 책임감을 갖고 그에 화답하고자 노력한다. 이런 점에서 피플스 농민시장은 일반적인 농민시장처럼 일종의 사회적 배태성을 특징의 하나로 지니고 있는 공간이다.

제3부

농민시장의 사회학

10장

미국 농민시장의 현실과 사회학적 함의

미국 농민시장의 현실

미국 농민시장의 다양성

지금까지 살펴본 미국 농민시장의 현실에서 발견할 수 있는 특징적인 모습은 무엇일까? 지금까지의 논의는 미국의 농민시장이 규모, 장소, 운영 시간, 운영 기간, 운영 주체, 운영 과정에의 지역주민 참여, 주된 소비자층 같은 여러 측면에서 다양한 모습을 띠고 있음을 보여주었다. 미국 농민시장의 스펙트럼이 현실적으로 그만큼 다채롭다는 것이다. 그 특징을 항목별로 나누어 정리하면 다음과 같다.

1. 농민시장의 규모

슈퍼마켓을 비롯한 일반 시장과 마찬가지로, 미국 농민시장의 규모는 시장별로 상당한 편차가 있다. 이를테면, 페리 플라자 농민시장이나 포틀랜드주립대학교 농민시장같이 규모가 매우 큰 곳이 있는가 하면, 스프라우트 농민시장이나 피플스 농민시장처럼 소규모 시장도 있다. 이런 시장 규모의 차이는 지역먹거리의 수요와 공급 여건, 시장의 위치, 고객의 계층적·인종적 특성, 시장 소재 지역의 인구 규모와 사회경제적·문화적 특성 같은 여러 요인이 결합되어 나타난 결과다.

2. 농민시장의 명칭

규모가 큰 지역에서 열리는 농민시장 가운데는 해당 소재지의 도시나 카운티의 명칭을 딴 동일한 이름으로 서로 다른 요일 또는 장소에서 각각 시장이 열리는 경우도 종종 발견된다. 물론 이런 경우에는 시장별로 장터가 열리는 요일이나 장소의 명칭을 고려한 세부 명칭이 함께 따라붙는다. 레인 카운티 농민시장이나 포틀랜드 농민시장이 그런 사례에 해당한다. 이를테면, 레인 카운티 농민시장의 경우에는 레인 카운티 화요농민시장, 토요농민시장, 겨울농민시장, 휴가철농민시장 등으로 구분된다. 동일한 명칭을 사용하면서도 세부적으로는 네 가지 형태로 운영되고 있음을 보여주는 것이다.

한편, 소재 지역의 행정적 명칭 대신 지역의 특성을 살리는 대표적인 장소를 내세우거나 시장의 정체성을 드러내는 명칭을 활용한 농민시장도 있다. 샌프란시스코의 유서 깊은 관광 명소 중 하나인 페리 빌딩을 끼고 시장 인근 지역의 사무실 직원, 일반 지역 주민, 관광객 등을 상대로 개장하는 페리 플라자 농민시장, 피플스 먹거리 협동조합이 운영하는 피플스 농민시장이 대표적이다.

3. 농민시장이 열리는 장소

시장이 열리는 장소 또한 매우 다양하다. 스프라우트 농민시장처럼 건물 안에 장이 서는 경우도 있지만 대다수의 농민시장은 실외 주차장, 길목, 공원, 대학 캠퍼스, 정부 건물의 구내 같은 여러 형태의 장소에서 주기적으로 조성되는 임시 공간에서 열린다. 미국 전역을 조사한 미국 농무부의 자료는 농민시장이 서는 장소가 이번 사례 조사에서 확인된 것보다 좀 더 다양함을 보여준다.[1]

4. 농민시장의 개장 기간

농민시장에 따라 개장 기간에도 차이가 있다. 1년 중 일정한 시기에만 열리는 시장이 있는가 하면, 연중 개장하는 시장도 있다. 이번에 조사한 7개의 농민시장 중에는 레인 카운티 농민시장을 제외한 6개 농민시장이 모두 1년 내내 문을 여는 것으로 확인되었다. 이와 같이 연중 열리는 농민시장이 많은 이유는, 농민시장을 생계와 영농의 주요 기반으로 삼는 농민판매인과 신선한 먹거리를 거주지 인근의 농민시장에서 지속적으로 공급받고 싶어하는 소비자의 욕구가 맞아떨어지기 때문일 것이다. 시장 측의 입장에서는, 정해진 날짜에 상설 점포처럼 늘 영업함으로써 정기 시장의 이미지를 심어주려는 의도가 내포돼 있는 셈이다.

5. 농민시장의 운영 시간

농민시장의 운영 시간대는 시장의 여건에 따라 매우 유동적이다. 이번에 조사한 7개 농민시장은 운영 시간의 측면에서 세 가지 정도로 범주화될 수 있다. 페리 플라자 농민시장, 레인 카운티 농민시장, 포틀랜드주립대학교 농민시장은 대개 오전 8~9시에 개장해 오후 2~3시에 폐장한다. 포틀랜드주립대학교 농민시장은 원래 토요농민시장이지만, 다른 두 시장도 토요일에는 주중보다 개장 시간을 조금씩 앞당겨 소비자의 이용 편의성을 높이고 시장에서 점심뿐만 아니라 아침식사도 가능하게 운영하고 있다. 오후에는 비교적 빨리 문을 닫는 이 시장들은 모두 규모가 크다는 공통점이 있다. 피플스 농민시장과 스프라우트 농민시장은 오후 2~3시에 개장해 오후 7시에 폐장한다. 시장의 위치로 인해 도심의 직장인보다는 지역주민을 주 소비자로 하는 특성이 반영된 것으로 보인다. 그런가 하면, 알레머니 농민시장과 도시의 심장 농민시장은 오전 6~7시부터 오후 4~5시까지 개장한다. 아침 일찍 시작해서 비교적 늦게까지 운영하는 것이다. 앞의 두 범주의 시장보다 좀 더 오랜 시간 장을 펼치는 셈이다. 도시의 심장 농민시장 중 수요농민시장이 시장 주변에서 일하는 직장인을 상대하기도 하지만, 도시의 심장 일요농민시장과 알레머니 농민시장은 주로 저소득층을 겨냥한 시장이라는 공통점을 갖는다. 이런 유형의 농민시장이 상대적으로 장시간 장을 여는 이유 중 하나는 시장 인근 지역에 거주하는 저소득층의 이용 편의성을 고려한 것으로 보인다.

6. 농민시장의 운영 주체

미국 농민시장의 운영 주체는 시장별로 매우 다양한 편이다. 이번 연구의 사례를 살펴보면, 농민판매인과 지역사회 대표로 구성된 위원회(도시의 심장 농민시장), 지방자치단체(알레머니 농민시장), 비영리조직(페리 플라자 농민시장), 법인(레인 카운티 농민시장, 스프라우트 농민시장), 자원봉사자로 구성된 이사회의 감독을 받는 직원 집단(포틀랜드주립대학교 농민시장), 협동조합(피플스 농민시장) 등이 있다. 이런 점에 비추어볼 때, 미국의 농민시장은 크게 보면 농민판매인 대표 또는 시장 관리인을 비롯한 직원에 의해 운영되는 경향을 보이면서도 세부적으로는 다양한 형태를 띠고 있음을 알 수 있다.

7. 지역주민의 참여 정도

농민시장이 열리는 지역의 시장 운영에 구성원이 참여하는 정도는 시장별로 차이가 큰 편이다. 다양한 재능을 가진 많은 자원봉사자의 시장 참여와 협력에 크게 도움을 받으며 운영되는 농민시장이 있는가 하면, 제한된 자체 직원과 농민을 중심으로 운영되는 농민시장도 있다. 페리 플라자 농민시장과 포틀랜드주립대학교 농민시장이 전자에 속한다면, 알레머니 농민시장이나 도시의 심장 농민시장은 후자에 속한다. 전자의 범주에 들어가는 농민시장이 대체로 지역주민뿐만 아니라 관광객을 비롯한 타지의 주민까지 염두에 두고 체계적으로 운영된다면, 후자의 농민시장은 주로 지역의 저소득층 주민을 대상으로 건강한 먹거리를 공급하면서 동시에 판매인의 영농 지속성 확보에 주력하는 편이라고 할 수 있다.

8. 농민시장의 주 소비자층

농민시장의 성격을 가장 크게 규정하는 것은 아마도 주 소비자가 누구인가 하는 것일 터인데, 시장 여건에 따라 각 시장이 겨냥하는 주된 소비자층이 조금씩 다르다. 예컨대, 알레머니 농민시장이 다양한 인종의 저소득층 소비자에게 양질의 먹거리를 비교적 값싸게 제공하는 시장이라면, 페리 플라자 농민시장은 중산층 지역주민뿐만 아니라 관광객을 동시에 상대하는 시장이라고 할 수 있다. 한편, 동일한 장소에서 열리는 시장이지만 요일에 따라 주된 고객층을 달리하는 경우도 있다. 도시의 심장 농민시장이 대표적인 사례다. 주중에 열리는 수요농민시장은 경제적 여유가 있는 시장 인근의 사무직 종사자들을 지역주민 못지않은 주요 고객으로 맞이하지만, 일요농민시장은 알레머니 농민시장보다 경제적으로 더 어려운 저소득층 소비자를 주로 상대한다. 이런 조사 결과는 농민시장을 지역주민과의 관계에서만 일률적으로 바라보는 것은 미국 농민시장의 현실을 왜곡할 우려가 있음을 의미한다. 대다수의 농민시장이 지역주민을 소비자의 중요한 축으로 설정하고 있는 것은 사실이지만 시장의 여건에 따라 지역주민 외의 소비자를 포함하는 경우가 적지 않기 때문이다.

미국 농민시장의 공통점

그렇다면, 미국의 농민시장에서 다양성 못지않게 주시할 만한 공통된 특징에는 어떤 것들이 있을까?

1. 다양한 연령대의 소비자가 찾는 시장

미국의 농민시장은 우리 재래시장을 생각할 때 떠오르는 노년층 소비자 중심의 시장이 아니라 다양한 연령대의 소비자가 함께 찾는 장터다. 필자는 미국의 농민시장에서 연세가 지긋해 보이는 소비자뿐 아니라 대학생이나 그 또래의 젊은이도 많이 만날 수 있었다. 갓난아이를 유모차에 태우거나 등에 업고 나온 젊은 부부, 유치원이나 초등학교에 다니는 자녀의 손을 잡고 장터를 찾은 부부 또한 볼 수 있었다. 물론 농민시장의 위치와 개장 요일, 시장 주변의 주민 특성 등에 따라 소비자 연령층에 다소 차이는 있었다. 이를테면, 포틀랜드주립대학교 농민시장에서는 젊은이가 특히 많이 눈에 띄었고, 도시의 심장 일요농민시장에서는 중장년층의 소비자를 상대적으로 많이 볼 수 있었다. 또 토요농민시장 같은 경우에는 대개 가족 단위로 나들이를 겸해 장을 보러 나온 소비자가 많아서 그런지, 다른 요일에 열리는 농민시장들보다 젊은 부부와 어린 아이가 많았다. 이처럼 시장별로 조금씩 차이가 있었지만, 전체적으로 볼 때 미국의 농민시장은 다양한 연령대의 지역주민이 찾는 장터라는 공통점이 있다고 봐도 무리가 없을 것이다.

2. 저소득층을 배려해 먹거리 불평등의 완화에 일조하는 공간

미국의 농민시장은 저소득층의 시장 이용을 촉진하고 활성화하기 위한 조치에 적극성을 보임으로써 미국 사회의 불평등 문제를 먹거리 영역에서 조금씩이나마 해소하는 제도적 공간이다. 이는 이번 연구의 출발점이기도 한 사회적 불평등과 관련해 확인한 공통점이라고 볼 수 있다. 미국의 농민시장에서는 거의 어디서나 SNAP 수혜자들의 EBT 카드 사용이 가능함을 공지하는 게시물을 접할 수 있었다. 농민시장마다 정부 지원에 힘입어 EBT 시스템을 갖춤으로써 이들의 이용 편의성을 높여왔기 때문이다. 또 최근에는 저소득층의 구매력을 증대시킬 수 있는 시장 대응 프로그램을 도입함으로써 이들의 적극적인 시장 이용을 유도하고 있다. 물론 농민시장에 따라서는 이 프로그램이 도입되기 이전에 이미 저소득층의 농민시장 이용을 촉진하기 위해 자체적으로 이와 유사한 프로그램을 운영해온 곳도 있다. 하지만 분명한 것은 근자에 와서 이 프로그램이 좀 더 많은 농민시장으로 확산됨에 따라 저소득층의 농민시장 이용이 점차 증가하고 있다는 점이다. 이 같은 조치가 확대되고 내용적으로 보강된다면, 저소득층을 주로 상대하는 농민시장뿐만 아니라 그 밖의 다른 농민시장에서도 저소득층의 농민시장 참여가 크게 늘어날 것으로 전망된다.

3. CSA의 운영과 성장에 일조하는 장소

미국의 농민시장은 CSA의 운영을 돕고 신규 회원의 참여를 유도하는 장소로 활용되고 있다. 농민시장에서 활동하는 농민판매인, 특히 과일이나 채소 생산 농민은 CSA에 동시에 참여하는 경우가 많다(김원동, 2014b, 2016). 농민시장에서의 수익만으로 생계와 영농의 지속성을 확보하기 어려운 농가가 또 다른 중요한 판로로 활용하는 것이 바로 CSA이기 때문이다. 농민시장의 가판대 옆에 CSA 홍보 문구를 담은 게시물을 종종 볼 수 있는 것은 판로의 다양성을 필요로 하는 농민이 적지 않기 때문이다. 이는 대안농업의 대표적 유형으로 간주되는 농민시장과 CSA에 동시에 참여하는 농장이 그만큼 많다는 사실을 보여준다. 많은 농민시장이 CSA 회원들의 주당 배당 먹거리를 찾아가는 배달 장소이자 소비자에게 CSA 참여를 권장하는 장소로 이용되고 있는 것이다.

4. 생산자농민 중심으로 운영되는 시장

미국의 농민시장은 문자 그대로 생산자농민이 중심이 되어 운영되는 시장이다. 이는 매장에 다양한 상품을 구비해놓고 유통업 부문 종사자인 중간상인이 소비자를 상대하는 일반 시장과 구별되는 주요 특징이라고 할 수 있다. 오늘날 미국의 농민시장은 농축산물을 생산하면서 동시에 장터에서 판매 활동도 함께 하는 농민이 소비자와 직접 얼굴을 맞대는 공간이다. 또 농민시장은 가공식품 판매인이나 음식 판매인이 농민판매인의 보조적 동반자로서 소비자를 상대하는 장소이기도 하다. 물론 시장 소비자의 특성을 고려해 음식 판매인이 농민판매인보다 비중이 더 큰 농민시장도 간혹 보인다. 하지만 미국 농민시장의 전형적인 모습은 농민판매인이 중심이 되고, 음식 판매인이나 가공식품 판매인이 부차적인 역할을 하는 형태다. 여기서 말하는 농민 혹은 가공식품·음식 판매인은 당연히 농민시장이 운영되는 해당 지역과 관련을 맺고 있는 이들이다. 즉, 이들은 농민시장 인근 지역의 농장에서 영농 활동을 하는 지역농민이거나 지역산 식재료로 가공식품이나 음식을 만드는 지역생산자다.

5. 사회적 신뢰와 후원을 토대로 성장 중인 농산물 직거래 공간

미국 사회에서 생산자와 소비자 간 농산물 직거래의 대표적인 방식으로 점차 뿌리를 내리고 있는 것이 바로 미국의 농민시장이다. 물론 앞서도 지적했듯이, 직거래 농가의 비중이나 미국 농산물의 전체 판매액 중 농민시장 판매액 비중은 아직 미미한 수준이다. 그렇지만 지역먹거리나 지역농민에 대한 소비자의 신뢰와 관심은 갈수록 두터워지고 있다. 특히, 먹거리의 품질에 대해서는 그 어떤 매장의 것보다 신선하다는 인식이 소비자 사이에서 지배적이다. 생산자농민은 자신의 생산물에 대단한 자부심을 갖고 있는데, 이를 소비자도 인정하고 있다는 것이다. 또 지역 단체와 개인의 기부 또는 농민시장에서의 자원봉사를 여러 곳에서 확인할 수 있고, 농민시장 측에서도 지역사회와 여러 방식으로 소통하려는 노력을 엿볼 수 있다. 연방정부나 주정부도 농민-소비자 직거래법 제정, 시장 대응 프로그램의 재원 후원, 유기농 인증 같은 제도적인 조치를 통해 농민시장의 육성에 참여함으로써 농민시장의 성장을 뒷받침하려 애쓰고 있다. 농민시장이 미국 농무부의 공식적인 집계 발표 이후, 발표 시점마다 지속적인 증가세를 보이고 있는 것도 이런 요인들의 영향이 상당 부분 반영된 결과라고 볼 수 있다.

6. 미국 농촌의 구중간계급의 삶이 표출되는 공간

미국의 농민시장은 미국의 영세한 구중간계급old middle class이 살아가는 다양한 모습의 일면을 확인할 수 있는 공간이다. 농민의 경우, 소규모 가족농이 먹거리 생산자뿐만 아니라 판매인의 역할을 동시에 수행하는 곳이 농민시장이다. 즉, 적어도 1차 산업으로서의 영농 활동과 3차 서비스산업 종사자로서의 활동을 병행하는 이들이 많은 곳이 바로 미국의 농민시장이다. 또 지역산 식재료를 구입해 가공식품을 만들어 농민시장에 나와 판매하는 방식으로 2차 가공산업과 3차 서비스산업에 동시에 종사하는 이들도 여기서는 볼 수 있다. 농민시장에서 활동하는 소규모 영세 자영업자인 음식 판매인들이 대표적인 사례라고 할 수 있다. 그런가 하면, 자신의 농장에서 직접 재배한 과일이나 채소를 농민시장으로 가져와 소비자에게 직접 팔 뿐만 아니라 그런 1차 생산물로 가공식품을 만들어 함께 판매하는 농민도 있다. 이들은 이른바 농업의 6차 산업화를 실행하고 있는 농민인 셈이다. 이런 점에서 먹거리, 특히 농산물을 중심으로 흔히 말하는 1차 산업, 2차 산업, 3차 산업의 다양한 결합 양상이 구중간계급의 삶의 모습을 통해 드러나는 공간이 미국의 농민시장이라고 할 수 있다.

7. 신뢰와 상호 배려의 공동체를 되살리는 사회적 공간

미국의 농민시장은 단순한 먹거리 시장이 아니라 사회 구성원 간의 신뢰, 공동체의식, 상호 공존의 가치를 되살리고 재정립할 가능성을 보여주는 사회적 공간이다. 현대 사회로서 미국에서도 개인주의, 업적주의의 부상 등으로 인해 공동체의식이나 타인에 대한 신뢰는 점차 약화되어왔다. 이런 현실에서 우리 삶의 토대인 먹거리 문제를 둘러싸고 건강한 지역먹거리 생산자로서 지역농민과 그들의 영농 활동이 갖는 가치를 소비자가 재발견하게 된 것은 매우 고무적이라고 할 수 있다. 친환경적 영농법에 따라 스스로 자부심을 가질 수 있는 좋은 먹거리를 생산해 이웃에게 제공하려는 의식 있는 대안영농 종사자의 적극적인 농민시장 참여가 그런 소비자의 생각과 맞물려 전개되어왔음은 물론

이다. 지역사회에서 생산자와 소비자 간의 상호 신뢰와 배려에 토대를 둔 먹거리공동체의 형성 가능성을 엿볼 수 있는 것은 이런 배경이 있기 때문이다. 특히, 그간의 산업화, 도시화는 도시와 농촌, 소비자와 생산자를 공간적으로 분리하고 서로에 대한 무관심을 조장해왔다. 이런 저간의 현실을 감안할 때, 농민시장을 중심으로 도농공동체의 회복이 이루어지고, 생산자와 소비자 간에 상호 이해와 신뢰의 계기가 마련된 것은 사회적으로 중요한 함의를 갖는다. 농민시장이 사라져가는 공동체 의식이나 타인에 대한 관심과 배려를 사회적으로 확장하는 지역의 거점이 될 수도 있다는 낙관적 전망을 조심스럽게 제기할 수 있기 때문이다.

8. 먹거리교육과 사회화의 장

미국의 농민시장은 먹거리교육과 사회화가 이루어지는 사회적 공간으로서의 기능을 수행하고 있다. 주지하다시피, 교육은 공식적인 학교 교육기관을 통해서만 이루어지는 것은 아니다. 다양한 연령대의 지역구성원이 소비자로서 농민시장을 애용하는 과정에서 신선한 식재료로 만든 음식과 가정식 식사의 중요성[2], 지역먹거리·지역농업·지역농민의 가치에 관한 이해의 폭과 깊이를 확장해가게 된다. 어느 정도 규모가 되는 농민시장에서 운영하는 요리교실이나 요리 시연회는 이에 일조하는 주요 프로그램이다. 페리 플라자 농민시장처럼 규모가 크고 잘 알려진 농민시장에서 진행되는 어린이나 중고등학생 대상의 먹거리교육 프로그램은 이런 점에서 더욱 큰 효과를 기대할 수 있다. 하지만 이런 세부 프로그램이 없더라도 농민시장을 자주 이용하다 보면 먹거리에 관한 인식이 고양되고 자연스럽게 건강한 식생활 습관을 체득할 공산이 크다. 특히, 미국인의 먹거리 소비시장을 장악하고 있는 슈퍼마켓이 자신의 상품을 토대로 그에 걸맞은 먹거리 생활방식 자체를 판매하려고 애쓰고 있는 현실(로런스와 딕슨, 2016: 39-40)을 감안하면, 농민시장을 통한 건전한 식생활문화의 확산과 정착이 갖는 사회적 중요성은 재론의 여지가 없을 것이다. 미국의 농민시장에서 젊은 소비자층과 어린 아이를 많이 만날 수 있다는 것은 이런 점에서 고무적이다. 이는 곧, 농민시장이 기성세대와 미래세대를 아우르는 먹거리교육의 현장일 뿐만 아니라 지속가능한 지역먹거리체계를 구축하는 장기적인 전략의 실행 장소가 될 수 있음을 시사하기 때문이다.

미국 농민시장의 사회학적 함의

그렇다면, 지금까지 살펴본 미국 농민시장의 현실에 관한 연구가 우리에게 제공하는 사회학적 함의는 어떤 것일까? 앞서와 마찬가지로 이를 몇 가지로 나누어 살펴보고자 한다.

농업 부문에서의 역사적 불평등과 현대 사회의 주요 쟁점에 관한 재성찰

라이스의 주장에 따르면(Rice, 2015; 김원동, 2016: 98), 개인주의화의 진전으로 공동체의 해체 위기에 직면해 있는 오늘날 소비자의 농민시장 참여는 각별한 의미를 갖는다. 지역농민과 지역경제의 후원을 통해 지역공동체에 대한 소속감을 가지면서, 동시에 지구적 차원의 산업적 먹거리 생산방식으로 인한 환경 파괴와 먹거리 불안정의 위험에 대처하는 유효한 전략이 될 수 있기 때문이다. 이와 같이 거시적인 복합적 위기 요인들을 동시에 목도하면서 라이스가 주목한 것은, 소비자의 농민시장 참여에 내재된 '포괄적이고 지속가능한 발전 도구'로서의 잠재력이었다(Rice, 2015: 28). 하지만 이의 실현을 위해서는 농민시장의 참여자가 어떤 사람들이고 농민시장에의 참여를 꺼리게 만드는 요인은 무엇인지에 관한 심도 있는 연구와 이해가 선행되어야 한다고 라이스는 강조한다. 예컨대, 농민시장의 현장에서 발견할 수 있는 현상 중 하나는 주된 소비자층이 공동체의 평균적인 구성원들보다 경제적으로 좀 더 유복하고 학력이 높은 백인이자 여성이라는 것이다. 따라서 라이스는 이런 한계를 인지하고 공동체 내에서 특권을 거의 갖지 못한 사람들에게도 농민시장의 혜택이 확대될 수 있게 개선책을 모색하는 것이 중요하다고 역설한다.

이와 유사하면서도 예리한 문제의식은 또 다른 연구에서도 발견할 수 있다. 이 주제를 집중적으로 검토한 한 연구에 의하면(Alkon & McCullen, 2011: 944-948), 농민시장에 관한 기존의 많은 연구는 농민시장의 소비자가 농민시장에서 장을 보는 주된 동기가 '지역농민에 대한 후원' '먹거리 생산자로부터의 직접적인 구입' '재배자와 먹는 사람 간의 공동체 형성' 같은 윤리적 의무감이라고 설명해왔다. 필자가 농민시장에서 만난 소비자들도 자신의 농민시장 참여 동기로 이런 점들을 언급한 경우가 많았다. 그런데 이 연구자들은 농민시장 소비자의 참여 동기를 둘러싼 논의들에는 그 이면에 있는 구체적인 여러 사실을 간과하거나 경시한 측면이 있다고 지적한다. 이를테면, 그런 표현들이 '가상의 백인 농장상white farm imaginary'을 만들어내고, 소규모 자작농을 미국 농민의 전형적인 상징으로 간주하게 함으로써 백인 소비자 중심의 농민시장을 초래하고 말았다는 것이다. 또 이런 백인 특유의 낭만적 담화는 먹거리 생산 과정에서 있었던 특정 집단의 역사적 기여나 투쟁을 은폐한다는 것이다. 노예로 착취당한 아프리카계 미국인, 캘리포니아주의 공장식 농장에서 혹사당한 아시아계 이민자, 그리고 미국에서 재배한 농작물의 대부분을 수확하는 오늘날의 남미계 농장노동자가 바로 그들이다(Alkon & McCullen, 2011: 945에서 재인용; Guthman, 2008). 이런 점들을 배제한 채, 농민시장을 매개로 농민판매인으로 활동하는 백인 농민과의 공동체 형성의 중요성만을 강조하기 때문에, 낭만적인 자영농민상은 미국 농업의 역사에서 인종적·계급적 차별의 역사를 경험해온 많은 유색인종의 공감을 얻지 못한다고 이들은 지적한다. 농민시장에서 먹거리를 구입하는 것이 경제적 선택이라기보다 도덕적 선택이라고 주장함으로써 의사결정 과정에서 부affluence의 요인을 정상적인 것으로 자리 잡게 만드는 것도 마찬가지로 비판을 면하기 어렵다는 것이다.

결국 이들은 농민시장의 참여자들이 농민시장에서의 구매에 내포되어 있는 인종적·계급적 불평등의 문제로 시선을 돌림으로써 경제적으로 여유로운 백인 중심의 농민시장 이미지를 극복하고 '공정한 지속가능성just sustainability'에 기여할 방안을 찾는 것이 중요하다고 강조한다. 또 이런 점에서 농민시장이 '지속가능성'뿐만 아니라 '정의'의 구현을 목표로 한, 보다 진보적이고 정치화된 사회운동을 전개할 공적 공간으로서 잠재력을 가질 수 있다는 것이다(Alkon & McCullen, 2011: 941-951; Slocum, 2006, 2007).

이 같은 주장들은 미국 농민시장의 담론[3]이 마냥 낭만적이고 윤리적인 차원에 함몰되어서는 곤란하다는 점을 일깨워준다. 미국 농업의 역사에 아로새겨져 있을 뿐만 아니라 지금도 작동하고 있는 인종적·계급적 불평등의 역사와 현재성에 주목하고 대책을 강구하는 실천적 노력이 수반되어야 한다는 것이다. 다시 말해, 사회적 불평등의 역사를 뒤로 한 채 이루어지는 백인 농민판매인과 중산층 소비자 간의 만남의 공간, 인종적·계급적 특권집단 간의 공동체적 결합과 그에 내포된 계급

편향적 소비 이데올로기가 득세하는 공간이라는 농민시장의 이미지를 직시하고 바꾸어야 한다는 것이다. 이들의 주장처럼, 미국 농업에서 작동해온 인종적·계급적 불공정성의 시정과 불평등한 사회적 현실의 개선 성과가 농민시장의 현장들을 매개로 나타나야 농민시장의 현재적 담론도 균형을 잡게 될 것임은 더 말할 나위도 없다.

위의 논의들은 또한 농민시장과 연계된 인종적·계급적 불평등의 역사와 그 연장선상의 문제점뿐만 아니라 지구화, 위험사회, 사회정의, 사회운동 같은 포괄적이고 다양한 이론적 자원들과의 연계성 속에서 농민시장 연구를 추진할 필요가 있음을 지적한다. 농민시장 연구가 기존의 풍부한 사회학적 분석 도구들과 결합된다면, 농민시장의 사회학적 의미도 좀 더 거시적이고 폭넓은 이론적 렌즈를 통해 탐색될 수 있다고 보기 때문이다.

농민시장 연구에서 놓치기 쉬운 이면의 대목을 환기시켜주는 매우 통찰력 있는 지적임에도 불구하고, 위의 논의들에서도 경계해야 할 점은 있다. 여러 농민시장을 방문하다 보면, 위의 논의에 이의를 제기하게 하거나 최소한 단서를 달 만한 현장의 모습들이 종종 눈에 띄기 때문이다. 그런 현상 중 하나가 저소득층 밀집지역의 농민시장에서 만나는 아시아계나 남미계 미국인들이다. 그런 농민시장에서는 판매인이나 소비자 할 것 없이 경제적으로 그리 여유로워 보이지 않는 사람들을 많이 볼 수 있다. 사례 분석에서 살펴본 도시의 심장 농민시장이나 알레머니 농민시장 같은 곳이 실례가 될 수 있다. 이런 농민시장에서 관찰과 조사를 하다 보면, 전형적인 백인 중산층 중심의 농민시장이라는 통상적인 농민시장 이미지는 금방 사라진다.[4] 이번 연구를 통해 미국 농민시장에 관한 이런 편향된 인식을 교정할 수 있다면, 이 또한 매우 의미 있는 소득 중의 하나가 될 수 있을 것이다. 물론 페리 플라자 농민시장처럼 전형적 농민시장 이미지와 부합되는 시장도 적지 않다. 하지만 현재 운영되는 농민시장의 현장들을 근거로 한다면, 적어도 위의 주장들로 인한 일반화는 현실적으로 과도한 것일 수 있다는 점에 유의해야 할 것이다.

그럼에도, 필자는 위의 논의들에 담겨 있는 핵심 주장들을 경청하면서 진보적 방향으로의 사회운동을 경주하는 것이 매우 중요하다고 생각한다. 이것은 인종과 계급을 가로지르는 다양한 판매인과 소비자가 어우러지는 농민시장의 경우에도 마찬가지다. 비록 소수인종집단과 저소득층 소비자가 많기는 하지만, 이들의 경제적 형편으로는 농민시장을 통해 양질의 먹거리를 충분히 확보하기 어렵다고 판단되기 때문이다. 농민시장에 참여하는 소농의 상당수도 일주일 내내 여러 농민시장을 전전하며 판매인으로 활동해야 생계와 영농의 유지가 가능하다는 점 또한 좀 더 전향적인 방향의 대안 모색이 필요함을 시사한다.

그렇다면, 어떤 방향으로 눈을 돌려야 할까? 이 책에서의 분석 과정과 연계해서 보면, 가장 먼저 떠오르는 것은 국가 정책 부문이다.

농민시장에 대한 국가의 적극적인 정책 개입의 중요성

오늘의 농민시장은 농민시장의 필요성을 인지한 이해관계자들의 자발적 노력을 토대로 개설되어 운영되고 있다. 물론 농민시장의 성장 과정에는 농민시장과의 직접적인 이해관계라는 측면에서는 다소 거리가 있는 사람이나 조직, 그리고 정부의 도움도 있었다. 그럼에도, 농민시장의 성장은 오랫동안 판매인으로 참여하면서 농민시장을 지켜온 지역농민과 이들의 동반자 역할을 해온 '충성스러운' 고객, 헌신적인 자원봉사자와 농민시장 직원들의 합작품이라고 봐야 할 것이다. 앞서 살펴본 바와 같이, 미국의 농민시장은 어느새 전국적으로 8,600개를 넘어섰다.

미국 농무부가 공식 집계를 시작한 1994년 이후 단 한 차례도 감소하지 않고 지속적으로 증가해왔다(USDA, 2017j). 물론 각각의 농민시장이 얼마나 내실이 있는지, 또 소기의 성과를 거두었는지는 계속 검토해야 할 경험적 검증의 대상으로 남아 있다. 이런 과제가 우리 앞에 놓여 있지만, 지금까지의 양적 성장 추이를 근거로 적어도 다음과 같은 질문은 던져볼 만하다. 농민시장이 앞으로도 부단히 성장할 수 있을까? 필자가 농민시장에서 만났던 판매인과 소비자의 대부분은 이구동성으로 그럴 것이라는 낙관적 전망을 내놓았다. 필자도 기본적으로 이에 동의하지만 석연치 않은 대목이 있는 것도 사실이다. 앞서 1장에서 살펴본 바와 같이, 미국 사회의 소득 불평등이 갈수록 심화되고 있기 때문이다.

사회적 불평등의 심화와 그로 인한 양극화는 소비자의 소비 여력을 앗아간다. 농민시장도 그에 따른 타격을 피해 갈 수 없다. 특히, 저소득층 고객과 영세한 가족농 중심의 농민시장의 경우에는 이들의 자구적 노력만으로 날로 거세지는 위기의 파고를 헤쳐가기 어렵다. 그렇다면, 이와 같이 짙어가는 불평등한 구조적 환경에서 문제 해결의 실마리는 어디서 찾을 수 있을까? 스티글리츠(2003, 2013)나 크루그먼(2008)이 강조하듯이,[5] 정부다. 정부가 적극적인 정책 개입을 통해 상황을 타개할 가능성을 열어주어야 한다. 이런 방안이 얼마나 실효성 있는 대안이 될 수 있을지는 미국 정부가 그간 추진해온 정책들을 되짚어보면 어느 정도 감을 잡을 수 있다.

2장에서 지적했듯이, 미국 사회의 불평등이 심화됨에 따라 미국 정부는 저소득층 대상의 SNAP 수혜자의 숫자를 늘려왔다(〈표 2-2〉 참조). 또 SNAP의 EBT 시스템 도입과 구축 지원을 통해 미국 농무부는 수혜자들이 식료잡화점을 비롯한 농민시장에서 이를 편리하게 이용할 수 있게 했다. 3장에서 살펴본 바와 같이, 일찍부터 정부의 EBT 프로그램에 참여한 도시의 심장 농민시장은 EBT 카드 소지자의 지속적인 이용 증가와 그에 따른 매출액 신장을 보여주는 대표적인 사례다. 미국 농무부가 농민시장과 연계해 추진해온 저소득층 대상의 특별 영양보충 프로그램도 눈길을 끈다. 농민시장 노인 영양 프로그램과 농민시장 여성·유아·어린이 영양 프로그램이 그것이다. 이 프로그램으로 인해 농민시장을 찾게 된 수혜자도 적지 않았다.

미국 정부가 최근 관여하고 있는 또 다른 저소득층 먹거리 지원 프로그램으로는, 앞서도 짧게 언급한 '시장 대응 프로그램' 또는 '먹거리 대응 보조금 2배 지급 프로그램'을 들 수 있다. SNAP 수혜자들이 농민시장에서 EBT 카드로 먹거리를 구매할 때 대개 10달러 한도 내에서 구입액에 상응하는 보조금을 지급하는 프로그램이다. 이것은 연간 일정액의 보조금을 지급하는 특별 영양보충 프로그램보다 저소득층의 농민시장 이용 활성화를 뒷받침할 수 있는 훨씬 더 직접적인 프로그램인 것으로 판단된다. 무엇보다도 농민시장에 직접 와서 장을 보는 경우에 한해 지원하고 있고, 장날마다 매번 지원한다는 점에서 그렇다. 이런 방식을 택한 것은, SNAP 수혜자들의 농민시장 이용 편의성을 제고하려는 조치들이 있었음에도 이들 중의 대부분이 아직도 거주지 인근의 대형 슈퍼마켓이나 소형 식료잡화점에서 장을 보는 것으로 나타났기 때문이다(USDA, 2014b, 2014c; 김원동, 2016). 따라서 농민시장에서 장을 볼 때마다 일정한 한도 내에서 소비액에 상응하는 추가 지원금을 제공하는 프로그램은 장기적으로 저소득층의 농민시장 이용을 유도하고 촉진하는 정책이 될 수 있을 것으로 보인다. 그렇지만 이 프로그램의 도입과 운영을 전적으로 정부의 공으로 돌릴 수는 없다. 프로그램 운영에 필요한 기금이 연방정부에 의해 전적으로 조성되는 것은 아니기 때문이다. 연방정부의 기금이 주가 되지만 지역사회로부터의 기부도 일정 부분 결합되어 있다. 그래도 분명한 사실은 미국 정부가 SNAP, 특별 영양보충 프로그램, 시장 대응 프로그램 같은 정책의 수립과 시행을 통해 농민시장의 활성화에 나름대로 기여하고 있다는 점이다.

앞서 살펴본 라이스와 엘콘 등의 농민시장 평가가 예리한 진단을 담고 있음에도 인색한 느낌을 주는 이유는, 이런 SNAP와 농민시장 간의 접목 문제를 다루지 않았기 때문이라고 볼 수도 있다. 즉, 라이스의 논문은 이론적 분석에 초점이 맞추어져 있고, 엘콘 등의 논문은 SNAP 수혜자의 농민시장 이용을 촉진할 수 있는 제도적 장치들이 도입되거나 제대로 정착되지 않은 2010년경에 발표된 것이다. 물론 SNAP 수혜자의 농민시장 참여를 유도하려는 미국 정부나 농민시장 자체의 노력은 2010년 이전부터도 줄곧 전개돼왔다. 하지만 먹거리 2배 지급 프로그램과 같이 저소득층을 위한 농민시장 대응 지원 프로그램이 대대적으로 확산되고 가동된 것은 비교적 최근의 일이다. 라이스나 엘콘 등이 우려했던 농민시장의 인종적·계급적 편향성이 상대적으로 점차 시정되고 있는 것은 이런 정부 정책의 영향이 큰 것으로 보인다. 따라서 현재 추진하고 있는 농민시장 관련 정책들의 효과를 객관적으로 평가, 보완하는 가운데 새로운 프로그램을 꾸준히 개발, 시행하려는 정부의 정책 의지와 노력이 농민시장의 미래를 좌우하는 중요한 변수 중 하나가 될 것이다. 적어도 이번 연구에 의하면, 소득 불평등이 날로 심화되는 현실에서 저소득층이 건강한 먹거리에 접근할 권리를 보장하려면, 농민시장을 매개로 한 저소득층의 참여 활성화 정책에 정부가 지금보다 더 큰 관심을 갖고 적극적으로 개입할 필요가 있다. 이런 방향이 곧 먹거리 부문에서 정부가 감당해야 할 중요한 정책의제로 구체화되어야 한다는 얘기다. 이와 동시에, 이번 연구는 농민시장을 비롯한 먹거리 전반에 대한 정부 정책을 학계에서 지속적으로 활발하게 연구해야 한다는 과제를 제기한다.

공공사회학적 관점에서 '농민시장의 사회학' 정립의 필요성

생각해보면, 사회학을 한다면서도 특정한 대상에 관심을 집중한 상태로 몇 년을 지속적으로 관찰하고 조사한 것은 이번이 처음인 것 같다. 미국의 농민시장을 여러 해에 걸쳐 방문하고 관계자들을 만나 얘기하면서 절감한 것은, 무엇보다도 현장연구의 가치였다. 책이나 논문을 통해서는 실감할 수 없었던 크고 작은 것들을 직접 경험하고 의외의 것을 발견할 수 있었기 때문이다. 그때마다 얻을 수 있었던 부수입은 조사 준비 과정에서의 번잡함과 수고가 기억의 저편으로 사라지면서 그 자리에 들어서는 뭔지 모를 뿌듯함과 자족감 같은 것이었다. 부끄러운 고백이지만, 이제야 연구의 재미를 조금씩 느끼기 시작한 듯하다.

소득은 구체적이었다. 미국의 농민시장 현장은 경쾌한 분위기 못지않게 깊어가는 사회적 불평등의 골에 저항하며 그것을 이겨내려는 사람들의 진지하면서도 치열한 삶의 몸부림이 묻어나는 공간으로 다가왔다. 농사일이 무척 힘들다고 하소연하면서도 농민판매인들의 표정은 밝았고, 농민이라는 직업에 상당한 만족감과 자부심을 보여주었다. 친환경적 영농 방식을 고수하면서 가족 중심으로 농장을 운영하는 농민시장 참여 소농들의 경제적 형편은 그리 넉넉해 보이지 않았다. 나이도 물론 적지 않았다.[6] 하지만 적지 않은 나이에 농사와 판매일로 고단해하면서도 고객에게 자신이 재배한 양질의 먹거리를 공급한다는 확고한 자부심을 갖고 있었고, 그들과의 만남과 교류에서 기쁨을 느낀다고 했다. 좀 더 많은 매출을 올리려는 판매 전략도 내포된 것이겠지만, 저소득층을 최대한 수용하려는 태도를 농민시장의 가판대 곳곳에 걸려 있는 EBT 카드 환영 문구에서 목격할 수 있었다. 소비자는 농민판매인의 생산물에 한결같은 신뢰감과 만족감을 표현했고, 가격의 적절성에도 공감했다. 대다수의 소비자는 농민시장에서 장을 보는 이유로 '지역 농민을 후원하기 위해서'라는 답변을 빼놓지 않았다.

농민시장이라는 공통된 호칭으로 불리지만 농민시장 간에는 공통점 못지않게 차이점도 많았다. 이를테면, 페리 플라자 농민시장처럼 중산층이 많이 찾는 농민시장이 있는가 하면, 도시의 심장 농민시장이나 알레머니 농민시장처럼 저소득층의 발걸음이 잦은 농민시장도 있었다. 이 두 유형의 농민시장에도 불평등한 미국 사회의 현실은 그대로 투영되어 있었다. 시장의 전체적인 분위기나 주된 소비자계층에 있어서의 차별성을 쉽게 감지할 수 있었기 때문이다. 물론 시장별로 그 성격이 모두 명쾌하게 나뉜다고 하기는 어렵다. 예컨대, 도시의 심장 농민시장에서도 젊은 중산층 젊은이들이 아시아계의 저소득층 소비자들 사이에서 자주 눈에 띄곤 했다. 그럼에도 불구하고, 앞서 언급한 바와 같은 대략적인 분류는 얼마든지 가능하다는 생각이 들었다. 특히 저소득층이 많이 방문하는 농민시장에서는, 농민판매인이 삶의 고단함 속에서도 건강한 지역먹거리를 가능한 한 저렴하게 공급하고자 노력하고, 소비자는 자신의 필요에 맞춰 가급적 이를 구매하려는 움직임을 목격할 수 있었다. 이런 점에서 생산자와 소비자가 먹거리를 사이에 두고 서로를 믿고 배려하는 가운데 날로 거세지는 불평등의 세파를 함께 넘고 있는 현장이 오늘의 미국 농민시장이라고 해도 무리는 아닐 것이다.

하지만 농민시장의 지속가능성은 그간의 외적 성장에도 불구하고 심각한 위협에 직면해 있다. 무엇보다도 대량소비사회의 편리함에 젖어 있는 미국인의 슈퍼마켓 중심적 소비성향에 맞서 농민시장이 각개약진의 방식으로 지역먹거리 소비체계로의 전환을 주도한다는 것은 너무나

버거운 일이다. 농민시장에 배어 있는 사회적 배태성, 공간적 배태성, 자연적 배태성[7]의 가치도 현실적으로는 농민판매인과 농민시장의 고객들 사이에서만 공유될 뿐이기 때문이다. 이 같은 상황은 농민시장의 가치를 제대로 조명하고, 그것을 사회적으로 확산시켜줄 또 다른 주체의 발굴을 요구한다. 공공사회학적 관점에서의 '농민시장의 사회학'이 요청되는 지점이 바로 여기다. 미국 사회에서는 급속한 도시화와 그에 따른 도시 중심의 공간 재편이 이루어지면서 농촌, 농업, 농민에 대한 대중적 관심은 크게 줄어들었다. 마찬가지로 이 분야의 연구자와 연구도 다른 분야보다 상대적으로 약세를 면치 못하고 있다.[8] 발품을 팔아가며 농민시장을 분석한 미국 학계의 사례연구들(Alkon, 2008a, 2008b)은 그리 많지 않다. 농민시장이 실제로 먹거리체계에서의 인종적·계급적 불평등 문제를 개선해가는 의미 있는 통로가 될 수 있는지에 관한 체계적인 분석도 예상과는 달리 그렇게, 활발하게 이루어지고 있지 않다. 농민시장의 현장으로 들어가, 대안농업에 종사하는 소농과 건강한 먹거리의 조달에 어려움을 겪고 있는 저소득층의 고충을 청취하면서 이들과 머리를 맞대고 주요 쟁점들을 도출해내고 살아 있는 대안을 제시하려는 '유기적 공공사회학'이 절실히 요청되고 있는 것이 오늘의 미국 상황이다.

공동체의 사회학에 대한 재조명

미국의 농민시장 연구는 '공동체의 사회학Sociology of Community'에 대한 새로운 관심을 촉발한다. 농민시장에서 상호작용하는 주요 행위자 간의 관계에서 비롯되는 여러 형태의 공동체를 상정할 수 있고, 또 실제로 목격할 수 있기 때문이다. 생산자농민과 소비자를 기본 축으로 보면 크게 세 가지 범주의 공동체를 상정해볼 수 있다.

첫째, 판매인 공동체다. 앞의 2부 분석에서 언급한 바와 같이, 대개 폐장할 시점이 되면 판매인들이 그날 팔고 남은 먹거리를 상호 교환하는 경우가 종종 있다. 이럴 때 형성되는 공동체가 일종의 판매인 물물교환 공동체라고 할 수 있다. 이 또한 판매인들이 서로의 생산물을 신뢰하는 가운데 성사되는 교환이기 때문에, 이들 간의 결속력을 강화하는 중요한 계기가 될 수 있다. 실제로 농민시장에서 면담한 농민판매인들은 농민시장의 이런 기능과 판매인 공동체에 매우 호의적인 반응을 보였다.

둘째, 소비자 공동체다. 농민시장의 고객들이 주기적으로 농민시장을 찾다 보면 지인, 친구, 이웃과 조우하는 경우가 많기 때문에, 이들 간에 형성되는 공동체를 말한다. 물론 시장을 약속 장소로 정해서 만나는 경우도 이 범주에 포함할 수 있다. 이것은 강한 결속력보다는 대개 느슨한 형태로 맺어지는 광의의 공동체다. 주말 농민시장에서 장보기와 나들이를 겸해 나오는 가족도 이를 계기로 좀 더 결속력 있는 공동체가 될 수 있다. 따라서 소비자 공동체라고 묶어 표현하지만, 현실적으로는 중첩적인 여러 공동체가 이 범주에 포함된다고 봐야 할 것이다. 이런 일반적 상황과는 달리, 피플스 농민시장처럼 소비자들이 협동조합을 결성해 농민시장을 운영하는 경우도 있다. 이런 경우의 소비자 공동체는 일반적인 소비자 공동체보다 연대감이 좀 더 강력할 것으로 보인다. 성과주의의 압박, 개인주의의 심화 등으로 인해 '극단적 피로'와 '탈진' 상태로 내몰리기 쉬운 '피로사회'(한병철, 2012)에서, 시민은 소비자라는 공통된 기반을 갖고 농민시장에서 주기적으로 만나 잠시나마 긴장을 풀면서 일체감을 경험한다. 요일별 농민시장 중에서 이런 기능에 가장 충실한 농민시장은 물론 토요농민시장인 것으로 보인다. 주말을 맞아 장을 보거나 휴식을 취하러 나오는 가족, 친구, 연인 및 일반 소비자가 많아 이들을 상대로 음악 연주를 곁들인 밝고 경쾌한 시장 분위기가 조성되기 때문이다.

셋째, 판매인-소비자 공동체다. 생산자농민과 소비자가 오랜 기간 시장에서 먹거리 판매인과 고객으로 만나 거래하는 과정에서 발생한 신뢰관계를 토대로 형성되는 공동체라고 할 수 있다. 농민시장에서 볼 수 있는 가장 기본적이면서도 중요한 공동체다. 이것은 농촌 출신의 농민과 인근 도시지역의 주민이 만나 형성하는 공동체라는 의미에서 '도농통합형 생활공동체'(김원동, 2011)라고 부를 수도 있다. 산업화 과정에서 도시와 농촌이 공간적으로 분리되고 먹거리 생산자와 소비자 간의 사회적 관계가 단절되어왔음(김종덕, 2004b, 2009)을 고려할 때 이런 성격의 공동체는 미국인뿐만 아니라 현대인 모두에게 매우 중요한 의미를 가질 수 있다. 특히, 농민시장은 자본의 논리가 관철되는 다양한 형태의 자본주의적 시장관계에서 볼 수 있는 생산자와 소비자 간의 편향된 권력관계를 넘어 이들 간의 균형 잡힌 사회적 관계에 기반을 둔 새로운 공동체[9]의 형성 가능성을 보여준다. 즉, 먹거리를 매개로 한 교환관계에서 생산자와 소비자가 상호 이해와 배려를 토대로 서로의 필요를 충족시키며 공존하는 가운데 사회적 불평등의 해소에도 일조할 수 있는 공동체로의 성장 잠재력을 지닌 구심적 공간이 바로 농민시장이라는 것이다. 현대 먹거리의 생산·유통·소비의 일련의 과정에서 생산자나 소비자보다도 슈퍼마켓이 막강한 통제력을 행사하고 있는 현실(로런스와 딕슨, 2016)을 감안한다면, 이런 측면의 조명은 더욱 절실하다. 생산자와 소비자 간의 권력관계의 균형과 상보성에 기초한 농민시장 중심의 공동체가 갖는 사회적 가치와 그것의 확장 가능성에 주목함으로써 미국뿐만 아니라 우리 공동체의 미래에 필요한 매우 중요한 함의를 도출할 수 있을 것이기 때문이다.

이와 같이 농민시장은 다양한 형태와 성격의 공동체[10]가 형성, 유지되는 중심 공간으로서의 기능을 수행한다. 농민시장이 단순한 경제적 공동체가 아니라 이런 여러 형태의 공동체가 복합적으로 형성되는 장소라는 점에서, 농민시장은 슈퍼마켓 같은 일반적인 매장과는 구별되는 독특한 경쟁력과 매력을 갖는다. 따라서 농민시장의 입장에서는 시장으로서의 지속가능성과 경쟁력을 담보하기 위해 이런 여러 공동체적 기능을 보강할 수 있는 다각적인 전략을 부단히 강구할 필요가 있다. 이를테면, 농민시장이 어린이로부터 성인에 이르기까지 다양한 연령대를 겨냥한 맞춤형 먹거리교육의 실시에 주력하는 방안도 중요한 전략이 될 수 있다. 이와 같은 먹거리교육 기능이 지역사회를 위해 할 수 있는 농민시장의 소중한 기여 중의 하나라면, 농민시장은 지역사회로부터의 협력을 구하는 일에도 관심을 기울여야 한다. 예컨대, 시장 활성화를 위한 모금 행사는 물론, 다양한 재능을 가진 구성원을 자원봉사자의 형식으로 농민시장의 운영에 참여하게 유도하는 방안을 적극적으로 모색할 필요가 있다는 것이다.[11]

지역별로 산재해 있는 농민시장들을 지역공동체의 형성, 유지, 강화의 관점에서 연구한다는 것은 곧 농민시장이 지닌 지역사회학적 함의를 보여주는 것이기도 하다(김원동, 2014a). 미국뿐만 아니라 어느 국가 어느 지역에서든 농민시장 연구는 지역사회학의 중요한 세부 연구주제가 될 수 있고, 이를 매개로 지역사회학의 영역을 확장하고 활성화하는 효과를 거둘 수 있을 것으로 보인다.

요컨대, 미국의 농민시장 연구는 농민시장이 다양한 유형의 공동체를 형성하고 견고히 하는 공간이 될 수 있음을 우리에게 분명하게 환기시켜준다. 더 나아가 이는 농민시장에서 일반적으로 볼 수 있는 배태성과 같은 특징에 주목하면서 공동체의 회복과 바람직한 공동체 모델을 장소나 제도와 연계시켜 심층적으로 연구할 필요가 있음을 시사한다.

소수집단의 사회학으로 연구 지평의 확장

다인종 사회로서의 미국에서 저소득층과 소수인종집단의 범주는 결합되어 나타나는 경우도 많다. 이번 연구에서 살펴본 도시의 심장 농민시장, 알레머니 농민시장 사례는 농민시장에서 마주치는 저소득의 다인종 소비자에 주목할 필요가 있음을 암시한다.

저소득의 소수인종집단 소비자가 많이 찾는 농민시장에 관한 연구는 먹거리 문제를 중심에 놓고 인종적 불평등과 소득 불평등의 현실을 사회학적으로 진지하게 재성찰하는 계기를 제공할 수 있다. 주지하다시피, 성장기 때부터 열악한 가정적 배경과 취약한 사회적 자본으로 인해 교육, 문화적 소양, 건강관리 같은 삶의 모든 영역에서 공정한 기회를 부여받기 힘든 소수인종집단 출신은 미국 사회에서 백인 중산층 가정의 아이들보다 저소득층의 굴레를 벗어나기 어렵다. 미국 사회의 심장부에 이런 인종 문제가 엄연히 도사리고 있는 현실(로스, 2008a)에서 저소득의 소수인종집단 문제는 인종과 불평등의 쟁점이 뒤엉켜 있는 중요한 사회학적 관심사가 아닐 수 없다. 미국 사회에서 이 문제는 앞으로 더 심각한 사회적 현안으로 부상할 공산이 크다. 소득 불평등과 인종 갈등이 미국 내에서 심화되고 있음을 보여주는 징후를 도처에서 확인할 수 있기 때문이다. 특히, 세계적 금융위기를 겪으면서 중산층의 붕괴와 소득 양극화로 아메리칸 드림American dream이 근본적으로 위협받고 있고, 자신의 계급적 지위 하락을 실제로 인식하는 미국인이 적지 않다. 이를테면, 미국인의 주관적 계급 귀속의식을 2008년과 2014년의 시점에서 비교한 조사에 의하면, 자신을 중간계급middle class, 중상위계급upper middle class, 상류계급upper class이라고 응답한 미국인은 모두 감소한 반면, 중하위계급lower middle class, 하류계급lower class이라고 답한 미국인은 증가한 것으로 나타났다(Reeves, 2017: 21에서 재인용). 이는 곧 '계급 분할class division'이 계급 양극화의 방향으로 진행되고 있음을 시사한다.

리처드 리브스Richard V. Reeves는 위와 같은 조사 자료를 인용하면서 계급적 불평등 외에 다른 형태의 불평등을 간과하지 말아야 함을 강조한다. 즉, 미국 사회에서 계급 분할이 심화되고 있다는 말을 인종적 불평등, 민족적 불평등, 성적 불평등과 같은 다른 유형의 불평등이 사라지고 있다는 의미로 이해해서는 곤란하다는 것이다. 예컨대, 최근 미국 흑인의 상대적 지위가 악화된 것에서도 볼 수 있듯이, 인종과 계급 분할은 오히려 서로를 증폭시키는 경향이 있다는 것이다(Reeves, 2017: 20-22). 게다가, 도널드 트럼프Donald J. Trump의 반이민 정책으로 미국 사회의 인종 갈등이 재현되고 있고, 소수인종집단의 사회경제적 지위가 더욱 악화될 개연성이 커졌다는 점에도 유의할 필요가 있다.

이 같은 일련의 상황을 감안하면, 미국 사회에서 농민시장이 저소득의 소수인종집단 소비자에게 갖는 의미는 좀 더 각별할 수밖에 없다. 이들이 사회적 불평등의 희생자로 곧바로 전락할 수 있는 위험성을 어느 정도 차단하는 사회적 완충장치의 기능을 농민시장이 감당할 수 있기 때문이다. 그 근거는 무엇보다도, 이 계층의 소비자가 제한된 구매력으로 건강한 식생활에 접근할 가능성을 농민시장이 제공할 수 있다는 점에서 찾을 수 있다. 미국 농민시장에 관한 연구가 미국 사회에 내재해 있는 사회적 쟁점이자 근자에 더욱 악화되고 있는 인종적·계급적 불평등의 쟁점을 풀어가는 작은 실마리가 될 수 있다고 보는 논거도 바로 이런 맥락에서 확보된다. 이런 관점에서 저소득의 소수인종집단 소비자가 농민시장을 좀 더 쉽게 이용할 수 있게 기존 프로그램을 강화하고 새로운 정책을 개발, 도입하는 방안을 마련하는 것은 미국 사회학의 현실적합성과 실천성을 제고하는 길이기도 하다.[12] 모든 사람의 삶의 근간인 먹거리 문제를 인종적·계급적 불평등의 문제를 점진적으로 해소해가는 시발점으로 설정하는 것은 사회통합의 새로운 계기가 될 수도 있다. 물론 이런 시도들은 앞서 언급한 공공사회학적 관점과 궤를 같이 한다.

지금까지의 논의가 미국 사회학의 특성을 반영한 함의라고 한다면, 농민시장에서 발견되는 저소득의 소수인종집단 소비자의 모습은 미국이라는 지리적 제약을 넘어 다양한 소수집단을 성찰할 필요성을 일깨워준다. 다시 말해, 미국 농민시장 연구는 미국의 소수인종집단뿐만 아니라 '소수집단의 사회학'이라는 좀 더 일반화된 함의를 내포하고 있다는 것이다. 한국의 경우에 적용한다면, 어느새 우리 사회의 중요한 공적 문제로 대두된 외국인 노동자, 결혼 이민 여성, 다문화가정의 자녀 등의 문제가 그것이다.

요컨대, 미국 농민시장 사례들에 관한 연구는 저소득의 소수인종 소비자 문제에서 소수집단의 문제로 사회학적 연구의 지평을 적극적으로 확장해야 함을 시사한다. 물론 앞서도 언급한 바와 같이, 저소득 인종집단의 문제는 미국이나 한국 같은 특정한 개별 국가의 문제라기보다는 자본주의 사회에서 보편적으로 발견되는 사회적 불평등의 문제로 귀결되거나 그것과 크게 중첩되는 경향이 있다.[13] 하지만 계급적 불평등의 문제에 주목하면서도 사회적 약자로서의 소수집단 문제로 시야를 넓히면, 사회적 문제 해결의 지평도 그만큼 확장될 수 있다. 예컨대, 외국인 노동자, 결혼 이민 여성뿐만 아니라 미혼모, 독거노인, 성소수자, 여성, 이혼남과 이혼녀, 영세사업장의 노동자, 영세자영업자, 농어민 같은 사회적 약자의 인권과 사회적 지위를 신장할 수 있는 소수집단 연구로의 관심의 확대가 그것이다.

11장

미국의 농민시장 : 향후 과제와 한국 사회에 주는 함의

미국 농민시장의 과제

미국의 농민시장이 직면해 있는 주요 과제로는 어떤 것들이 있을까? 몇 가지 과제를 선별해 논의하면 다음과 같다.

우선, 미국의 농민시장은 무엇보다도 슈퍼마켓을 비롯한 다른 유기농 매장들과의 경쟁에서 살아남아야 한다. 필자가 여러 미국 농민시장의 현장에서 만난 소비자들은 한결같이 농민시장에서 판매되는 먹거리의 품질에 전적인 신뢰감을 보여주었다. 이때 농민시장에서 거래되는 먹거리의 질적 우수성을 보증하는 근거는 지역산이라는 것 이상으로 신선한 유기농이라는 점이었다. 물론 유기농 여부에 대한 소비자 평가가 반드시 공식기관에 의한 인증과 직결된 것은 아니었다. 소비자는 공식적인 유기농 인증과는 별개로 유기농 여부에 관한 농민판매인의 말을 액면 그대로 수용하는 경향이 있었고, 농민시장의 농민판매인 중 상당수는 공식적인 유기농 생산자는 아니었지만 실제로는 유기농 생산자였다. 다시 말해, 농민시장에서 만난 농민판매인 가운데는 공식 인증에 수반되는 경제적 부담 문제로 인해 유기농 인증을 받지는 않았지만, 인증과는 무관하게 친환경적 영농법에 따라 농사를 짓는 이들이 많았다. 농민시장을 이용하는 소비자는 농민시장에서 판매되는 유기농이 수입산 유기농이 아니라 자신의 거주 지역이나 인근에서 생산된 유기농이라는 점에서 슈퍼마켓 등 다른 매장의 유기농보다 선호하는 경향을 보였다.

문제는, 유기농에 대한 소비자의 사회적 관심이 커졌지만 유기농 시장은 이미 기존 유기농 전문매장이나 대형 슈퍼마켓이 장악하고 있다는 점이다.[1] 유기농 전문매장은 여러 측면에서 농민시장과는 또 다른 강점을 갖고 있다. 이를테면, 대형 매장들은 자신들의 유기농 제품이 지역산 유기농임을 부각시키면서 농산물뿐만 아니라 각종 유기농 가공식품을 동시에 편리하게 구입할 수 있게 넓은 매장의 진열대에 깔끔하게 진열해 소비자의 눈길과 발길을 끈다(〈사진 11-1〉 참조). 또 농민시장의 장점인 지역산 유기농은 물론이고 계절적 제약으로 인해 농민시장에서는 구하기 힘든 갖가지 유기농 먹거리를 수입해 수시 공급함으로써 소비자가 기대하는 먹거리의 질적 우수성과 다양성을 동시에 충족시킨다. 게다가, 이런 대형 매장에서는 소비자의 다양한 수요에 적극 대응하기 위해 인증을 받은 수산물[2]까지 준비해 판매한다(〈사진 11-2〉).

농민시장이 유기농을 선호하는 잠재적 소비자들을 놓고 경쟁해야 하는 상대가 바로 이런 강점을 지닌 유기농 전문매장과 대형 슈퍼마켓

사진 11-1 홀푸즈 매장에 진열된 지역산 포도주

이다. 물론 농민시장이 현재의 유기농 시장에서 대형 매장의 위협적인 경쟁자로 부상하고 있다고 보기는 어렵다. 앞서 누차 언급한 바와 같이 저소득층마저도 대부분 슈퍼마켓을 비롯한 대형 매장을 이용하는 게 현실이기 때문이다. 따라서 어떤 면에서 농민시장은 유기농 시장에서 아직은 이들의 경쟁자라기보다는 이들에 의해 장악된 시장의 틈새를 비집고 들어가 지분을 점차 넓혀가야 할 미약한 도전자라고 할 수 있다.

이런 상황은 농민시장이 지속가능성을 확보하기 위해 전략적으로 어떤 측면을 고려해야 할지를 시사한다. 우선, 농민시장에서 내놓는 먹거리의 상당수가 지역산 유기농 먹거리임을 강조하되 대형 매장의 그것보다 좀 더 신선하면서도 가격은 상대적으로 더 저렴하다는 점을 소비자들을 상대로 설득력 있게 제시해야 한다. 이를테면, 같은 지역산 유기농이라 하더라도 농민시장의 그것은 장터가 열리는 당일 새벽 혹은 바로 전날 수확한 것들이기 때문에 더 신선하고 품질이 좋고, 또 소비

사진 11-2 홀푸즈 매장에 진열된 수산물 인증 소개 게시물

자 직거래로 인해 가격이 그만큼 저렴하다는 점을 소비자에게 주지시킬 방법을 찾아야 한다는 것이다. 말하자면, 농민시장의 특징이라고 일컬어지는 공간적 배태성과 자연적 배태성을 소비자에게 제대로 각인시키는 것이 농민시장의 경제적 생존과 지속성을 담보하는 전략이 될 수 있다는 것이다.

한편, 농민시장의 강점이자 다른 대형 매장의 취약점은 바로 소비자와의 직접적인 상호작용이다. 농민시장에서는 다른 매장과는 달리 농민판매인과 소비자 간의 직접적인 접촉과 교류, 그리고 그로 인한 정서적 교감이 이루어지고 축적된다. 지역농업과 지역농민을 후원하려는 소비자의 의식도 이런 직접적인 상호 교류가 이어지기 때문에 자리를 잡는 것이라고 할 수 있다. 따라서 농민시장은 이 상호작용의 질을 제고하는 방안을 당면한 주요 과제로 인식하고 지속적으로 좋은 대안들을 개발, 제시해야 할 것이다. 이를테면, 농민시장은 요리 강습을 비롯한 각종 먹거리교육, 시장에서의 음악 연주를 통한 경쾌한 분위기 조성, 안전하고 쾌적한 장터 환경의 유지, 시장 대응 프로그램처럼 소비자의 구매력을 보강할 프로그램의 확충 등에 주목하면서 부족한 점을 계속 개선해가야 한다는 것이다.

농민시장을 운영하는 쪽에서 이런 방향의 노력을 기울이는 것은 소비자의 관심에 대한 감사와 배려라는 의미도 있지만, 이들의 지속적인 농민시장 참여와 확장이라는 경제적 효과로 이어질 공산이 크다. 안정되고 경쾌한 환경에서의 장보기, 지역먹거리에 관한 이해, 건강에 좋은 요리와 조리법 학습, 식생활 개선, 판매인이나 동네 요리사와의 만남, 시장 구매력의 보강, 지인과의 교류, 여유로운 여가 즐기기 같은 측면에서 농민시장이 소비자에게 도움을 주기 때문이다. 또 농민시장의 관계자는 소비자가 농민시장에서의 소비를 통해 농민판매인의 영농 지속성을 뒷받침하고 싶어하게끔, 건강한 먹거리를 쾌적한 환경에서 가능한 한 저렴한 가격으로 제공함으로써 이들을 배려하고 공동체적 유대감이 농민시장에 깊이 배어들 수 있게 해야 한다. 말하자면, 농민시장의 또 다른 중요한 특징이라고 할 수 있는 사회적 배태성의 가치를 살리고 키우는 일에 항상 관심을 기울여야 한다는 것이다. 소비자와 농민판매인이 이를 위해 함께 노력해야 하겠지만, 아무래도 농민시장을 운영하는 농민시장 관계자의 관심과 노력이 더 절실히 요구된다. 농민시장이 지역사회 구성원에게 농민시장의 자원봉사자로 활동할 것을 요청하거나 저소득층의 농민시장 이용 활성화를 위한 기금 조성에 동참할 것을 권장할 때에도 이런 소비자친화적인 조치의 토대가 구축되어 있어야 실효를 기대할 수 있기 때문이다. 농민시장이 생산자 농민과 소비자 간의 경제적 상보성의 관계를 넘어 견고한 지역먹거리체계의 주도자로 성장하려면 지역사회로부터의 적극적인 협력을 이끌어내고 두터운 공감대를 확충하는 일이 매우 중요하다는 점을 농민시장의 관계자는 분명하게 인식할 필요가 있다. 요컨대, 농민시장이 갖는 여러 배태성에 주목하면서 다른 대형 매장과는 구별되는 특징이 부각될 수 있게 해야 한다는 것이다.

이 같은 원론에도 불구하고, 농민시장이 이와 관련해 현실적으로 고민하고 대처해야 할 또 다른 점들이 있다. 농민시장이 앞서 언급한 소비자친화적 방안들을 확고히 하기 위해서는 일정 규모 이상의 틀을 갖추어야 한다는 점이다. 예컨대, 농민시장이 소비자를 시장으로 유도하려면 이들의 기대에 부응할 수 있는 다양한 식재료와 음식을 제공할 수 있어야 한다. 말하자면, 농축산물 판매인뿐만 아니라 장을 보러 온 소비자들의 간식이나 식사를 해결할 수 있는 적정한 숫자의 음식 판매인들이 있고, 품목도 다양해야 한다. 신나는 시장 분위기의 조성도 마찬가지다. 농민시장이 소비자에게 어느 정도 수준 있는 연주를 제공하기 위해서는 연주자의 충원과 관리도 체계적으로 이루어져야 하는데, 이것도 극소수의 시장 관리인이 정신없이 시장을 돌보아야 하는 소규모 농민시장에서는 기대하기 어렵다. 농민시장이 자체적으로 어린이나 청소년, 성인 등 다양한 연령층 대상의 조리법이나 식생활 교육 프로그램을 진행하려 해도 역시 이와 비슷한 현실적 제약에 직면하게 된다. 특히, 지역 유명 요리사들의 초청 요리 강습뿐만 아니라 시장에서 판매되는 제철 식재료로 만든 메뉴를 갖춘 지역 음식점들[3]을 도심 도처로 확대함으로써 농민시장을 홍보하고, 지역먹거리 음식점과의 상생 발전을 도모하는 프로그램도 농민시장의 자체 역량이 일정 수준 이상이 되지 않으면 추진하기 어렵다. 지역의 유명 요리사나 특색 있는 음식점과의 연계성을 강화하는 업무에 전념할 수 있는 인력을 농민시장이 확보하고 있어야 하기 때문이다.

요컨대, 농민시장이 이런 여러 프로그램을 소화할 정도로 일정 규모 이상이 되어야 기존 소비자의 기대를 충족시키면서 더 많은 소비자를 끌어들일 수 있고, 판매인의 참여도 자연스럽게 늘릴 수 있다는 것이다. 다시 말해, 성공적인 디지털 플랫폼platform에 내재된 '확장성'처럼(김건우, 2016), 농민시장이 소비자와 판매인 모두를 확대재생산하려면 무엇보다 먼저 그런 효과가 나타날 수 있는 임계점 이상의 규모를 갖추어야 한다는 것이다. 또 그 효과가 현실화될 경우에는 그로 인해 요구되는 추가적인 시장 공간의 확보를 위해 지방자치단체나 시민사회의 협조를 이끌어내야 하는 또 다른 부수적 요건을 해결해야 함은 물론이다.

미국의 농민시장에는 농민판매인과 그들이 재배해 농민시장에 내다 파는 먹거리에 대한 소비자의 전폭적인 신뢰를 계속 지킬 뿐만 아니라 더 강화할 수 있도록 노력해야 한다는 중요한 과제도 놓여 있다. 농민시장에 참여하는 농민판매인과 그들의 생산물 품질에 대한 소비자들의 확고한 신뢰는 향후 미국 농민시장의 존속과 성장을 좌우할 결정적으로 중요한 자산임을 부인할 수 없기 때문이다. 이 점은 농민시장에서 간식용 또는 식사용 먹거리를 제공하는 판매인들에게도 마찬가지로 적용된다. 미국의 소비자가 농민시장에서 거래되는 먹거리를 그 어느 매장의 먹거리보다 신뢰하고 있음은 이미 여러 조사 결과에서 확인된 바 있다. 농민시장이 그동안 성장할 수 있었던 결정적인 동력도 바로 소비자로부터의 전적인 신뢰였다. 따라서 이를 당연한 것으로 여겨 방심하지 말고 언제든 고개를 들 수 있는 이탈의 유혹을 경계해야 할 것이다.

미국의 농민시장이 안고 있는 또 하나의 과제는 미국 농무부나 의회 등을 비롯한 정부와의 소통을 전담할 수 있는 주 및 전국 단위의 조직체를 결성하고 이를 중심으로 정부와의 대화에 적극 나서야 한다는 점이다. 1976년의 '농민-소비자 직거래법'이나 저소득층을 위한 농민시장 영양 프로그램, 시장 대응 프로그램, 유기농 인증제 같은 정부의 농민시장 관련 정책들이 농민시장의 성장에 끼친 현실적 영향력을 감안할 때, 이는 더 이상 방치할 수 없는 주요 현안이 아닐 수 없다. 이 과제의 필요성은 그동안 필자가 농민시장에서 만난 농민판매인이나 시장관리인 등의 반응을 대하면서도 절감한 바 있다. 이들이 강조하는 자력에 의한 시장 운영의 가치가 소중하다는 생각이 들었지만, 정부의 농민시장 관련 정책에 대한 이들의 태도는 상당히 수동적이고 수용적 성향을 보이고 있다는 느낌을 지울 수 없었기 때문이다. 다른 대형 매장들과의 경쟁이 점차 격화될 것으로 예상되는 시장 환경에서 미국의 농민시장이 지금과 같은 양적 성장을 넘어 질적 성장으로 나아가기 위해서는 소농, 지역먹거리, 농민시장 등의 육성 문제에 관해 농민시장 참여자들의 의견을 정부에 적극적으로 개진하고 관철시킬 수 있는 소통 창구를 마련하는 것은 매우 시급한 과제다. 정부를 대상으로 활발하게 소통하면서 농민시장의 정당한 요구를 정책에 반영하는 작업은 농민판매인이 개별적으로 나서서 될 일은 아니기 때문이다.

미국 농민시장 연구가 한국 사회에 주는 메시지

우리 사회에서도 농민시장을 비롯한 대안농업, 대안먹거리운동, 건강한 지역먹거리, 먹거리복지, 음식 등에 대한 관심이 높아지면서 이에 관한 학계의 연구도 점차 활발해지고 있다(김종덕, 2004a, 2004b, 2009, 2012; 김철규, 2008, 2011, 2015; 김철규·김진영·김상숙, 2012; 김흥주, 2004; 김흥주·안윤숙·이현진, 2015; 박덕병, 2004; 박민선, 2009; 손상목, 2000; 윤병선, 2009, 2015; 윤병선·김선업·김철규, 2011, 2012; 이해진·이원식·김흥주, 2012; 정은정, 2012; 정은정·허남혁·김흥주, 2011; 정진영·손상목·김영호, 2001). 고무적인 현상이면서도, 이 책의 주제인 미국의 농민시장과 관련해 짚어보면 국내 연구자에 의해 이루어진 이 분야의 연구(박덕병, 2004; 조명기, 2013; 김원동, 2008, 2011, 2012a, 2014a, 2014b, 2016)는 그리 많지 않다.

미국에 비해 우리나라는 국토 면적이 좁고, 그로 인해 도시와 농촌의 근접성이 높은 편이다. 잘만 운영하면 농민시장이 번창하기에 좋은 지리적 환경을 갖추고 있다고 할 수 있다. 물론 농민시장에 관심을 갖는 것은 이런 측면 때문만은 아니다. 더 절박한 이유가 있다. 우리의 농촌, 농업 그리고 먹거리 현실이 무언가 돌파구를 찾아야만 할 만큼 막다른 골목으로 치닫고 있기 때문이다. 심각성은 여러 양상으로 나타났다. 그간의 급속한 도시화, 산업화로 인해 인구 과소화를 우려하던 오늘의 농촌지역은 마을공동체가 아예 사라질 위기로 내몰리고 있다. 또 20퍼센트대로 추락한 식량자급률[4]로 인해 먹거리위기도 이미 심각한 수준에 이르렀다. 외국산 농산물이 쏟아져 들어오면서 우리 식탁의 먹거리보장 문제 역시 도마 위에 오른 지 오래다. 특히, 한국 사회의 양극화 심화(김낙년, 2012; 김문조, 2008; 신광영, 2004; 유팔무·김원동·박경숙, 2005)로 인해 저소득층이 직면해 있는 먹거리위기는 매우 심각하다. 이 같은 현실에서 지속가능한 지역먹거리체계의 구축을 지향하는 농민시장에 마음이 가는 것은 어찌 보면 당연한 반응일지도 모른다.

여기서 살펴본 미국 농민시장의 현실은 우리와는 여러 측면에서 다를 수 있다. 경작 면적, 주요 작물, 소농의 경제 여건, 농업, 대안농업, 소비자, 정부 정책, 환경의식, 농민에 관한 소비자의 인식 같은 각각의 차원에서 수많은 차이점을 열거할 수 있다. 따라서 이번 연구에서는 우리나라 현실과의 선부른 비교보다는 7개 미국 농민시장 사례를 대상으로 관찰하고 조사한 내용을 기존의 연관된 연구 성과들과 접목시켜가며 주로 사회적 불평등의 시각에서 분석해보고자 했다. 미국의 농민시장에 내재해 있는 문제의식과 오늘의 현실 그 자체에 대한 객관적 진단이 이번 연구의 주된 관심사였기 때문이다. 따라서 여기서 밝힌 미국 농민시장의 실태와 한국 농민시장의 현실을 비교·분석하는 일은 향후 과제라고 할 수 있다. 어떤 면에서는 각각의 대상에 대한 심층적인 사례연구를 좀 더 치밀하게 추진하는 것이 장기적으로는 더 나은 성과를 기대할 수 있는 방안이 아닐까 하는 생각도 하게 된다. 왜냐하면 미국의 농민시장에 국한해 보더라도 아직 연구해야 할 대상과 영역은 많이 남아 있기 때문이다. 이를테면, 서부와는 환경이 또 다른 중부나 동부의 농민시장은 여기서 검토한 농민시장과 어떤 공통점과 차이점이 있는지도 구체적으로 연구해봐야 할 것이다.

농민시장은 미국뿐만 아니라 이미 전 세계적으로 확산되어 있는 시장 유형이다. 이런 점에서 영국, 이탈리아, 스페인 같은 유럽 국가들, 우리나라처럼 땅이 좁은 홍콩, 싱가포르, 대만, 일본 같은 아시아 지역의 국가들, 오스트레일리아, 뉴질랜드 같은 오세아니아 지역의 국가들에서 운영되는 농민시장에 대한 개별 단위의 연구와 비교연구도 앞으로 추진해야 할 연구 과제들이라고 할 수 있다.

이 같은 많은 과제와 현 단계에서의 한미 농민시장 비교에 내재해 있는 한계에도 불구하고, 미국의 농민시장 연구는 한국 농민시장의 육성에 관심을 갖고 있는 우리에게 분명하게 시사해주는 핵심적 메시지가 있다.

농민시장에서의 농민과 소비자 간의 상호 신뢰의 바탕을 확실하게 마련하려는 지속적이고 강력한 의지와 노력이 없는 상태에서 미국식 농민시장 모델의 지리적 이식은 가장 중요한 원천기술 없이 하드웨어만 도입하는 셈이라 실패할 공산이 매우 크다는 점이다. 다시 말해, 농민시장이라는 하드웨어만 가져온다고 해서 한국 농민시장이 성장의 궤도로 진입하게 되는 것은 결코 아니라는 얘기다. 이는 곧 미국의 농민시장 모델이 우리에게 의미가 있으려면, 함께 도입해야 할 소프트웨어의 중추가 '신뢰'임을 명심해야 한다는 의미다. 미국의 농민시장에서처럼 우리 농민시장에서도 사회적 배태성, 공간적 배태성, 자연적 배태성이 자연스럽게 스며들 수 있는 토양이 조성되어야 비로소 농민시장이 뿌리를 내리고 성장할 수 있다는 핵심적 메시지를 간과하지 말아야 한다. 또 그런 옥토가 바로 판매인과 소비자 간의 두터운 신뢰관계라는 점도 기억해야 한다.[5]

그런데 문제는, 이것이 마음을 먹으면 바로 해결되는 간단한 사안이 아니라는 점이다. 신뢰의 문제는 농민시장 자체에 국한된 문제가 아니라 한국 사회 전체와 관련된 문제이기 때문이다. 한국은 주요 국가들에 비해 아직까지 그렇게 신뢰가 축적된 사회라고 보기 어렵다.[6] 그렇다고 해서 한국 사회의 신뢰 정도가 일정 수준에 오를 때까지 농민시장을 조성, 운영하려는 시도를 멈추고 마냥 기다릴 수만은 없다. 따라서 장기적인 전망을 갖고 지역별로 내실 있게 운영할 수 있는 적정 규모의 농민시장을 기획, 조성하면서 동시에 사회적 자본social capital을 지역사회 내의 크고 작은 제도들 속에 구축해가는 방안을 고민하고 체계화하려는 지속적인 노력이 필요하다.[7] 이런 측면에서 보면, 한국 농민시장의 미래는 향후 우리 사회에서 축적되는 신뢰의 수준에 크게 좌우될 것으로 예상된다. 이와 같이 지역 단위에서 농민시장을 건실하게 설립하고 운영하려는 시도들이 역으로 우리 사회 전반의 신뢰 수준을 제고하는 데 일조할 수 있다는 점에도 주목할 필요가 있다. 요컨대, 사회 제반 차원에서 우리의 신뢰 수준을 끌어올리기 위해 노력하면서 지역사회에서도 농민시장의 개설과 육성에 관심을 갖고 판매인과 소비자 간의 신뢰 관계가 그 내부에서부터 계속 축적되고 확산될 수 있게 다각적인 방안을 모색해가야 할 것이다.

주석

1장

1 지니계수는 불평등의 표준 척도로 사용되는 것 중의 하나로, 0에서 1 사이의 값을 갖는다. 예컨대, 소득이 인구 수에 정확하게 비례해 분배됨으로 인해 소득 불평등이 전혀 없을 때 지니계수는 0이 되고, 모든 소득이 한 사람에게 귀속됨으로써 완벽한 소득 불평등 상태일 때 지니계수는 1로 표시된다. 지니계수가 0.3 이하인 사회는 소득 불평등이 심하지 않은 사회이고, 0.5 이상인 사회는 소득 불평등이 매우 심한 사회라고 할 수 있다(스티글리츠, 2013: 108).

2 한 칼럼에 의하면, 도금시대鍍金時代란 "남북전쟁 이후 미국이 농업국에서 본격적인 자본주의 국가로 탈피하는 과정에서 모두가 물욕에 사로잡혀 부정부패가 속출하던 시대, 금빛으로 도금한 덕분에 겉만 번지르르한 허황된 시대"를 지칭하는 표현이다(김동률, 2012). 위키백과에서는 미국 작가 마크 트웨인Mark Twain과 찰스 더들리 워너Charles Dudley Warner가 1873년 공동으로 발표한 풍자소설 〈도금시대-오늘날의 이야기The Gilded Age-A Tale of Today〉에서 차용한 이 시대를, 구체적으로 "1865년 남북전쟁이 끝나고 1873년에 시작되어, 불황이 오는 1893년까지 미국 자본주의가 급속하게 발전한 28년간의 시대"라고 규정한다(위키백과, 2017). 하지만 크루그먼은 '도금시대'에 '길었던'이라는 수식어를 덧붙이면서 미국 사회에서 '극심한 경제적 불평등'이 이어지던 "1870년대부터 뉴딜 정책이 등장한 1930년대까지를 하나로 묶어 '길었던 도금시대'라고 부르고자 한다."라고 밝힘으로써 그 시기를 통상적인 기간보다 확대하여 사용한다(크루그먼, 2008: 33).

3 21세기 초반 미국 계급의 전반적 상황에 대한 에릭 올린 라이트Erik Olin Wright와 조엘 로저스Joel Rogers의 진단도, 표현은 다소 달라도 이와 유사한 논지라고 볼 수 있다. 이들에 의하면, 엄청나게 부유한 자본가계급과 기업경영자계급, 예전과는 달리 계급 안정성과 미래의 번영 가능성 측면에서 불확실성이 높아진 중간계급, 중간계급에 버금가던 생계 보장과 대규모 노조의 보호막이 거의 사라진 노동자계급, 최소

한의 생계유지를 위한 취업에 요구되는 기술이나 교육도 받기 어려운 빈곤하고 소외된 집단 등으로 이루어진 계급구조가 오늘날의 미국 계급구조다. 이들은 또한, 미국의 이런 모습이 선진 자본주의 국가들 중에서도 가장 양극화된 계급구조라고 설명한다(Wright & Rogers, 2011: 204).

4 미국 사회가 문화, 이민, 생활양식, 인종, 계급, 교육, 소득 같은 여러 측면에서 1970년부터 2005년 사이에 분열된 사회로 가고 있음을 기존 연구 성과들을 통해 점검한 연구도 스티글리츠의 주장을 부분적으로 뒷받침한다. 즉, 이 연구는 미국 사회가 모든 영역에서 분열로 가고 있다고 보기는 힘들지만, 적어도 교육이나 소득 같은 사회계급의 측면에서는 격차가 확대되고 있어 분열의 경향을 보이고 있다고 지적한다(Fischer & Mattson, 2009).

5 〈그림 1-6〉은 미국 다음으로 중간계급이 차지하는 소득 비중이 비교 시점 기간 동안 현저하게 감소한 나라가 영국임을 보여준다. 이는 영국의 사회적 불평등이 다른 주요 국가들보다 심각한 수준임을 시사한다. 스티글리츠도 그의 저서에서 이 점을 지적한 바 있다. 영국의 사회적 불평등은 30년 전만 해도 선진 산업국가들 중 평균 수준이었지만, 지금은 미국 다음으로 불평등이 심각한 국가가 되었다는 것이다(스티글리츠, 2013: 61).

6 특히, 해커와 피어슨 같은 정치학자(Hacker & Pierson, 2010)는 미국 사회의 불평등 문제를 다룰 때 경제학자들이 정치적 요인과 경제적 요인을 구분하고 주로 경제적 요인에 치중함으로써 정치사회적 요인의 중요성을 경시하는 경향이 있다고 주장한다. 하지만 경제학자들이 경제적 요인을 강조하는 경향이 있는 것은 사실이지만, 그렇다고 정치사회적 요인을 무시하는 것처럼 단순하게 평가하는 것은 문제가 될 수 있다. 미국 사회의 소득 불평등 문제가 잘못된 정치와 정책으로 인한 시장 및 경제의 왜곡에 있음을 풍부한 근거 자료를 토대로 설득력 있게 비판하며 대안을 촉구하는 경제학자들의 주장(조지프 스티글리츠, 2013; 폴 크루그먼, 2008)을 주변에서도 쉽게 대할 수 있기 때문이다. 미국 사회의 불평등 문제를 다룰 때 경제학자와 정치학자 그리고 사회학자들의 강조점에 차이가 있다고 보는 것은 타당한 진술이 될 수 있겠지만, 경제적 요인과 정치사회적 요인 중 어느 한쪽을 경시하는 것으로 과도하게 대비시키는 것은 오해를 불러일으킬 수 있다.

7 앞서 살펴본 경제학자 스티글리츠는 그동안 심화되어온 미국 사회의 불평등 때문에 미국인이 지금 혹독한 대가를 치르고 있다고 비판한다. 그의 주장은 어찌 보면 퍼트넘을 필두로 한 정치학계의 문제의식을 계승해 구체화한 것이라고 볼 수도 있다. 스티글리츠의 기본 관점은 미국 시장의 작동에는 당연히 경제적 요인들이 개입되지만 정치 또한 "사회의 나머지 구성원들을 희생시켜 상위계층에게 이득을 몰아주는 방향으로 시장에 영향을 끼친다."는 것이다. 다시 말해, 정치의 부당한 영향력으로 인해 국가의 중요한 모든 정책 결정 과정에 불평등이 반영되고, 그런 정책들이 다시 불평등을 지속적으로 악화시키는 데 일조해왔다는 것이다. 스티글리츠는 미국 사회의

이런 '과도한 불평등' 때문에 미국인이 치르고 있는 또 다른 대가가 바로 '민주주의의 약화'라고 지적하면서 대안을 모색한다(스티글리츠, 2013: 38-41). 스티글리츠나 크루그먼 등 주목받는 진보 성향의 경제학자들을 중심으로 경제학계에서도 정치학계의 문제의식이 점차 스며들면서 양대 학계가 서로 의미 있는 영향을 끼치고 있는 셈이다.

8 이런 맥락에서 보면, 뷰러보이와는 다소 초점이 다르지만 퍼트넘의 다음과 같은 주장도 시사하는 바가 크다. 퍼트넘은 정치학자가 공적 쟁점에 관해 대중을 상대로 어떤 발언을 할 경우에서조차 일반 학술 연구와 마찬가지로 동료 전문가들의 엄중한 검토가 필요하다고 강조한다. 예컨대, 자신이 미국 시민의 참여가 쇠퇴해왔으며 이런 흐름을 다시 바꿔야 한다고 주장한다면, 이런 주장이 사실과 부합하는지, 또 그런 자신의 비판에 내포된 가치들이 지적 일관성이 있는지를 당연히 전문가들에게 물어야 한다는 것이다(Putnam, 2003: 252). 대중을 상대로 발언할 경우에도 연구자는 객관성을 입증할 수 있는 이론과 자료에 근거해야 한다는 주장이다.

9 뷰러보이는 사실상 이 점에 관한 인식이 남아프리카공화국 같은 다른 나라의 사회학에서보다 미국 사회학에서 특히 중요하다고 본다. 그가 분류한 사회학의 네 가지 영역 중에서 공공사회학이 미국 사회학에서 차지하는 현실적 비중과 입김은 상대적으로 미약하기 때문이다. 그것은 성찰적 지식보다 도구적 지식이 압도적 우위를 점하는 미국 사회의 현실이 개별 학계의 권력 판도에도 영향을 끼친 결과라고 볼 수 있다. 즉, 미국 주요 명문 대학의 사회학과가 거점이 되어 연구자의 경력 관리에 결정적인 영향력을 행사하는 전문사회학과 연구비를 매개로 한 정책사회학이 연대해 사회학의 방향을 좌우하는 데 반해, 가치의 문제와 사회적 영향에 관심을 기울이는 비판사회학과 공공사회학은 자금이나 권력의 측면에서 현실적으로 그만한 힘이 없다는 것이다(Burawoy, 2005: 17-22). 이와 같이, 뷰러보이가 공공사회학을 주창한 배경에는 미국 사회학계에서 공공사회학이 차지하는 현실적 위상과 그에 따른 문제점에 관한 냉철한 인식이 깔려 있다. 이 같은 인식은 '시장의 독재'와 '국가의 폭정'이 난무하는 이 시대에 시장과 국가의 위협으로부터 인간성과 시민사회를 지켜내기 위해서도 공공사회학의 육성을 위한 사회학자들의 다각적인 노력이 절실히 요구된다(Burawoy, 2005: 24-25)는 그의 논문 말미의 강조에서도 분명하게 드러난다.

10 퍼트넘은 '행동주의'가 무시되거나 정당성을 인정받지 못한 시기가 종식되기를 희망한다면서, 공적 생활과 관련한 정치학자들의 역할을 다음과 같이 규정한다. "정치학자들이 공적 생활에 가장 중요하게 기여할 수 있는 길은 당면한 물음들에 답하는 것이 아니라 새로운 질문들을 제기하는 것이다. 여기서 우리의 역할은 무시된 가치들을 강조하고, 그런 가치들에 영향을 끼치는 중요하지만 과소평가된 요인들을 밝혀내며 사실과 가치를 연결하는 근본적인 논리를 설명하는 것이다"(Putnam, 2003: 251).

11 물론 캐롤란보다 먼저 공공사회학자로서 농촌사회학자의 역할을 강조한 주장들도

있다. 일례로 캐롤린 삭스Carloyn E. Sachs는 농촌사회학 영역에서도 공공사회학적 연구의 필요성과 기회가 확장될 것으로 전망하면서 농촌사회학자의 공공사회학적 연구에 도움을 줄 수 있는 이론적·방법론적 전략을 자신의 연구 실례와 더불어 소개하고, 그 중요성을 환기한 바 있다(Sachs, 2007).

2장

1 농민시장에 대한 영어 표기는 관련 사이트들에서도 'Farmers' Market'과 'Farmers Market'의 두 가지가 혼용되고 있다. 굳이 우리말로 직역하자면 각각 '농민들의 시장'과 '농민들 시장'이 되겠지만 여기서는 통상적 표현대로 우리말로는 농민시장으로 통일하되, 영어 표기는 각 농민시장에서 사용하는 것을 그대로 사용하려 한다.

2 이 보고서는 앞부분에서 작성 경위를 간단하게 설명하고 있다. 우선 보고서 작업의 계기는 미국 농민시장의 숫자 총계 정보에 대한 수많은 요청 때문이었다고 한다. 필자처럼 이를 궁금해한 사람이 많았던 모양이다. 구체적인 보고서 작업은 여러 기관의 협동작업 형태로 1941년 시작되었지만, 제2차 세계대전으로 인해 중단되었다가 재개되어 1946년 현장조사가 완결되고, 1948년 출간되었다고 한다. 한 가지 흥미로운 것은, 이 보고서에 붙여진 제목이 '농민이 자신의 농장에서 재배한 농산물을 직접 가져와서 판매하는 시장터market place'로서의 '농산물 시장farmers' produce markets'이라는 점이다(USDA, 1948). 농민시장의 초기 용법에서는 농민보다는 상대적으로 농산물 그 자체에 방점이 있었다는 느낌을 받게 된다.

3 미국 농무부에서는 '지역먹거리 주소록Local Food Directories'의 하나로 '전국 농민시장 주소록National Farmers Market Directory'을 홈페이지를 통해 제공하고 있다. 이 주소록에는 개별 농민시장의 이름, 웹사이트, SNS, 소재지(주·카운티·시), 개장 일시, 신용카드 통용 여부, 유기농 취급 여부, 주요 거래 먹거리 품목, 정보 최종 갱신 일시 등에 관한 정보가 담겨 있다(USDA, 2017i).

4 그림의 농민시장 숫자를 이해할 때 한 가지 유의할 점이 있다. 조사된 농민시장 숫자는 전국 농민시장의 관계자들이 자율적으로 등록한 것을 종합한 결과라는 점이다. 미국 농무부는 이 주소록에 등재함으로써 잠재적 소비자에게 홍보할 수 있다는 점을 언급하면서, 등록뿐만 아니라 정기적인 정보 갱신을 권장한다(USDA, 2017k, 2017l). 농민시장 관계자들의 관심과 자발성을 유도한다는 점에서 장점이 있는 자료수집 방법인 것으로 보인다. 다만, 농민시장의 성격으로 미루어볼 때, 신규 농민시장은 대부분 등록할 것으로 추정되지만 여러 가지 이유로 폐장을 한 농민시장은 주소록에 들어가 그 정보를 수정하지 않을 공산이 크다. 이는 곧, 특정한 지역의 농민시장을 연구할 경우에는 미국 농무부의 농민시장 주소록 정보와 입수 가능한 또 다른 통계 자료들을 대조하면서 현재 운영 중인 농민시장의 숫자를 정확하게 파악할 필요가 있음을 시사한다. 이번 연구에서는 필요한 대목에서 이런 점검 작업을 시도하

고자 한다.

5 앞서도 인용한 이 자료에 의하면, 1946년 시점에서 파악된 미국 농민시장 숫자는 724개였다. 그런데 이 숫자는 경매와 합의매매시장을 의미하는 농산물 도매 선적지점 시장, 소매 농민시장, 도매 농민시장, 여성 농민시장 같은 네 가지 유형의 농민시장을 모두 합산한 것이었다(USDA, 1948). 시장의 기능에 따라 분류된 농민시장의 네 가지 주요 유형 중 오늘날 일반적으로 통용되는 농민시장 기준에 가장 부합하는 것이 소매 농민시장이라고 판단되어 여기서는 이 숫자를 인용했다. 브라운의 지적처럼(Brown, 2001), 농민시장에 관한 합의된 개념 정의가 정착되지 않은 채 여러 형태의 시장이 농민시장으로 불리며 운영되기도 했고 농민시장 자료가 체계적으로 축적된 것도 아니기 때문에, 역사적으로 농민시장의 추이를 일관된 기준으로 비교하는 데는 기본적으로 한계가 있다고 봐야 할 것이다. 따라서 특히 초기 농민시장의 자료를 대할 때에는 이런 점을 감안해야 하고, 추후 좀 더 정교한 사료 수집과 체계적인 분석 작업을 통해 이를 보완해야 할 것이다.

6 그림의 수치와 표시는 미국 농무부의 농민시장 주소록에서 계속 갱신되면서 제시되고 있는 2017년 6월 23일 기준 집계에 따른 것이다(USDA, 2017i: 2017년 6월 26일 검색).

7 일례로 2012년의 경우를 보면, 전체 농가 중 소농의 비중은 88.1퍼센트, 대농은 11.9퍼센트였다. 숫자로는 소농이 대부분임을 알 수 있다. 하지만 농가 전체의 연간 총매출액에서의 비중은 수적 구성과는 정반대로 소농 11.1퍼센트, 대농 88.9퍼센트로 나타나 극적인 대비를 보여준다(Kim, 2014: 233). 2007년 자료에 의하면, 직거래에 참여하는 미국 농가 중 84.8퍼센트가 실제로 소농이었다(황성혁·정준호, 2013: 9에서 재인용).

8 미국 농무부의 조직도에 의하면, AMS는 미국 농무부 내의 7개 차관급 부서 중 하나인 '마케팅과 규제 프로그램 부서'를 구성하는 3개 주요 행정 단위 가운데 하나다(USDA, 2017r; 조명기, 2013: 2-4). 따라서 우리로 치면 '국'이나 '실' 정도에 해당하는 조직이라고 보면 될 것 같다. 이런 점을 감안하되 '마케팅'의 적절한 우리말 표현을 찾지 못해 여기서는 AMS를 일단 '농산물마케팅지원국'으로 번역했다.

9 미국 농무부 농민시장은 정부의 해당 부처가 자신의 주요 업무와 관련된 사업을 직접 수행해보면서 그 의미를 현장감을 갖고 점검해온 것이라는 점에서 주목할 만한 사례다. 하지만 한 가지 아쉬운 것은, 지금까지 22년 동안이나 운영한 자체 농민시장임에도 그간의 성과나 개선점 등을 분석한 자료가 충분치 않다는 점이다. 따라서 미국 농무부 홈페이지에 게시된 미국 농무부 농민시장 소개란의 내용 검토를 통해 바람직한 방향이라는 정도의 느낌과 긍정적 의미를 도출해낼 수는 있지만, 실제로 어느 정도나 효과를 거두었는지를 정확히 파악하기는 어렵다. 그나마 다행스러운 것은 2010년에 실시된 자체 조사보고서(USDA, 2011)가 홈페이지에 공개되어 있어, 이를 근거로 앞서 서술한 본문 내용을 어느 정도 보완할 수 있었다는 점이다.

10 미국 정부의 2015년 식품영양 서비스 예산의 프로그램별 구성비를 하나의 실례로 살펴보면, SNAP 75.1퍼센트, 아동 영양 프로그램 18.5퍼센트, WIC 6.1퍼센트, 기타 0.4퍼센트로 나타났다(Kim, 2014: 238에서 재인용). 이는 위의 3개 프로그램이 미국 연방정부가 주도하는 영양 지원 프로그램의 전부라고 해도 과언이 아님을 보여준다. 특히, SNAP의 비중은 미국의 영양 지원 프로그램 중에서도 압도적인 위상을 갖는다.

11 필자는 최근 한 관련 사이트(Project Bread - The Walk for Hunger, 2017)에서 사이트 지원 담당자와의 '실시간 채팅LiveChat'을 통해 이 프로그램의 명칭 변경 이유를 물어본 적이 있다. 이 담당자는 좀 더 자세한 사항은 온라인을 통해 찾아볼 것을 권하면서, 명칭 변경의 이유를 미국 농무부 자료의 설명과 마찬가지로 '식품구매권의 대상자에게 가해질 수 있는 낙인을 덜어주기 위한 것'이라고 답변했다(접속일: 2017.5.2).

12 필자가 현지조사 과정에서 만난 대다수의 교민도 SNAP라는 용어는 잘 모르고 있었고, 내용을 설명하자 바로 그게 푸드 스탬프라고 말하고는 했다.

13 이에 관한 좀 더 구체적인 설명은 다음 사이트의 내용을 참조하라. https://www.fns.usda.gov/snap/eligible-food-items.

14 1996년 농업법은 SNAP 수혜자에게 제공되던 종이쿠폰을 EBT 직불카드로 대체하도록 했다. 이 작업은 주별로 추진되었고 2004년 완결되었다(Johnson, 2016: 54). 그리고 2008년 10월 1일 이후 전면 시행에 들어갔다.

15 이것은 달리 보면, 앞서 1장에서 살펴본 바와 같이 미국 사회에서 진행된 소득 양극화의 심화로 인해 저소득층이 점차 증가했음을 입증한다고 볼 수도 있다.

16 이 프로그램은 "일반적으로 WIC로 알려져 있는 여성·유아·어린이 영양 프로그램과 연관되어 있다"(USDA, 2016c). 여성·유아·어린이 영양 프로그램이란 '영양적인 측면에서 위기에 처해 있는 저소득층의 여성, 유아, 그리고 5세 이하의 어린이의 건강을 지키기 위해 1974년 상설화된 프로그램'이다. 미국 유아의 절반 이상이 이 프로그램에 참여하고 있다고 한다. 이 프로그램 덕분에 수혜자는 지급된 종이수표나 쿠폰으로 먹거리를 구매함으로써 지역경제를 후원하고, 특히 농민시장에서 신선한 지역산 과일과 채소를 구입할 수 있는 기회를 더 갖게 된다. 미국 연방정부는 프로그램 수혜자들의 쇼핑 편의성 제고를 위해 2020년 10월 1일까지는 주 전체에서 통용되는 WIC 보조금 전자전환 시스템을 구축, 시행하도록 모든 주정부에 지시한 상태다(USDA, 2015g). WIC에 관해 좀 더 자세히 알려면, USDA(2015h)를 참조하라.

17 이 문항에서 응답자들에게는 대규모 식료잡화점, 소규모 식료잡화점뿐만 아니라 편의점, 자연유기농점 등과 같이 서로 중복될 수 있는 여러 범주의 가게들 가운데 복수의 응답을 할 수 있게 여러 선택지가 동시에 주어졌다(USDA, 2014c: 29).

18 미국 전역의 소비자를 대상으로 실시된 한 표본조사에 의하면, 먹거리를 소매로 구입하는 소비자의 60퍼센트는 신선함과 품질을 구입 결정에서 가장 중요한 요인으로

고려하는 것으로 나타났다(Kearney, 2013: 21).

19 한 조사에 의하면, 대다수의 소비자는 한 장소에서 자신에게 필요한 모든 것을 구매할 수 있는 대형 할인점이나 전국 체인의 슈퍼마켓에서 주로 장을 본다고 얘기하면서도, 그런 대형 매장의 먹거리가 갖는 안전성을 지역산 먹거리보다 상대적으로 덜 신뢰한다고 응답했다(Kearney, 2012: 3-4).

20 크로거에 관한 자세한 내용은 https://en.wikipedia.org/wiki/Kroger를 참조하라.

21 라운디스에 관한 자세한 내용은 https://en.wikipedia.org/wiki/Roundys를 참조하라.

22 알버슨스에 관한 자세한 내용은 https://en.wikipedia.org/wiki/Albertsons를 참조하라.

23 세이프웨이에 관한 자세한 내용은 https://en.wikipedia.org/wiki/Safeway_Inc를 참조하라.

24 2013년 초부터 2015년 11월 초까지 진행된 주요 먹거리 소매업체들 간의 합병과 인수 사례들은 Duff & Phelps(2016: 7-8)를 참조하라.

25 타깃에 관한 자세한 내용은 https://en.wikipedia.org/wiki/Target_Corporation을 참조하라.

26 하이퍼마켓은 슈퍼마켓과 백화점을 합친 형태의 대형 소매점이라고 할 수 있다. 소비자가 식품을 비롯해 일상에 필요한 모든 물품을 한 매장 안에서 한꺼번에 구매할 수 있도록 수십만 가지의 브랜드 상품을 비치해둔다는 발상으로 설립된 대형 소매점이다. 성격상 매우 넓은 매장을 필요로 하기 때문에 하이퍼마켓은 대개 교외지역에 자리를 잡는 경향이 있다. 미국 하이퍼마켓의 효시는 1931년 오리건주 포틀랜드에서 처음 개장한 프레드 마이어Fred Meyer다. 프레드마이어는 지금은 크로거 슈퍼마켓에 흡수되었다. 하이퍼마켓에 대한 좀 더 자세한 내용은 https://en.wikipedia.org/wiki/Hypermarket을 참조하라.

27 샘스클럽에 관한 자세한 내용은 https://en.wikipedia.org/wiki/Sam%27s_Club을 참조하라.

28 먹거리사막이라는 용어는 그동안 학계에서 개념적 정의가 명료하지 않다는 비판을 받기도 했다. 하지만 이에 관한 연구들은 먹거리사막을 일반적으로 신선하고 건강한 먹거리를 구할 수 있는 식료품점이 거주지 인근에 거의 또는 전혀 없는 지역이라는 의미로 사용해왔다. 이런 용법에 따라 대개 도시나 농촌의 저소득층 밀집 거주 지역이 먹거리사막으로 간주되었다(Bader et al., 2010; Morton et al., 2005; Shaw, 2006).

29 슈퍼마켓과의 접근성이라는 측면에서 이 문제를 논의하게 되는 것은, 슈퍼마켓이 최상의 해결책은 아니지만 지역의 소형 식료품점보다는 상대적으로 양질의 먹거리를 싸게 공급하는 곳이라고 볼 수 있기 때문이다. 그럼에도, 이런 지역에서도 지향해야 할 방향은 농민시장의 신설과 활성화에 있다는 것이 필자의 기본 입장이다. 이번 연구에서는 사례로 선정된 농민시장들 중 저소득층 거주 지역에 위치한 농민시장들이

판매자와 소비자 모두에게 실제로 어떤 의미를 갖고 있고, 또 어떤 기능을 수행하고 있는지를 살펴볼 것이다.

30 농민시장에서 생산자농민과 소비자가 지속적으로 만나는 과정에서 이들 간에는 신뢰와 상호 유대감이 싹트고 자라게 된다. 먹거리의 거래라는 경제적 관계에서 출발했지만 지역농업, 지속가능한 먹거리체계의 구축, 지역농민 후원, 소비자의 건강 배려, 환경과 공동체에 대한 책임, 상호 연계성, 소속감 같은 복합적인 사회적 가치들이 이를 계기로 형성되고 점차 현실적 힘을 발휘하게 되는 것이다. 농민시장에 참여하는 생산자와 소비자 간에 형성되어 농민시장에서의 관계에 무언중에 작동하는 이런 내재적 특성을 '사회적 배태성social embeddedness'이라고 한다(Feagan & Morris, 2009; 김원동, 2016). 이런 의미에서 농민시장은 무엇보다도 사회적 배태성을 특징으로 하는 공간이라고 할 수 있다.

31 미국 농무부는 유기농의 인증 취득 절차와 유지 방법 등에 관한 규정을 홈페이지에 공지하고 있다. 또 농무부는 전국적으로 인증 업무 대행기관을 선정해 운영하고 있고, 2015년부터는 공식 유기농 인증을 받은 농장과 사업체 데이터베이스를 구축하여 가동하고 있다. 이에 관한 자세한 내용은 USDA(2017b; 2017p; 2017q)를 참조하라.

32 일례로 1997년부터 2008년까지 불과 10여 년 사이에 미국의 유기농 과일과 채소의 소매 판매액은 4배 이상 증가한 것으로 나타났다(USDA, 2009: 15에서 재인용).

33 칼 폴라니Karl Polanyi는 경제와 사회 간의 관계를 설명하면서 '묻어들어 있던 embedded'이라는 표현을 사용한다. 사회 속에 묻어들어 있던 경제가 사회 위에 군림하면서 사회를 황폐화시키는 현상에 주목했던 것이다(폴라니, 2009; 김원동·최흥규·박준식, 2014: 68-69). 이 책에서는 이런 의미의 '묻어들어 있는 특성'을 '배태성 embeddedness'이라는 용어로 번역해 활용하고자 한다.

34 이것은 피건Feagan과 모리스Morris가 커완(Kirwan, 2004)과 펜커(Penker, 2006)의 주장을 재구성해 제시한 세 가지 배태성 개념 중 하나다. 여기서의 배태성 논의는 이들이 분류한 공간적 배태성, 사회적 배태성, 자연적 배태성natural embeddedness 개념을 그대로 수용해 활용하고자 한다. 필자는 이런 개념 틀에 근거해 미국의 농민시장과 CSA에 관한 분석을 시도한 바 있다(김원동, 2016).

3장

1 http://www.cuesa.org/markets/ferry-plaza-farmers-market.

2 페리 플라자 농민시장 이외의 다른 한 시장은 캘리포니아주 오클랜드Oakland의 잭 런던 스퀘어에서 일요일 오전 9시부터 오후 2시까지 열리는 '잭 런던 스퀘어 농민시장Jack London Square Farmers Market'이다. CUESA는 페리 플라자 농민시장과는 다른 장소에서 정기적으로 열리는 이 시장을 2016년부터 관리하기 시작했다고 한다

(http://www.cuesa.org/about-cuesa). 필자가 페리 플라자 농민시장에 대한 현지조사와 홈페이지 분석을 하던 2012년 당시에는 CUESA의 홈페이지에서 잭 런던 스퀘어 농민시장과 관련된 언급이나 소개를 전혀 볼 수 없었다. CUESA와 잭 런던 스퀘어 농민시장의 관계는 불과 1년 전에 맺어진 새로운 변화 중 하나이기 때문이다. 잭 런던 스퀘어 농민시장에 대한 자세한 내용을 위해서는 다음 사이트를 참조하라. http://www.cuesa.org/markets/jack-london-square-farmers-market.

3 캘리포니아주의 인증을 받은 농민시장이란 시장이 속해 있는 카운티 농업 감독관의 인증을 받은 장소를 의미한다. 캘리포니아주 내의 각 카운티는 자기 지역에서 농사를 짓는 농민에게 작물 유형, 농지 면적, 농지 주소, 예상 수확량과 수확 시기 등으로 구성된 생산 목록의 제출을 요구하고, 그 정보를 근거로 인증서를 발급한다. 감독관들은 물론 생산 기간 중에 농장을 직접 방문해 서류에 제시된 정보 내용을 확인한다. 페리 플라자 농민시장에서 활동하는 농민판매인은 모두 그 생산자 인증을 받은 사람들이다(http://cuesa.org/markets/farmers-market-faq).

4 http://www.cuesa.org/markets/history-market; 김원동(2014a: 231; 2012a: 185-186). 페리 플라자 농민시장과는 별도로 페리 빌딩 내부의 1층에는 먹거리 가게를 중심으로 인기 있는 다양한 소매점이 운영되고 있어 지역주민뿐만 아니라 관광객의 발길이 끊이지 않는다. 페리 빌딩은 새로 단장하고 문을 연 2003년 3월 이후로 하루 1만 6,000명, 그리고 연간 600만 명으로 추산되는 수많은 방문객이 몰려드는 샌프란시스코의 '역사적인 건물historic landmark'이자 '음식으로 유명한 세계적 명소international culinary destination'로 거듭났다고 한다(http://cuesa.org/article/rebirth-landmark; http://cuesa.org/markets/farmers-market-faq).

5 http://www.cuesa.org/about-cuesa; http://www.cuesa.org/markets/history-market.

6 이런 관점에서 미국의 농민시장 사례를 검토한 국내의 연구로는 김원동(2011)을 참조하라.

7 페리 플라자 농민시장의 홈페이지에는 화요농민시장, 목요농민시장, 토요농민시장에 참여하는 판매인 명단이 요일별 시장 소개란에 공지되어 있다(http://www.cuesa.org/markets/ferry-plaza-farmers-market-saturday; http://www.cuesa.org/markets/ferry-plaza-farmers-market-tuesday; http://www.cuesa.org/markets/ferry-plaza-farmers-market-thursday). 판매인마다 상호를 클릭하면, 판매인의 사진, 판매인 소개, 주요 생산물, 전화번호, 이메일, 홈페이지, SNS 사이트, 참여하는 시장 등에 관한 정보를 확인할 수 있게 잘 구성되어 있다. 필자가 확인차 요일별 농민시장의 판매인 상호 숫자를 직접 집계해보았더니, 화요농민시장 22곳, 목요농민시장 17곳, 토요농민시장 100곳이었다(검색일: 2017년 6월 13일). 각 시장의 홈페이지에는 상호별 소개만 있지만 동일한 상호의 매장에 여러 명이 같이 나와 판매인으로 활동하는 게 일반적이기 때문에 시장에서 마주칠 수 있는 판매인의 숫자는 상호 숫

자보다 실제로는 더 많다고 봐야 할 것이다. 이와 같이 추정하는 이유는 홈페이지에 판매인으로 이름이 올라가 있는 경우라도 개인적 사정으로 인해 정해진 장날에 참여하지 못하는 경우가 얼마든지 생길 수 있기 때문이다. 페리 플라자 농민시장은 홈페이지를 통해 금요일 기준으로 그 이후 일주일 사이에 열리는 요일별 농민시장의 판매인 참여 변동 사항에 관한 최신의 정보를 제공한다. 또 페리 플라자 농민시장은 회원 가입을 한 모든 네티즌에게 각종 쇼핑 정보와 행사 정보 등을 담은 '주간 전자메일 소식지weekly e-letter'를 매주 한 번씩 금요일마다 전달한다(http://www.cuesa.org/markets/market-update; http://www.cuesa.org/subscribe). 이와 같이 페리 플라자 농민시장은 다른 농민시장에서는 찾아보기 힘들 정도로 농민시장의 실제 참여 판매인 소개를 비롯한 각종 정보를 인터넷 기반으로 소비자에게 최대한 제공하면서 이들과의 지속적인 관계 유지와 신규 고객 확보를 도모하고 있다.

8 http://cuesa.org/markets/history-market.

9 http://cuesa.org/markets/ferry-plaza-farmers-market-tuesday; 김원동(2012a: 187).

10 http://cuesa.org/markets/ferry-plaza-farmers-market-thursday; 김원동(2012a: 187).

11 http://cuesa.org/markets/ferry-plaza-farmers-market-saturday; 김원동(2012a: 191-196; 2014a: 228-232).

12 물론 페리 플라자 농민시장을 소개하는 짧은 동영상들은 유튜브YouTube 같은 곳에서도 쉽게 찾아볼 수 있다.

13 문구가 흥미로워 소개하면 다음과 같다(사례 3-9). "고기는 살고 싶어했던 그 누군가의 사체死體입니다. 채식주의자가 되세요."

14 토요일마다 '시장과 식탁 연계 시연market to table demo'이라는 명칭으로 45분간 진행되는 무료 프로그램이다. 페리 플라자 농민시장 홈페이지에서는 곧 시연을 진행할 요리사부터 연말에 참여할 요리사에 이르기까지 주별 요리사의 이름, 사진, 경력, 시연 시간 등에 관한 사전 정보가 공지된다. 참가자들은 조리법과 시음의 기회를 제공받는다(http://cuesa.org/event-type/market-table-demo). 또 페리 플라자 농민시장은 시연 후 홈페이지를 통해 이 프로그램에서 선보인 조리법과 사용된 식재료에 관한 정보를 공개한다(https://cuesa.org/eat-seasonally/recipes; 김원동, 2014a: 249-250). 2011년 시장에서 발간한 보고서에 의하면(CUESA, 2011; 김원동, 2012a: 207-208), 시장에서는 그해에 무료 요리 시연회를 67회 개최했고, 홈페이지를 통해 544가지의 조리법을 소개했다. 또 2015년 보고서(CUESA, 2016)에 의하면, 2015년에 60회 이상의 요리 시연회를 열었고, 2,900명 이상이 참여했다. 이와 같이 페리 플라자 농민시장은 이전부터 지속적으로 시장에서 요리 시연회를 개최함으로써 지역의 소비자에게 건강한 음식의 중요성과 그에 대한 관심을 환기시켜온 것이다. 이는 곧 페리 플라자 농민시장이 지역주민 대상의 건강하고 지속적인 식생활교육에 일조

해왔음을 보여주는 것이라고 평가할 수 있다.

15 매주 토요일 오전 9시부터 1시 30분까지 '식품유역The Food Shed'이라는 명칭으로 진행되고 있는 프로그램이다(http://cuesa.org/food-shed). 가뭄, 토양 건강, 식품라벨 같은 다양한 주제를 다룬다. 2015년 시장의 자체 보고서에 의하면, 4,749명의 시장 방문객이 이 프로그램에 참여했다고 한다(CUESA, 2016).

16 이 프로그램이 개설된 해인 2012년 발간된 페리 플라자 농민시장 연례보고서는 그해 9월 이후로 연말까지 18개 초등학교에서 396명의 학생이 참여했다고 밝힌 바 있다. 특히, 이 프로그램은 대부분 저소득층 가정의 학생들에게 제공되었는데, 프로그램에 대한 학부모와 학생, 교사의 반응은 매우 긍정적이었다고 한다(CUESA, 2012; 김원동, 2014a: 249).

17 https://cuesa.org/foodwise-kids.

18 https://cuesa.org/schoolyard-market. 고등학교 청소년을 대상으로 한 먹거리교육 프로그램은 매우 중요한데, 2012년 이후 5년이 흐른 지금까지 페리 플라자 농민시장을 중심축으로 해서 이루어지는 '교정과 시장 연계' 프로그램이 3개에 머물러 있다는 점은 좀 더 분발을 요하는 대목인 듯하다. 현재의 홈페이지에 의하면, 최근 CUESA에 의해 관리되기 시작한 잭 런던 스퀘어 농민시장에서도 한 고등학교가 이 프로그램에 참여하고 있는 것으로 되어 있어, 이를 포함한다면 한 곳이 더 추가되었다고 할 수 있다. 그렇다 해도 기존의 페리 플라자 농민시장 차원에서 향후 이 프로그램의 확장 노력은 강화될 필요가 있어 보인다.

19 현재 CUESA의 홈페이지에는 각각 2010년, 2011년, 2012년, 2015~16년 보고서 파일(PDF)이 탑재되어 있다(https://cuesa.org/about-cuesa).

20 https://cuesa.org/get-involved/volunteer.

21 https://cuesa.org/sites/default/files/Volunteer%20Handbook%20Jan%202017.pdf.

22 https://cuesa.org/topics/volunteer-month. 필자가 확인한 바에 의하면(검색일: 2017.6.18), 홈페이지에는 현재 2012년 6월부터 2017년 5월까지 선정된 자원봉사자들을 소개하고 있었다.

23 보고서에 구체적인 수치가 제시되어 있음에도, 자료에 내재된 한계로 인해 일관성 있는 비교를 하는 데는 다소 어려움이 있다. 예컨대, 2010년과 2011년 자료에는 자원봉사자들의 숫자 총계가 없고 기부 시간의 총량만 나와 있어 2012년, 2016년 자료와의 정확한 비교를 할 수 없다. 또 2012년 자료에는 인턴의 숫자까지 포함한 것이라고 되어 있지만 다른 연도의 자료에서는 이에 관한 언급 자체가 없다. 그럼에도, 봉사를 통한 기부 시간의 누적 총량이 분명하게 증가하고 있음을 확인할 수 있고, 이에 비추어 자원봉사자의 숫자도 증가해왔다고 추정하는 것까지는 별 무리가 없어 보인다.

24 이 프로그램에는 코이Coi, 스테이트 버드 프로비전스State Bird Provisions 같은 미슐

랭 스타 음식점Michelin star restaurants도 일부 참여하고 있다고 한다. 또 홈페이지에는 이 프로그램에 참여하는 요리사들이 소속된 음식점의 명단이 소개되어 있고, 각각의 상호를 클릭하면 해당 음식점의 홈페이지로 바로 연결된다(https://cuesa.org/market-chef-program; https://cuesa.org/eat-seasonally/restaurants).

25 https://cuesa.org/market-chef-program; https://cuesa.org/eat-seasonally/restaurants; CUESA(2016).

26 https://cuesa.org/market-chef-program.

27 https://cuesa.org/market-chef-program.

28 이 부분에 관한 자세한 논의는 http://marketmatch.org/about와 https://cuesa.org/article/market-match-now-available-cuesa-farmers-markets를 참조하라.

29 시장 대응 프로그램은 캘리포니아주 저소득층 공동체가 건강한 먹거리에 접근하는 것을 도움과 동시에 지역농민을 후원하기 위해 2009년 '변화의 뿌리Roots of Change'라는 조직이 이미 설립한 바 있다(https://cuesa.org/article/market-match-now-available-cuesa-farmers-markets). 하지만 페리 플라자 농민시장을 방문했던 2012년 당시에 필자는 이 시장에서 시장 대응 프로그램에 관한 얘기를 듣지 못했다. 프로그램이 도입되기 전이었기 때문이다. 이런 점에서, 이것은 다른 농민시장에서도 볼 수 있긴 하지만 페리 플라자 농민시장의 성장을 보여주는 또 하나의 최신 프로그램이라고 할 수 있을 것이다. 한 가지 주목할 점은 이 프로그램의 혜택을 보려면 농민시장에서도 대응 자금을 마련해야 한다는 사실이다. 즉, 현재 이 프로그램의 기금은 2014년 농업법에 의해 신설된 미국 농무부 프로그램인 '먹거리 불안정 계층을 위한 영양 장려 프로그램Food Insecurity Nutrition Incentive program'에 의해 조성되고 있는데, 이 연방보조금을 받으려면 주정부나 농민시장 등에서도 반드시 대응 자금을 나름대로 모금해야 한다. 말하자면, 연방정부 기금federal funds뿐만 아니라 주나 지역 또는 민간단체 차원에서 조성된 비-연방기금non-federal funds이 이 프로그램의 운영자금으로 함께 투입되도록 설계되어 있는 것이다(https://cuesa.org/article/market-match-now-available-cuesa-farmers-markets).

30 예컨대, 2014년의 한 조사에 의하면, SNAP 수혜를 받는 저소득층 소비자 중 다른 곳이 아닌 농민시장에서 자신들의 보조금을 사용하기로 결정하는 데 시장 대응 프로그램이 매우 중요한 고려 요인으로 작용했다고 답한 비율은 61퍼센트였다. 또 이 프로그램으로 인해 자신들의 과일과 채소 소비가 증가했다고 답한 사람의 비율은 79퍼센트였다(http://marketmatch.org/impact). 또 다른 조사 자료에 의하면, 이 프로그램의 이용자 중 79퍼센트가 농민시장을 다시 찾았는가 하면, 이용자의 80퍼센트가 이 프로그램으로 인해 자기 가족의 건강이 좋아졌다고 응답한 것으로 나타났다(Market Match, 2016).

31 이 프로그램에 참여하는 농민시장들의 보고에 의하면, 시장 대응 프로그램의 도입으로 인해 SNAP 수혜자들 가운데서 농민시장에서 장을 보기 시작한 사람들이 늘

어났고, 이 프로그램 수혜자들의 구입액이 300~700퍼센트 정도 증가했다고 한다. 그렇기 때문에 농민들은 자신들에게 새로운 고객을 맞게 해주고 추가 소득을 안겨주고 있는 이 프로그램을 정말로 좋아한다는 것이다(http://marketmatch.org/faq). 홈페이지에는 단편적이기는 하나 이보다 좀 더 구체적인 통계 자료도 게시되어 있다. 예컨대, 2015년의 경우 시장 대응 프로그램을 이용한 소비자는 캘리포니아주 전체로 볼 때 13만 명 이상이었고, 1,500명 이상 되는 농민들의 가계 소득에 영향을 주었다고 한다(http://marketmatch.org/about/funders). 이 대목에서 한 가지 아쉬운 것은 페리 플라자 농민시장의 홈페이지에서는 이 프로그램이 페리 플라자 농민시장에 끼친 효과에 대한 구체적인 계량적 자료를 찾을 수 없다는 점이다. 따라서 추후 이 부분에 대해서는 보완이 필요해 보인다.

32 시장에서 만난 한 소비자는 점심식사로 지속가능한 좋은 음식을 먹을 수 있기 때문에 목요농민시장을 찾는다고 했다(사례 3-7). 한 여성은 저녁식사로 집에서 간단히 데워 먹을 수 있는, 품질이 좋으면서도 매우 저렴한 조리식품을 여기서 구입할 수 있기 때문에 페리 플라자 농민시장을 찾는다고 했다. 자기 부부는 둘 다 일을 하기 때문에 귀가해서 저녁식사를 제대로 준비할 시간이 없는데 여기에 오면 품질이 좋은 많은 제철 조리식품들을 살 수 있다는 것이다(사례 3-15). 이와 같이 페리 플라자 농민시장은 다른 농민시장들에 비해 음식 판매인의 의미와 비중이 각별한 농민시장이라고 할 수 있다. 페리 플라자 농민시장이 갖는 '음식사회학적 함의'에 관한 자세한 논의는 김원동(2014a: 242-247)을 참조하라.

33 소비자들이 실제로 그렇게 생각하느냐가 중요한데, 필자가 현장에서 만났던 소비자들은 이구동성으로 페리 플라자 농민시장의 먹거리 품질에 전폭적인 신뢰를 보여주었다. 즉, 가격이 다소 비싼 편이지만 재배 비용이나 공동체에 대한 기여 등의 관점에서 볼 때 그만한 가치가 있는 공정한 가격이고, 신선한 제철 먹거리라 품질의 우수성도 신뢰한다는 반응이 대부분이었다(사례 3-7; 사례 3-8; 사례 3-9; 사례 3-10; 사례 3-12; 사례 3-13; 사례 3-14; 사례 3-16; 사례 3-18; 김원동, 2014a: 236). 특히, 한 남성 소비자는 요리사들의 페리 플라자 농민시장 이용에서 이 시장에서 판매되는 먹거리의 우수성을 찾고자 했다(사례 3-12). 그는 시장을 둘러보면 "샌프란시스코만 지역의 최고 요리사들, 이를테면, 쓰리 스타급의 요리사들3 Star Chefs이 자기들의 음식점에서 사용할 식재료를 바로 여기서 찾고 있음을 보게 될 것"이라고 했다. 또 일반 소비자는 이런 모습을 보면서 정말로 좋은 먹거리들이 이곳에 있다는 것을 알게 된다고 했다. 물론 필자가 시장에서 만났던 판매인들도 자신의 생산물과 생산 방식에 대한 자부심을 확실하게 보여주었다. 예컨대, 꽃 재배 판매인은 자신의 꽃에 유기농이라는 표현을 쓰고 있었다. 그 의미를 묻자 살충제를 사용하지 않고 재배한 꽃이라면서, 유기농으로 재배하기 때문에 토양과 환경에도 더 좋다고 설명했다(사례 3-2). 자신을 소규모 가족농이라고 소개한 과일 판매인은 자기 농장에서 생산해 가져온 과일은 바로 어제 수확한 것이라 품질이 매우 좋다고 했다. 그렇기 때문에 최상

품의 과일을 원하는 많은 일류 음식점을 상대로 자신의 과일을 팔 수 있는 것이라고 했다(사례 3-3). 또 다른 한 판매인은 자신과 생산물을 소비자들이 신뢰하기 때문에 고객으로 계속 찾아온다고 했다(사례 3-4). 취급하는 먹거리는 달랐지만 축산물 판매인이나 아몬드 판매인도 자신의 먹거리 품질에 대해 마찬가지로 상당한 자부심을 갖고 있음을 확인할 수 있었다(사례 3-5; 사례 3-6; 김원동, 2014a: 229).

34 소비자로서의 요리사들이 어떤 시장을 이용하느냐는 특정한 농민시장이 제공하는 먹거리 품질의 우수성뿐만 아니라 다양성을 가늠할 수 있는 중요한 지표가 될 수 있다. 요리사들이 고급의 여러 음식 메뉴를 제공하기 위해서는 품질이 매우 좋으면서도 다양한 식재료가 있는 시장을 찾을 수밖에 없기 때문이다. 그럼에도, 페리 플라자 농민시장 임원과의 면접에서 이 시장의 가장 중요한 고객이 요리사와 음식점 관계자라는 얘기(사례 3-1)를 처음 들었을 때, 필자는 이를 바로 이해하지 못했다. 다소 의외였기 때문이다. 페리 플라자 농민시장에서 필자는 다행히 요리사 직업을 가진 한 여성 소비자를 만날 수 있었다. 자기는 지난 10년 동안 매주 토요일마다 또 가끔은 목요일에도 이 시장에 와서 식재료를 구입해 간다고 했다(사례 3-11; 김원동, 2014a: 236). 이 여성은 여기서 장을 보는 이유를 인증 유기농 생산물과 인증을 받지는 않았지만 살충제 같은 화학물질을 사용하지 않은 품질 좋은 식재료를 구할 수 있기 때문이라고 했다. 앞서 살펴본 바와 같이 CUESA가 요리사들과의 제휴 프로그램을 운영하고 있고 이들의 시장 이용 활성화를 위해 노력하고 있지만, 요리사들이 시장을 적극적으로 찾을 만큼 양질의 다채로운 식재료가 없었다면 지금과 같은 수준의 관계는 형성될 수 없었을 것이다. 이런 점에서 갖가지 전문적 메뉴를 내놓는 유명한 요리사들이 페리 플라자 농민시장을 지속적으로 찾고 있고, 이들로 인한 농민 판매인들의 매출액 비중이 매우 높다는 사실은 이 시장의 식재료가 갖는 품질의 우수성과 다양성을 입증하는 분명한 근거라고 볼 수 있다.

35 한 소비자는 세이프웨이 같은 곳에서는 느낄 수 없는 좋은 체험을 이곳 농민시장에서는 공유할 수 있고, 그런 점에서 샌프란시스코 시민을 매우 '광범위한 공동체broad community'로 묶어주는 의미가 있다고 했다(사례 3-7). 페리 플라자 농민시장이 가족 쇼핑을 겸한 휴식과 일상적 관계의 지속에 일조할 수 있는 환경 제공의 기능을 하고 있음도 엿볼 수 있었다. 예컨대, 한 소비자 부부는 페리 플라자 농민시장에 오면 슈퍼마켓과는 달리 익숙한 판매인들의 얼굴과 함께 풍성한 제철 먹거리를 볼 수 있기 때문에 이번 주간에 먹을 음식을 생각하며 걸어다니기에 매우 좋은 장소가 바로 이 시장이라고 표현했다(사례 3-14; 사례 3-15). 먹거리 쇼핑과 즐거운 나들이를 병행할 수 있는 공간이라는 기능도 갖고 있다는 것이다.

36 앞에서 2012년 자원봉사자 숫자가 136명이었다는 통계와 견주어보면, CUESA가 명단으로 가지고 있는 300명은 실제로 자원봉사에 참여한 숫자보다는 훨씬 더 많음을 알 수 있다.

4장

1 시장 홈페이지에는 이 시장을 이해하는 데 필요한 주요 내용이 비교적 깔끔하게 소개되어 있다(http://heartofthecity-farmersmar.squarespace.com/about).

2 먹거리사막에 대한 일부 선행연구는 농민시장이 그러한 지역의 먹거리 상황을 어느 정도 개선하는 효과가 있음을 보여준다(Bader et al., 2010; Lu et al., 2015).

3 시장 관리인에 의하면(사례 4-17), 이 시장에서는 이미 15년 전(조사 당시 시점이 2012년이므로 2017년을 기준으로 한다면 20년 전)에 EBT 프로그램에 참여했다고 한다. EBT 카드 소지자가 시장 안내소에 와서 카드를 제시하고 시장에서 먹거리 구매에 사용할 액수를 말하면, 수혜자의 카드 잔고에서 그만큼 차감하고 그 액수만큼 시장에서 사용할 수 있는 토큰을 제공하는 방식을 사용해왔다는 것이다. 소비자는 이 토큰으로 따끈따끈한 음식hot food이나 꽃 등 일부 품목을 제외한 모든 먹거리를 구입할 수 있다고 한다. 시장 관리인은 EBT 카드와 더불어 최근에는 소비자의 구매와 농민의 판매를 돕기 위해 신용카드 결제도 시작했다는 설명을 곁들였다. 시장 홈페이지의 정보에 의하면, 그동안 EBT 소비자의 이용이 꾸준히 늘어, 2016년에는 최고 판매액을 갱신했다고 한다. 즉, EBT 판매액이 2010년 12만 3,000달러에서 2016년 41만 9,188달러로 최근 6년 사이에 322퍼센트나 증가한 것이다. 그런가 하면, 신용카드 매출액은 2015년 40만 4,911달러에서 2016년 44만 32달러로 증가했다. 시장 측에서는 농민이나 소비자에게 부담이 되지 않게 신용카드 처리 수수료를 부담하고 있다고 한다(http://heartofthecity-farmersmar.squarespace.com/blog).

4 시장 대응 프로그램은 필자가 이 시장을 조사했던 2012년 당시에는 없었다. '도시의 심장 농민시장'이 먹거리 불안정 해소를 위해 제공되는 영양 공급 장려보조금을 비롯한 여러 기금의 도움을 받아 EBT 카드 사용자가 시장에서 과일과 채소를 구입할 때 일정액의 대응 자금을 제공하는 프로그램을 도입한 것은 2015년이었다. 프로그램 도입 첫해에 EBT 카드 사용자에게 구입액에 상응하는 여분의 달러를 하루 최고 7달러까지 지급함으로써 저소득층 구매자의 구매력 배가를 가능하게 했고, 소농 판매인들의 소득에도 크게 도움을 주었다. 2016년에는 이 프로그램으로 인해 농민 판매인당 평균 4,925달러의 추가 소득을 올렸다고 한다. 이 시장에서는 이후에도 기금 조성을 계속해왔고, 2017년 4월까지 EBT 카드 사용 소비자는 시장에서 장을 볼 때 하루에 최고 5달러까지 소비액에 대응하는 추가 달러를 제공받게 된다고 한다. 전국에서 생활비가 가장 많이 드는 이 지역이지만, 20만 달러 이상의 기금 확보에 의해 가능해진 이 프로그램의 지원으로 인해 EBT 소비자가 이 시장을 이용할 때는 신선한 농산물을 그만큼 더 많이 구입할 수 있게 된 것이다(http://heartofthecity-farmersmar.squarespace.com/blog).

5 당시 도시의 심장 농민시장을 방문하면서 들었던 느낌과 시장 풍경에 관해서는 김원동(2014a: 229-230)을 참조하라.

6 일례로 도시의 심장 농민시장 홈페이지의 농민판매인 소개에 의하면, 이 시장의 판매인 농가 중 하나인 타인 호Thanh Ho 가족은 유기농 인증을 받을 여유가 없어 공식 인증을 받지는 않았지만 살충제를 사용하지 않고 건강한 아시안 허브와 채소를 생산하여 시장이 열리기 하루 전날에 밭에 나가 수확함으로써 가능한 한 가장 신선한 먹거리를 소비자에게 제공하려고 노력하고 있다고 한다(http://heartofthecity-farmersmar.squarespace.com/farmers/#/thanhhosproduce).

7 좀 더 정확히 얘기하자면, 〈표 4-1〉에 소개된 것처럼, 일요농민시장은 오전 7시에서 오후 5시, 수요농민시장은 오전 7시에서 오후 5시 30분까지 운영된다(〈사진 4-1〉 참조).

8 이것은 실제로 채식주의자들이 이 시장에서 장을 보는 중요한 동기가 되기도 한다. 시장에서 만났던 한 소비자 부부(사례 4-8; 사례 4-9)는 자신들이 채식주의자라고 하면서, 다양한 종류의 채소를 다른 곳보다 훨씬 싸게 사서 식단을 꾸릴 수 있기 때문에 주말마다 빠지지 않고 이곳을 찾는다고 했다.

9 시장 관리인(사례 4-17)의 부연 설명에 의하면, 청소원은 장이 열리는 날에만 와서 일하는 피고용인이다. 또 보안요원은 농민시장의 자체 피고용인이 아니라 시장의 요청에 의해 파견 나온 외부 보안회사 직원이고 그 비용은 당연히 시장에서 지불한다. 따라서 장날에 볼 수 있는 이들 4명은 시장 운영에 관여하는 사람들은 아니다. 그녀는 시장의 자체 직원이 자신을 포함해서 모두 3명이고 이 중 자신만 정직원이며 2명은 일종의 시간제 근무자라고 설명했다. 이 밖에 시장 안내소에 나와 일정 시간 자신들을 도와주는 자원봉사자가 1명 있다고 했다. 하지만 시장의 업무가 매우 바쁘게 돌아가기 때문에 자신들이 여러 자원봉사자를 받아 지도하면서 도움을 받는 게 오히려 어려운 일이라고 말하는 것으로 보아, 자원봉사자 부문에는 크게 기대를 하지 않는 것 같았다. 결국 시장이 열리는 날에는 시장 측의 관계자를 7~8명 정도 볼 수 있지만 이 중 실질적인 시장 전담 직원은 3명이라는 얘기였다.

10 시장의 청결성과 안전성은 소비자가 특정한 농민시장에서 장을 보는 '매우 중요한' 상위 다섯 가지 이유에 속한다는 조사 결과가 있다. 이것은 EBT 카드가 통용되는 미국 전역의 농민시장 중에서 표본 추출한 65개 농민시장과 SNAP 수혜자 4,752명을 대상으로 실시한 미국 농무부의 영양 지원 프로그램 보고서(USDA, 2014c: 71-73)에서 확인된 내용이다. 응답자들이 농민시장에서 쇼핑을 하는 매우 중요한 이유로 가장 많이 지목한 것은 '고품질의 과일과 채소'(1위)였고, 그 뒤를 이은 것이 농민시장의 청결(2위)과 안전성(3위)이었다. 이런 관점에서 보면, 도시의 심장 농민시장이 관심을 기울인 시장의 청결과 안전 확보는 소비자를 농민시장으로 유도하는 매우 효율적인 전략인 셈이다.

11 앞서도 언급했듯이, 이는 도시의 심장 농민시장이 생산자농민과 소비자 모두의 관점에서 기본적으로 시장성을 배태한 시장이라는 점을 의미한다. 도시의 심장 농민시장에서 볼 수 있는 이런 특징은 캘리포니아주 소재의 오클랜드 서부 농민시장West

Oakland Farmers Market의 사례를 연상케 한다(Alkon, 2008a). 이 지역 거주민의 대다수를 차지하는 아프리카계 미국인 지역주민이 농민시장을 이용함으로써 아프리카계 미국인 농민판매인들의 경제적 생존이 보장되고, 소비자로서는 인근에서 구할 수 없는 신선한 먹거리에 접근할 기회가 늘어났음을 이 사례에서 볼 수 있기 때문이다.

12 시장 관리인과의 면접조사에서도 시장 진입 기준에 관해 질문한 바 있다. 그녀에 의하면, 현재 대기자가 너무 많기 때문에 선별 기준을 적용할 수밖에 없다고 했다. 이를테면, 판매하려는 품목이 독특한 먹거리냐 하는 것과 같은 기준을 들 수 있다고 했다(사례 4-17).

13 그러면서 이 판매인은 올해(조사 당시인 2012년)가 시장에 참여한 지 30주년이 되는 해라고 자랑스럽게 말했다.

5장

1 http://sfgov.org/realestate/alemany-farmers-market. 도시의 심장 농민시장 홈페이지와 비교할 때, 알레머니 농민시장 홈페이지는 매우 적은 내용을 담고 있어 여기서의 정보만으로는 이 시장을 충분히 이해하기 어렵다. 따라서 이 정보들을 최대한 이용하되 가용한 다른 자료들을 함께 활용하고자 한다.

2 해당 통계 자료를 인용한 샌프란시스코시 홈페이지에는 주 내의 농민시장 총계로 집계된 520개의 기준일이 명시되어 있지 않다. 다행히 캘리포니아주 식품농업부 California Department of Food and Agriculture, CDFA의 홈페이지에 2017년 4월 3일 기준으로 집계된 최신 자료가 게시되어 있었다(https://www.cdfa.ca.gov/is/docs/CurrentMrktsCounty.pdf). 필자가 일일이 확인하며 집계했더니 이 날짜 기준으로 캘리포니아주의 인증을 받은 농민시장은 737개였다. 그리고 이 중 샌프란시스코 지역에 있는 농민시장은 모두 19개였다.

3 시장의 한 가판대 측면에는 '농민시장 여성·유아·어린이 영양 프로그램'과 '노인 농민시장 영양 프로그램' 수표 이용을 환영한다는 게시물이 부착되어 있었다(《사진 5-3》). 이는 알레머니 농민시장 소비자 중에 영양 지원 프로그램 수혜자가 많이 포함되어 있음을 시사한다.

4 이는 특정한 농민시장을 찾는 소비자의 동기 중 하나가 자신의 거주지와의 지리적 근접성에 있음을 시사한다.

5 필자가 면접하면서 시장과의 거리를 물어본 결과, 응답자는 모두 시장 인근에 사는 주민이었다. 물론 소비자들의 주거지에 대한 정확한 집계 자료가 없기 때문에 면접 대상자들의 거주지 정보만으로 이 시장의 소비자를 모두 지역주민이라고 단정할 수는 없다. 하지만 이번 사례조사 자료에 의하면, 소비자의 상당수가 지역주민이라는 점은 분명해 보였다. 이 점은 이들이 시장을 방문하는 횟수에서도 짐작할 수 있었다. 필자가 면접한 대다수의 응답자에게 이 점을 질문했을 때, 한 명만 한 달에 한 번 정

도 방문한다고 했고, 나머지는 모두 매주 혹은 격주로 이 시장에 장을 보러 온다고 답했기 때문이다.

6 샌프란시스코만 지역 주민들의 생태의식을 함양하기 위해 2006년 결성된 이 조직의 성격과 프로그램 등에 관한 자세한 내용은 http://eco-sf.org을 참조하라.

7 소비자들은 장바구니를 가져와 장을 보면 구입해야 할 양을 가늠할 수 있기 때문에 지나치게 많이 샀다가 남아서 버리는 낭비를 막을 수 있고, 비닐봉투를 사용하지 않아도 되는 이점도 있다고 했다. 이런 측면에서 이들은 장바구니의 지참이 편리할 뿐만 아니라 자원 낭비 방지와 환경 보호에도 도움이 된다고 했다. 이 같은 반응은 앞서 도시의 심장 농민시장의 소비자가 보여준 답변과 매우 흡사했다.

8 상당히 연세가 들어 보이는 한 여성 소비자는 이 시장의 먹거리는 바로 여기 캘리포니아주에 있는 농장들에서 시장이 서기 하루나 이틀 전에 수확해서 가져오는 신선한 것들이라고 했다(사례 5-14). 이와 대조적으로, 슈퍼마켓의 먹거리는 남미 지역에서 수입해 온 것들이 많을 뿐만 아니라 언제 들어와 진열된 것인지도 제대로 파악할 수 없다고 지적했다. 게다가, 농민시장과 슈퍼마켓은 먹거리의 가격 측면에서도 차이가 많이 난다고 했다. 일례로, 여기서는 파운드당 1달러에 구입할 수 있는 사과를 슈퍼마켓에서는 2.5달러를 지불해야 살 수 있다는 것이다. 요컨대, 이 여성 소비자는 알레머니 농민시장에서 구매할 수 있는 먹거리의 품질과 가격이 모두 슈퍼마켓보다 우위에 있음을 강조했다.

9 앞서 살펴본 소비자들의 반응과 시장 분위기를 종합해보면, 알레머니 농민시장의 지역공동체 통합 기능은 판매인과 소비자 간의 상호작용의 측면에서는 다소 취약하다는 생각이 든다. 소비자의 구매 장면이나 현장의 전반적인 분위기로 미루어볼 때, 소비자와 생산자농민 간의 교류보다는 신선한 먹거리를 저렴하게 구입하려는 소비자의 경제적 동기가 훨씬 더 강하게 느껴졌기 때문이다. 물론 알레머니 농민시장은 지역농민이 생산한 양질의 신선한 먹거리를 지역주민에게 직접 제공함으로써 지역먹거리공동체의 형성과 지속에 기여하고 있다. 한 소비자의 얘기처럼(사례 5-4), 토요일마다 자신들의 먹거리를 구입하기 위해 사람들이 한 장소로 집결한다는 자체만으로도 공동체 정신의 함양이라는 측면에서 중요한 의미를 가질 수 있기 때문이다. 이런 관점에서 이 시장은 지역공동체의 통합 기능을 기본적으로 수행하고 있다고 볼 수 있기 때문에, 여기서의 해석이 알레머니 농민시장의 지역공동체 통합 기능을 전면적으로 부인하는 것으로 읽혀서는 곤란하다.

10 이렇게 하는 이유는 농민시장에서 판매할 수 있는 먹거리를 반드시 재배자나 판매인에 의해 생산된 것으로 한정하고 재판매 자체를 금지하고 있는 샌프란시스코 농민시장 규약 때문인 것으로 보인다(http://sfgov.org/realestate/sites/default/files/FileCenter/Documents/18-AFMFarmersMarketRules.pdf). 또 이는 알레머니 농민시장에서 팔리는 먹거리 중 인근 지역에서 생산되는 것들이 많지만 일부 작물의 경우에는 기후 조건의 제약으로 인해 이 시장에서 비교적 멀리 떨어진 곳에서 재배되

어 공급되는 것들도 있음을 의미한다.

11 도시의 심장 농민시장에서 살펴본 것처럼, 이 시장의 소비자 중 SNAP 수혜자가 많다는 것은 사실이다(이 책의 4장 참조). 필자가 이들 일행에게 SNAP와 농민시장의 관계에 관한 설명을 요청했을 때, 이들은 농민시장에서 EBT 카드를 사용해 먹거리를 구입하는 것이 갖는 의미와 중요성을 강조했다. 자신들은 비영리조직에서 일하기 때문에 돈을 많이 벌지 못한다면서 자신들도 SNAP 수혜자라고 했다. 이들은 EBT 카드를 직접 보여주면서 그 카드로 이 농민시장에서 건강한 먹거리를 구입한다고 했다. EBT 카드를 일반 식료품점에서 사용할 수도 있지만, 농민시장에서 사용함으로써 먼 곳에서 생산된 먹거리의 운송에 수반되는 이산화탄소의 배출을 줄이고, 직접 생산자인 지역농민과 지역경제를 후원할 수 있다는 것이었다. 요컨대, 우리가 할 수 있는 한 우리의 모든 먹거리를 가능한 한 가까운 곳에서 공급받을 수 있도록 하는 게 정말로 중요하다는 것이었다. 이를 최대한 가능하게 만드는 매우 중요한 방법 중의 하나가 바로 농민시장에서의 소비라는 얘기였다(사례 5-12; 사례 5-13). 이들 일행과 이 시장의 직원도 언급한 바와 같이, 알레머니 농민시장의 소비자들은 이런 관심을 실제로 보여주었다. 이 시장에서 공간적 배태성의 특징을 발견하게 되는 것도 바로 이런 측면에서라고 할 수 있다.

6장

1 유진-스프링필드 광역권이 오리건주에서 세 번째로 큰 규모라고는 하나 주 내의 최대 도시인 포틀랜드를 포함하고 있는 포틀랜드-밴쿠버-힐스버러 광역권에 비하면 규모가 상당히 작은 편이다. 예컨대, 포틀랜드주립대학교 인구조사센터에 의하면(Portland State University Population Research Center, 2017), 2016년 7월 1일 기준 포틀랜드-밴쿠버-힐스버러 광역권 인구는 2,409,884명으로 오리건주 추정 전체 인구 4,076,350명 중 약 59퍼센트를 차지할 정도로 압도적이다. 주도인 세일럼을 포함하고 있는 세일럼 광역권 인구는 규모 면에서 2위이지만 그보다 훨씬 적은 413,680명이고, 유진-스프링필드 광역권 인구는 세일럼 광역권과 비슷한 규모인 365,940명이다. 여러 카운티를 포괄하고 있는 포틀랜드-밴쿠버-힐스버러 광역권이나 세일럼 광역권과는 달리 유진-스프링필드 광역권은 레인 카운티만으로 구성되어 있다. 따라서 광역권과 카운티 중 어느 기준으로 계산해도 이 지역의 인구 추계는 동일하다. 2016년 7월 1일 기준 유진시의 추계 인구는 165,885명이다.

2 https://en.wikipedia.org/wiki/Eugene,_Oregon.

3 http://www.lanecountyfarmersmarket.org.

4 홈페이지에서는 판매인 지원서, 판매인 안내서, 판매인 준수 사항, 판매인의 얼굴이나 주요 먹거리 품목 사진, 판매인 농장에 관한 간략한 소개, 판매인의 농장 웹사이트 등에 관한 정보를 확인할 수 있다.

5 위원장을 포함한 8명의 위원 명단과 시장 직원 4명의 사진과 이름, 및 직무 등도 홈페이지에 게시되어 있다(http://www.lanecountyfarmersmarket.org/staff-board).

6 오리건주 복지부는 연방정부의 재원으로 SNAP 수혜자의 오리건 트레일 카드 계정에 매달 소정의 보조금을 적립하고, 수혜자는 자신의 비밀번호로 계정에 접속한다(http://www.oregon.gov/DHS/ASSISTANCE/FOOD-BENEFITS/Pages/Oregon-Trail-Card.aspx).

7 앞서 살펴본 바와 같이 2016년 7월 1일 기준으로 이 지역의 인구가 365,940명이라는 통계 자료(Portland State University Population Research Center, 2017)와 이를 연결해 생각하면, 적어도 지역인구의 10퍼센트 이상이 SNAP 수혜자임을 알 수 있다. 물론 여기서는 SNAP 수혜자 단위가 가구로 제시되어 있어 그 숫자를 정확히 파악할 수 없지만, 실제 수혜자의 숫자는 분명히 이보다 훨씬 더 많을 것이다. 따라서 이 지역의 SNAP 수혜자 비중을 이 프로그램의 2016년 전체 미국인 대비 수혜인구 비중 13.7퍼센트(2장 참조)와 견주어보면, 전국 평균을 상회하는 정도가 될 것으로 보인다.

8 실제로 미국 농무부는 정부에 의한 지속적인 EBT 시스템 구축 지원 사업으로 인해 SNAP 수혜자를 수용하는 농민시장이 늘어나 소비자와 농민 모두에게 도움을 주는 이중의 정책적 효과를 거두고 있다고 주장했다(USDA, 2015d, 2015e). 하지만 그 성과를 지나치게 강조하는 것은 지금 상황에서는 문제가 있어 보인다. 왜냐하면 2장에서 살펴본 바와 같이, 미국 농무부의 또 다른 자료는 SNAP 수혜자의 대부분이 아직도 거주지 인근의 식료잡화점을 이용하고 있음을 보여주고 있기 때문이다(USDA, 2014b, 2014c). 이는 정부의 영양 지원 프로그램들이 소기의 정책적 효과를 거두기 위해서는 프로그램 수혜자를 좀 더 많이 농민시장으로 유도할 수 있는 다각적인 방안들을 지속적으로 강구할 필요가 있음을 시사한다. 이런 과제가 있음에도, 도시의 심장 농민시장이나 레인 카운티 농민시장 같은 일부 농민시장에서 SNAP 수혜자의 이용이 증가하고 있다는 사실은 이 프로그램의 긍정적인 미래를 전망하게 하는 매우 고무적인 현상이라고 볼 수 있다.

9 이 프로그램은 필자가 이 시장의 현지조사를 하던 2014년 4월 당시에는 없었다. 필자의 면접조사 이후에 새로 도입된 제도라 이후 분석할 면접 대상자들에 관한 논의에서는 당연히 빠졌다. 따라서 이 프로그램에 관한 것은 웹사이트에 있는 내용들을 통해 살펴보려 한다.

10 http://www.lanecountyfarmersmarket.org/usd20-at-market.

11 윌러멧 농장·먹거리 연합은 '오리건주 레인 카운티의 안전하고 지속가능하며 포괄적인 먹거리체계의 발전을 촉진하고 후원하기 위해 만들어진 비영리조직'이다. 이 조직은 홈페이지를 통해 먹거리 대응 보조금 2배 지급 프로그램을 비롯해서 레인 카운티와 인근 지역의 농민시장, 지역먹거리 등에 관한 갖가지 요긴한 정보를 제공하고 있다(http://lanefood.org).

12 어떻게 보면 어이없는 일이기도 하지만 그 사진을 무심코 지나쳤던 데에는 이해할 만한 구석도 있었다. 그 당시의 연구 초점은 농민시장 자체에 맞추어져 있지 않았고, 사진을 많이 활용하던 연구도 아니었기 때문이다. 당시 현장 사진들은 즉각적인 활용도보다는 이번과 같은 추후 저술 작업을 염두에 두고 촬영한 것이었다. 어쨌든 이 일은 필자에게 사진의 자료적 가치로서의 중요성을 새삼 일깨워준 계기가 되었다.

13 http://lanefood.org/wp-content/uploads/2016/12/Double-Up-results-flyer-Nov-2016-reader.pdf.

14 http://lanefood.org/wp-content/uploads/2016/12/Double-Up-results-flyer-Nov-2016-reader.pdf.

15 면접 대상자들과 관련하여 한 가지 더 언급해둘 것이 있다. 유진시와 주변 지역의 농민들을 대상으로 한 2014년 조사에서 필자가 역점을 둔 것은 농민시장과 CSA 간의 비교연구였다는 점이다. 말하자면, 당시 농민들에 대한 조사는 레인 카운티 농민시장의 고유한 특징을 밝히는 데 주력한 것이 아니었다. 이에 비해, 농민시장 관계자와 소비자 조사는 레인 카운티 농민시장 현지에서 이루어졌기 때문에 자연스럽게 레인 카운티 농민시장과 관련된 내용이 중심이 되었다.

16 물론 CSA 운영 농민들에 의하면, CSA 신규 회원 충원을 위한 가장 효과적인 방법은 기존 회원들의 '입소문'이다(김원동, 2014b: 230; Univ. of Kentucky, 2009).

17 필자가 만난 또 다른 여성 소비자도 지역산업의 현황과 연관지어 농민시장에서의 소비가 갖는 의미를 강조했다. 즉, 이 지역에는 산업체가 그렇게 많지 않기 때문에 소비자들이 농민시장에서 지역먹거리를 구입하는 것이 지역농민과 지역경제를 후원하는 매우 좋은 일일 뿐 아니라 지역주민 간의 공동체 형성에도 어느 정도 기여한다는 것이다(사례 6-15).

18 이 농민을 만났던 날은 원래 만나고자 했던 농민과 연락이 닿지 않아 농장 주소를 들고 찾아갔다 허탕을 치고 돌아오던 날이었다. 귀가 중 다소 외진 시골길 모퉁이를 돌다 우연히 발견한 농장 간판을 보고 조심스럽게 들어갔다 면접이 성사되었다. 손주 한 명을 데리고 있던 60대의 남성이었는데, 필자가 갑작스럽게 방문했음에도 기꺼이 시간을 할애해주었다.

19 이 농가는 소를 비롯한 돼지, 닭, 양 등의 축산을 하고 있었고, 채소나 과일류는 전혀 재배하지 않았다. 그런데 농장주 여성과 농장 직원의 설명(사례 6-5; 사례 6-9)을 들으면서 특이하게 생각한 것은 이 농장에 미국의 여러 곳에서 온 축산농업 인턴들이 있다는 점이었다. 이들은 이곳 농장에서 길게는 6개월 이상 숙식하며 축산을 배우는 인턴사원제 프로그램에 참여하는 젊은이들이라고 했다.

20 이 농민은 자신이 공식인증을 받은 가장 큰 이유는 도매 때문이라고 했다. 필자의 생각에도, 생산자와 최종 소비자의 거리가 훨씬 멀고 직접 대면하지 않는 도매 거래에서 양자를 중개하는 도매상들은 공식인증 여부를 품질 보증의 중요한 기준으로 삼을 것으로 보인다. 이런 관점에서 이 농민의 입장은 충분히 일리가 있어 보였다. 비

슷한 견해를 다른 남성 농민에게서도 확인할 수 있었다(사례 6-4). 즉, 잘 아는 소비자를 상대로 먹거리를 팔 경우에는 공식인증이 덜 중요하지만 모르는 소비자의 경우에는 인증이 확실히 필요하다는 것이다.

21 필자가 레인 카운티 농민시장에 참여하는 농민들을 면접조사한 2014년 4월 당시에는 이 농민판매인이 언급한 것처럼, 레인 카운티 농민시장은 일주일에 세 번 화요일, 목요일, 토요일에 열렸다. 이 점은 또 다른 농민판매인(사례 6-2)과의 면접 과정에서도 확인된 바 있다. 언제부터 바뀌었는지는 알 수 없지만 2017년 4월 현재 기준으로 보면, 목요농민시장은 없어졌고, 대신 겨울농민시장, 휴가철농민시장이 추가되어 운영되고 있다.

22 레인 카운티 농민시장의 한 관계자에 의하면, 유진 지역뿐만 아니라 전국적으로도 최근에는 지역산과 함께 유기농에 대한 관심이 커지고 있고, 이 지역의 많은 소비자도 유기농을 후원하려는 동기를 갖고 이 시장을 찾는 게 분명하다고 했다(사례 6-11).

23 하지만 이런 사례조사 결과를 근거로 레인 카운티 농민시장에 참여하는 농민들이 모두 여유가 있다고 보는 것은 오해일 수도 있다. 필자가 면접한 농민들은 모두 유기농 농가였지만, 농장주 본인이 판매인으로 농민시장에 직접 나가지 않아도 될 정도로 여력이 있는 농가가 있는가 하면 비수기인 겨울철에는 다른 일감을 찾아나서야 하는 농민도 있었다.

7장

1 www.sproutfoodhub.org.

2 https://www.sprouts.com; https://en.wikipedia.org/wiki/Sprouts_Farmers_Market.

3 이 건물을 사용하던 교회는 '제일기독교회First Christian Church'였다. 원래 목재 건축물이었으나 1922년 화재로 소실되었고, 2년 후 재건축했지만 1945년 화재가 재발해 1947년에 내화성 석재 벽돌로 다시 지었다고 한다. 그러고 보면 현재의 건물을 기준으로 환산해도 벌써 70년의 역사를 간직하고 있는 셈이다.

4 근린경제개발법인은 '스프링필드의 도심 재활성화를 위해 스프링필드시 당국과 함께 일하는 법인조직'이라고 할 수 있다. 이 조직은 농민시장을 사계절 모두 운영할 수 있는 상설 장소로 확보할 목적으로 연방정부로부터 제공받은 지역개발정액교부금Community Development Block Grant, CDBG 15만 3,577달러를 투입해 이 건물을 매입하고, 그 이듬해 농민시장을 개설했다. 근린경제개발법인은 2012년 지역개발정액교부금 5만 8,000달러를 추가 투입해 스프라우트 농민시장 건물 안에 중하위 계층의 공공 일자리 창출에 도움을 주기 위한 상업용 주방설비의 설치비를 지원하기도 했다(Pearson, 2013; City of Springfield. 2011; City of Eugene, City of Springfield and

Lane County. 2013; City of Springfield, 2016).

5 스프라우트 농민시장을 방문하던 날 필자는 서로 다른 연주자가 각각 다른 시간대에 실내에서 연주하는 모습을 볼 수 있었다. 시장 관리인과 대화하던 말미에 연주자들을 어떻게 관리하는지 물었다. 연주를 희망하는 사람들이 자신과 접촉을 하는데, 대개는 자신이 먼저 데모 음반이나 테이프를 들어보고 나서 일정을 잡아주면 연주자가 와서 연주하는 방식이라고 했다. 유진의 농민시장에서도 3년간 일한 경험이 있어 잘 알기 때문인지, 그곳의 연주자 관리 방식은 이곳과는 좀 다르다고 했다. 레인 카운티 농민시장의 경우에는 예약절차 없이 누구든 장터가 열리는 당일 먼저 와서 자신이 연주하고 싶은 곳을 등록하면 연주할 수 있다고 한다. 스프라우트 농민시장과는 달리 레인 카운티 농민시장은 '선착순 방식'을 채택하고 있다는 것이다(사례 7-7).

6 스프라우트 농민시장은 개장 첫해에 SNAP 수혜자에게 대응 보조금으로 거의 3,300달러를 지급했고, 3만 명의 방문객을 맞음으로써 판매인을 비롯한 인근의 사업체와 지역공동체에 300만 달러 이상의 매출을 창출하는 경제적 효과를 낳았다고 한다(NEDCO, 2017).

8장

1 신선한 지역먹거리에 대한 열정으로 촉발된 포틀랜드 지역 농민시장은 1991년 1개의 소규모 농민시장으로 출발했지만 2000년 7개, 2017년 22개로 그동안 꾸준히 증가했다(The City of Portland Oregon, 2017a, 2017b; 김원동, 2008: 47-50). 여기서 2017년 기준으로 파악된 농민시장 숫자는 미국 농무부의 '전국 농민시장 명부National Farmers Market Directory'와 포틀랜드시의 '2017년 농민시장 명단2017 Farmers Market Listings'을 근거로 최종 집계한 것이다(USDA, 2017i; The City of Portland Oregon, 2017a). 필자가 검토해보았더니 포틀랜드 지역 농민시장에 관한 자료는 위의 두 출처에서 다소 차이가 있었다. 따라서 2017년 현재 포틀랜드 지역의 농민시장 22개는 위의 두 출처에서 해당 자료들을 일일이 상호 대조하는 작업을 통해 확인한 결과다.

2 오리건주에서 인구가 가장 많은 도시인 포틀랜드시는 행정구역 편제상 오리건주 내의 3개의 카운티, 즉 클라크마스Clackmas, 멀노마Multnomah, 워싱턴Washington 카운티 각각에 동시에 소속되어 있는 특이한 구조다(김원동, 2007). 포틀랜드시의 2016년 7월 1일 추정 인구는 클라크마스 카운티에 766명, 워싱턴 카운티에 1,599명, 그리고 멀노마 카운티에 625,030명으로 구성된 627,395명이다. 즉, 3개의 카운티에 동시에 소속되어 있다고는 하나 포틀랜드 주민의 대다수는 멀노마 카운티에 거주하고 있는 셈이다. 이들 3개 카운티의 2016년 7월 1일 추정 인구는 클라크마스 카운티 404,980명, 워싱턴 카운티 583,595명, 멀노마 카운티 790,670명으

로 모두 1,779,245명이다. 이는 오리건주 전체 인구 4,076,350명 중 43.6퍼센트에 해당한다. 이는 10년 전인 2006년 이 3개 카운티의 인구가 오리건주 전체 인구에서 차지했던 비중 42.5퍼센트보다 1.1퍼센트 증가한 것이다. 요컨대, 오리건주의 36개 카운티 중 포틀랜드가 들어가 있는 3개 카운티로 인구가 조금씩 더 집중하는 경향이 나타나고 있고, 그 중심에 포틀랜드가 위치해 있다고 볼 수 있다(Portland State University Research Center, 2017; 김원동, 2007: 18).

3 http://www.portlandfarmersmarket.org.

4 http://www.portlandfarmersmarket.org/our-markets/psu.

5 http://www.portlandfarmersmarket.org/about-us/mission-strategy. 포틀랜드 농민시장을 구성하고 있는 현재의 7개 농민시장은 여러 해에 걸쳐 설립된 것이지만 개장했다가 문을 닫은 시장도 있다. 벅먼 시장Buckman Market이 그것이다. 이 시장은 2006년 개장했다가 2015년 폐장했다(http://www.portlandfarmersmarket.org/about-us/mission-strategy).

6 Portland Farmers Market, 2017; http://www.portlandfarmersmarket.org/about-us/faqs.

7 http://www.portlandfarmersmarket.org/about-us/faqs.

8 http://www.portlandfarmersmarket.org/about-us/faqs.

9 포틀랜드 농민시장에서는 포틀랜드주립대학교 농민시장을 포함한 각각의 농민시장에서 연주가 원활하게 이루어질 수 있도록 '전담 직원music coordinator'을 두고 관리하고 있다(http://www.portlandfarmersmarket.org/about-us/faqs).

10 http://www.portlandfarmersmarket.org/our-markets/psu.

11 필자가 6년 전인 2011년 2월 포틀랜드주립대학교 농민시장 관리인과 가졌던 면접에서도 이에 관한 설명을 들을 수 있었다(사례 8-13). 이는 포틀랜드주립대학교 농민시장이 어린이 대상의 요리교실과 저명한 요리사 초청 요리 시연 행사를 교육 차원에서 오래전부터 실시해왔음을 보여준다.

12 http://www.portlandfarmersmarket.org/programs-events/chef-in-the-market.

13 http://www.portlandfarmersmarket.org/programs-events/kids-cook.

14 회사 명칭은 '최씨네김치Choi's Kimchi'다. 포틀랜드 농민시장 홈페이지 자료에 의하면, 이 시장에서 판매인으로 사업을 시작해 별도의 가게를 내거나 농민시장 너머로까지 판로를 확장하는 데 성공한 40개 이상의 소규모 사업체 중 하나가 최씨네김치라고 한다. 말하자면, 농민시장의 '보육기incubator' 역할에 힘입어 성장한 소규모 사업체 가운데 하나가 최씨네김치라는 것이다(Portland Farmers Market, 2017). 최씨네김치의 홈페이지에는 청년의 모친인 설립자 명의로 조국 한국과 한국의 전통 발효식품 김치에 대한 자부심이 표현되어 있다. 또한 자기 사업체의 모태가 되었던 2011년 포틀랜드 농민시장에서의 첫 시도에 대한 기억과 이곳 농민시장에 대한 깊은 애정도 함께 표현되어 있다(http://www.choiskimchi.com/our-juice). 김치가 미국인 사

이에서 인기가 있어서 그런지 가격이 결코 싸지 않았음에도, 레인 카운티 농민시장과 도시의 심장 농민시장에서도 필자는 김치 판매인을 각각 1명씩 만날 수 있었다. 그런데, 최씨네김치처럼 농민시장에서 소규모로 출발해 창업에 성공한 사례는 대안농업 참여 농민들 사이에서도 그렇게 많이 알려져 있는 것 같지는 않다. CSA에만 참여한다고 한 농민에게 농민시장에 참여하지 않는 이유를 묻었을 때, 자신과 같은 소농은 농민시장 참여를 생각하기 어렵다는 반응을 접한 경험이 있기 때문이다(사례 8-10). 농민시장에서는 경쟁이 매우 심해서 2세대 또는 3세대 농민 정도가 되어 빚도 없고 성공하려고 안달하지 않아도 되거나 상당한 위험부담을 감수할 수 있는 수준의 사람들이라야 농민시장에 뛰어들 수 있다고 그는 말했다. 농민시장에는 그래도 규모가 좀 되고 그런대로 자리를 잡은 농장들이 참여하고 있다는 것이었다.

15 이 농장은 자신들이 재배한 체리와 그것을 재료로 한 '말린 체리' '초콜릿' 등을 생산하는 가족 소유의 과수원이자 초콜릿 공장이었다. 이 농장의 위치는 세일럼 근처였는데, 세일럼뿐만 아니라 코밸리스Corvallis, 포틀랜드 등 여러 지역의 농민시장에 참여하면서 도매, 온라인 판매, 농장 매장 판매 등의 다른 판로를 동시에 활용하고 있었다(사례 8-8).

16 농민시장의 판매인들 중 상당수는 농민판매인이지만, 피고용 판매인들을 마주치는 경우도 적지 않았다. 이 농장의 사례처럼 여러 농민시장에 같은 날 동시에 나가야 할 때가 많은 경우, 특히 성수기에는 농민 가족만으로는 감당이 안 되기 때문에 농장마다 몇 명씩 고용해 판매인으로 활용하곤 한다(김원동, 2011: 185). 포틀랜드주립대학교 농민시장의 한 관리인에 의하면(사례 8-13), 2011년 당시 이 시장의 전체 판매인 중 농민판매인의 비중은 약 75퍼센트였다. 또 농민판매인 중에서 농민시장만을 판로로 이용하는 비율은 5퍼센트 미만이었다. 하지만 관리인은 비록 이 비율이 낮다 해도 매우 고무적인 현상이라고 강조했다. 왜냐하면 도매에 의존하지 않고 농민시장에서의 매출만으로 생계를 유지할 수 있는 농민이 생기고 있음을 의미하기 때문이라는 것이다. 이는 곧 농민시장이 대안적 영농을 지향하는 소농의 생계와 지속가능한 영농을 뒷받침하는 통로로 성장할 수 있음을 시사한다.

17 20대로 보였던 젊은 여성 판매인은 자신의 농장이 전적으로 유기농 먹거리를 생산하는 가족농이고, 자신의 농장에서 재배한 식재료로 조리한 메뉴를 제공하는 농장음식점도 함께 운영한다고 했다. 음식점은 겨울에는 열지 않지만 여름에는 손님이 많이 온다고 했다.

18 양자의 관계를 어떻게 생각하는지 묻자 그녀는(사례 8-5), CSA와 농민시장은 개인의 선호에 따라 선택이 이루어지는 서로 다른 것이라고 했다. 어떤 사람은 신선한 생산물을 구하고 싶어하지만 농민시장에 가서 직접 장을 보는 것을 싫어하고 농장에서 알아서 품목을 정해 매주 배달해주는 대로 받는 것을 좋아한다는 것이다. 자기 농장의 CSA 회원의 절반 이상은 인텔 같은 기업체의 직원인데 농장에서 회사로 배달을 하는 것도 이런 이유 때문이라는 것이다. 물론 이런 경우에 회원들은 가입

기간 중 대부분 농민시장에서보다 좀 더 유리한 가격으로 먹거리를 제공받는다고 한다. 그런가 하면, CSA에 한번 가입해서 경험을 해보지만 농민시장에 들러 자신이 원하는 먹거리를 자유롭게 구입하는 것을 더 좋아하는 사람도 있다고 했다. CSA와 농민시장이 모두 신선한 먹거리에 대한 소비자의 욕구에 기초한 것이면서도 서로 다르다는 것은 이런 점에서라고 했다.

19 이 소비자와 함께 있던 그녀의 자매는 포틀랜드주립대학교 농민시장의 먹거리 품질을 '경탄할 만한 수준amazing quality'이라고 평가했다(사례 8-2). 자매의 집에 방문차 왔다가 이곳 시장을 찾았다면서, 자기가 살고 있는 몬태나주Montana에서는 여기에 있는 것과 같은 먹거리를 구할 수 없다고 했다.

20 이 시장에서 만난 또 다른 소비자는 가격에 좀 더 민감한 반응을 보였다(사례 8-3). 모든 먹거리의 가격이 식료잡화점보다 훨씬 비싸다는 것이었다. 그래서 자기는 필요한 모든 것을 여기서 구입하지는 않는다고 했다. 이 소비자는 단순히 먹어야 할 것을 산다기보다는 오히려 어떤 체험을 위해 매우 특별한 품목만을 구입한다고 했다.

9장

1 http://www.peoples.coop.

2 http://www.peoples.coop/farmers-market.

3 이 매장은 약 30명의 관리인 집단에 의해 운영된다. 협동조합원뿐만 아니라 일반인도 이 매장을 자유롭게 이용할 수 있다. 전체 회원 가운데 적극적으로 매장을 이용하거나 활동하는 회원은 절반 정도 된다고 한다(http://www.peoples.coop/who-we-are; 사례 9-4). 소비자 먹거리 협동조합은 미국에서 농민시장이나 CSA 등과 함께 대안적 먹거리운동의 핵심을 구성하는 것으로 인식되고 있다. '경제적 협력economic cooperation'을 통한 윤리적 소비가 이루어지는 현장이 바로 소비자 먹거리 협동조합이라고 볼 수 있기 때문이다. 그럼에도, 소비자 먹거리 협동조합은 조합원의 매장 판매인으로서의 활동, 지역산 유기농 먹거리 선호에 따른 비싼 먹거리 가격, 백인문화 주도의 인종적 동질성 등으로 인해 의도와는 달리 저소득층 유색인종을 배제하는 역설에 직면해 있다고 비판받기도 한다(Zitcer, 2014).

4 조합원은 회원 자격 획득을 위해 180달러를 출자금으로 내게 되어 있는데, 1년에 30달러씩 6년간 납부하는 사람들이 대부분이라고 한다(사례 9-4). 일시금 방식의 납부에 따른 부담감을 줄여줌으로써 누구나 조합에 쉽게 동참할 수 있게 하려는 조치인 것으로 보인다.

5 피플스 먹거리 협동조합의 역사를 좀 더 자세히 알려면 다음을 참조하라. http://www.peoples.coop/peoples-history.

6 필자가 피플스 농민시장을 마지막으로 방문한 2014년 4월 당시에 이 시장은 이미 2017년 5월 현재 웹사이트를 통해 소개하고 있는 먹거리 대응 보조금 2배 지급 프

로그램과 유사한 대응 지원 프로그램을 운영하고 있었다. 그때 면접한 피플스 먹거리 협동조합의 젊은 여성 직원은 협동조합 매장의 자체 수익금에서 SNAP에 참여하는 소비자들을 상대로 장날에 5달러까지 농민시장에서 사용할 수 있는 대응 달러를 제공한다고 했다(사례 9-4). 또 그녀는 자신도 SNAP 카드를 가지고 있다고 얘기하면서 카드를 직접 보여주었을 뿐만 아니라 저소득층에게 여분의 먹거리를 좀 더 제공하기 위한 방법으로 이 프로그램을 시행 중이라고 설명해주었다.

7 피플스 먹거리 협동조합 웹사이트는 이 협동조합과 관련된 정보들을 중심으로 구성되어 있고, 농민시장에 관한 정보는 한 페이지에 불과할 정도로 매우 짧게 다루고 있다. 그로 인해 농민판매인이나 농장 정보, 먹거리 대응 보조금 2배 지급 프로그램의 운영 실태 등과 다양한 정보를 구할 수 없었다. 이는 협동조합 매장이 매일 열리고 조합원도 많아 비중이 큰 데 비해, 농민시장은 규모나 비중이 작아 상대적으로 내부에서 조명을 덜 받고 있기 때문인 것으로 보인다.

8 피플스 먹거리 협동조합의 '상품 선정 지침(http://www.peoples.coop/product-guidelines)'에서도 이런 점을 확인할 수 있다.

9 http://www.peoples.coop/location.

10 물론 성수기에는 비수기보다 시장에 참여하는 판매인이 많기 때문에 같은 공간에 설치되는 가판대의 숫자도 좀 더 늘어난다고 한다(사례 9-3).

11 농민시장에서 만난 연주자들의 말에 의하면, 피플스 농민시장은 규모가 작아서 그런지 시장에서 연주하는 사람은 대개 1명이라고 한다. 2011년 방문했던 장터에는 남녀 2명의 연주자가 협주를 하고 있었는데, 이는 드문 경우라고 했다. 물론 여름철에는 도처에서 장이 열리기 때문에 연주자들이 매일 여러 곳을 다니면서 연주한다고 한다(사례 9-5; 사례 9-6). 필자는 여러 해 동안 미국 농민시장의 이곳저곳을 방문하면서 장터에서의 연주 모습을 자주 목격할 수 있었다. 농민판매인이 5~6명 정도로 매우 소규모였던 한 농민시장을 제외한 나머지 시장에서는 시장 분위기를 띄워주는 신나는 연주를 어디서나 들을 수 있었다. 물론 시장의 규모에 따라 연주자의 숫자는 달랐다. 규모가 큰 농민시장에서는 여러 곳에서 동시에 개인 연주 또는 소그룹 연주가 이뤄지기도 했다.

12 이를테면, 30대 젊은 남성 소비자는 농민시장의 분위기가 흥겹기 때문에 농민시장에 올 때마다 두 살짜리 아들을 데리고 온다고 했다(사례 9-7).

13 농민시장 관리인에 의하면, 협동조합과 농민시장은 별개로 분리되어 있으면서도 결합되어 있는 측면이 있다고 한다. 이를테면, 자원이나 직원의 공유 같은 것이다. 협동조합 매장의 여성 직원도 이 점을 확인해주었다(사례 9-4). 피플스 먹거리 협동조합이 농민시장 관리인을 직원으로 고용해 피플스 농민시장의 관리를 맡긴다는 것이다.

14 농민시장이 주변 상권에 긍정적인 영향을 미친다는 얘기에서도 이와 비슷한 원리를 확인할 수 있었다. 필자가 다른 농민시장을 방문하면서 장시간 대화한 한 농민시장 관리인(2011년 2월 10일 면접한 M씨)은 자신이 관여하는 농민시장이 열리는 일

요일에는 농민시장으로 인해 식료잡화점뿐만 아니라 주변의 빵집, 커피숍, 음식점 같은 모든 가게가 분명히 혜택을 본다고 강조했다. 이처럼 농민시장은 주변의 상권 활성화에도 오히려 도움을 준다는 점에서 공동체와 정말 긴밀하게 연결되어 있다고 그는 주장했다. 필자가 조사한 농민시장 가운데 농민시장과 인근 지역 상권 간의 상생 관계를 확인할 수 있었던 대표적인 사례는 페리 플라자 농민시장(김원동, 2014a)이었다.

15 농민시장에서 만났던 한 연주자에게서도 이와 비슷한 평가를 확인할 수 있었다. 그의 눈에 비친 이곳 농민시장의 판매인들은 정말로 좋은 사람들일 뿐만 아니라 서로 긴밀하게 결속된 사람들이었다(사례 9-5).

16 1980년대 이후로 가속화한 '식량 생산의 세계화'를 뒷받침한 중요한 토대는 화석연료였다. 특히, 화석연료를 이용한 먹거리의 장거리 수송은 지역농업과 환경을 파괴하고 각 지역의 먹거리보장을 더욱 취약하게 만든 중요한 요인이었다. 이와 같이 화석연료 에너지에 초점을 둔 문제의식에서 출발해 농민시장을 비롯한 대안농업을 통해 지속가능한 지역농업의 재구축을 역설한 간명한 연구로는 파이퍼(2016)를 참조하라.

17 뉴시즌스 마켓에 관한 자세한 논의는 https://www.newseasonsmarket.com을 참조하라.

18 오늘날 먹거리의 생산, 유통, 판매 같은 일련의 공급사슬에서 주도권은 생산자보다는 대형 슈퍼마켓과 소비자 쪽으로 이동했다(오스터비르 외, 2015).

10장

1 미국 농무부의 전국 농민시장 주소록에서는 농민시장의 '장소 유형location type'에 따른 통계 자료를 확보할 수 있다. 일례로 2017년 7월 5일 기준 통계의 경우, 전국 8,680개의 농민시장 중 2,769개의 농민시장을 10개의 유형으로 분류해 장소별 정보를 제공하고 있다(USDA, 2017i). 이를 필자가 계산한 장소별 백분율 분포에 따라 구체적으로 되짚어보면, 개인 사업체 주차장 24.4퍼센트(677개), 차단된 길거리 9.1퍼센트(252개), 종교기관 3.8퍼센트(106개), 농장 2.9퍼센트(79개), 교육기관 3.2퍼센트(88개), 도매시장 시설 0.2퍼센트(5개), 연방정부/주정부 건물 구내 2.2퍼센트(61개), 지방정부 건물 구내 32.2퍼센트(891개), 의료기관 2.5퍼센트(70개), 기타 19.5퍼센트(540개) 등이다. 물론 미국의 전국 농민시장 주소록의 통계가 완전한 것은 아닌데다 수집된 농민시장 전체를 대상으로 재분류한 것도 아니기 때문에 이 자료는 실제 미국 농민시장의 장소별 유형 분포와는 다소 차이가 있을 수 있다. 그럼에도, 농민시장이 전반적으로 어떤 장소에서 열리고 있는지 그 윤곽을 파악하는 데는 크게 도움이 되는 자료라고 할 수 있다. 이 자료에서 특히 눈길을 끄는 것은 지방정부 건물 구내와 개인 사업체의 주차장이 농민시장의 장소로 가장 많이 이용된다는 점

이다.

2 음식과 식사의 중요성에 관한 자세한 논의는 김종덕(2012)을 참조하라.

3 미국 농민시장의 담론은 아니지만 먹거리보장, 먹거리주권, 식품안전, 먹거리시민권 같은 먹거리정치 담론을 폭넓게 짚어보려면 이해진(2015)을 참조하라.

4 이번 연구에서 확인된 바와 같이, 농민시장의 주된 소비자층은 개별 농민시장의 설립 배경이나 주변 환경 등에 따라 차이가 있다. 그렇기 때문에 백인 중산층 중심의 농민시장이라는 주장을 과도하게 일반화하는 것은 경계할 필요가 있어 보인다. 그럼에도, 필자가 라이스나 앨콘 등의 주장에 주목하는 이유는 현대 사회에서 소비자의 농민시장 참여가 갖는 의미, 공동체 내의 소외층이 농민시장에 참여할 수 있는 방안 모색, 미국 농업사에 내재해 있는 인종적·계급적 차별의 역사, 진보적 사회운동의 잠재력을 내포한 공간으로서의 농민시장 등에 관해 이들이 보여주는 예리하고 통찰력 있는 문제의식 때문이다.

5 스티글리츠와 크루그먼의 삶의 여정과 주요 이론적 주장에 관한 간결한 이해를 위해서는 히가시타니 사토시(2014: 14장과 16장)를 참고하기 바란다. 이 책의 저자가 노벨경제학상 수상자로서 두 사람을 소개하는 말미에 이들의 미국 사회 비판이 전형적인 경제학자로서의 분석보다는 점차 사회운동가나 사회비평가 식의 글쓰기로 나아가는 듯하다고 진단하는 대목은 묘한 여운을 남긴다.

6 미국 대안농업 참여 농민의 연령 추이에 관한 정보는 찾아내지 못했다. 하지만 미국 농민의 평균 연령 추이에서 크게 벗어날 것 같지는 않아 여기서는 그 자료를 참고로 덧붙인다. 미국 농무부 자료에 의하면, 미국 농장 운영자의 평균 연령은 1974년 51.7세에서 1982년 50.5세로 다소 낮아지는 듯했으나 1992년 53.3세, 2002년 55.3세, 2012년 58.3세로 지속적으로 상승했다(USDA, 1999, 2014e; Kim, 2014). 이는 미국에서도 이른바 농민의 고령화 현상이 진전되고 있음을 보여주는 것이다.

7 한국 농민시장의 배태성 문제를 경험적으로 다룬 연구로는 윤병선·김선업·김철규(2011, 2012)를 참조하라.

8 한국도 이와 비슷한 문제로 고심하고 있다. 이를테면, '농촌사회학자들의 노령화' '농촌사회학 후속 세대의 부족' 같은 시급한 문제에 대한 타개책이 절실히 요구되고 있는 것이다(김철규, 2010: 7-27). 물론 우리의 농촌과 농업의 상황도 우리에게 똑같은 고민을 떠안긴다(김원동, 2012b: 348; 김철규·김태헌 외, 2012).

9 각종 공동체에 내포되어 있는 불평등관계, 권력관계, 사회적 관계나 공동체 경계의 유동성, 정치성, 공동체 구성원으로서의 인정 등과 같은 다양한 쟁점을 흥미롭게 다루고 있는 논문으로는 Collins(2010)와 Glenn(2011)을 참조하라.

10 '공동체'와 '공동체주의'의 개념, 유형, 주요 이론가 등에 관한 개괄적 이해를 위해서는 특히 Bruhn(2005)과 김미영(2006)을 참조하라.

11 농민시장에서 이루어지는 소비자교육, 자원봉사자 활용, 지역사회와의 교감 등과 관련해서는 페리 플라자 농민시장이 참조할 만한 사례(김원동, 2012a, 2014a; 이 책의

3장)다.

12 이것은 미국 사회학의 기원과 발전 과정에 대한 로스의 진단과 일맥상통한다고 볼 수 있다. 왜냐하면 사회과학의 주요 분과로서 미국 사회학의 발전은 '과학주의'에 이르기까지 미국 사회의 현실적 문제에 대한 대처 과정이라고 볼 수 있기 때문이다(로스, 2008a, 2008b).

13 이런 경제주의적 해석의 강조는 자칫 잘못하면 자본주의 그 자체에 주목함으로써 인종이 갖는 역사적 의미와 상징성을 과소평가한다는 비판을 받을 수도 있다. 이 문제를 포함한 '인종사회학'의 발전 과정과 문제의식에 관한 개괄적인 이해를 위해서는 실링과 멜러의 연구(2013: 308-347)를 참조하기 바란다.

11장

1 미국의 농민시장이 그동안 줄곧 증가해왔기 때문에 농민시장 간의 경쟁 격화를 우려하는 목소리도 있다(사례 7-1). 하지만 미국의 농민시장 관계자들은 아직 이 점을 크게 걱정하는 분위기는 아닌 듯하다. 예컨대, 미국 농무부가 약 1,400명의 농민시장 관리인을 대상으로 실시한 한 조사에 의하면, 농민시장 간의 경쟁은 시장 매출에 심각한 위협으로 간주되지 않는 것으로 나타났다. 즉, 이들 중 약 73퍼센트가 인근의 농민시장이 자신들의 시장 매출에 영향을 미친다고 생각하지 않는다고 응답했다(USDA, 2015e).

2 '지속가능한 어업을 촉진하기 위해' 최근 도입된 것이 수산물 인증제다. 그중 대표적인 것이 해양보존협회MSC의 인증 라벨이다. 선진국의 슈퍼마켓과 수산물 전문점의 경우에는 이 MSC 라벨을 받은 생선 품목이 약 5,000개나 된다고 한다(오스터비르·소넨펠드, 2015: 241-248). 〈사진 11-2〉에서도 이 라벨에 대한 소개를 엿볼 수 있다.

3 농민시장은 아니지만 캐나다 몬트리올의 장-탈롱 시장에서도 이와 유사한 문제의식과 실천을 엿볼 수 있다. "장-탈롱 시장은 지역의 셰프들을 고무하여 지역에서 재배한 농산물을 전시하도록 하는 데에도 중요한 역할을 한다. 몬트리올 식당 '소피텔'의 셰프인 올리비에르 페레트는 매주 목요일마다 장-탈롱 시장을 방문하여 일주일 메뉴를 만들어낸다. 그의 메뉴판은 시장에서 구입된 지역 농산물로 만들어진 음식들로 구성되어 있다. 이는 작지만 몬트리올에 대한 장-탈롱 시장의 영향력을 보여주는 또 하나의 방식이다"(부산대학교 한국민족문화연구소, 2017: 21).

4 정부에 의하면, 2015년 우리나라의 곡물자급률은 23.8퍼센트다(농림축산식품부, 2016).

5 2017년 5월 한국농촌사회학회 학술대회에서 완주군 로컬푸드 사례의 토론자로 나선 한 연구자는, '운동'으로 시작한 완주 로컬푸드가 생산자와 소비자 간의 '사회적 관계'를 잘 완성해가지 못하다 보니 로컬푸드 '사업'이 되어가는 것 같다고 아쉬워했다. 그는 완주 로컬푸드 관계자들이 소문을 듣고 배우러 온 방문자들에게 나름대

로 '사회적 동맹'을 강조하지만 돌아가서는 '경제적 동맹'만 생각하고 일종의 '짝퉁 로컬푸드'를 만드는 것 같다고 지적했다(임경수, 2017). 이 논평은 농민과 소비자 간의 사회적 관계의 구축 못지않게 그것의 지속이 얼마나 어려운 과제인지를 되돌아보게 한다. 마찬가지로 만일 우리가 미국의 농민시장에 주목하더라도 그 경제성에만 초점을 맞추고 배태성의 측면을 놓친 채 도입할 경우에는 '짝퉁' 농민시장을 양산할 수도 있다는 점에 유의해야 한다. 그렇다고 해서 이 말이 미국의 농민시장이 완벽한 모델이라는 의미는 결코 아니다. 여기서 필자가 강조하려는 것은 미국 농민시장의 생산자농민과 소비자 간의 관계에서 발견되는 연대감과 지속성의 주된 원천이 바로 그들 간의 상호 신뢰에 있음을 기억해야 한다는 점이다.

6 이 점은 학계, 대법원, 의료기관, 군대, 금융기관, 종교기관, 교육기관, 대기업, 국회, 중앙정부부처 등과 같은 사회기관에 대한 한국인과 미국인의 신뢰 정도를 비교한 한 연구에서도 확인된다. 이 연구에 의하면, 한국인은 미국인에 비해 각종 제도·기관에 대한 신뢰 수준이 전반적으로 매우 낮은 것으로 나타났다(이재혁, 2006: 70-73).

7 일례로 사회적 자본 개념과 강원도 내에서의 사회적 자본 구축 방안에 관해서는 이영길, 신승춘 등의 공동보고서(2017) 중 필자가 집필한 사회적 자본에 관한 부분을 참조하라.

참고문헌

그라노베터, 마크Mark Granovetter. 2012. "경제적 행위와 사회구조: 배태의 문제." 《일자리 구하기: 일자리 접촉과 직업경력 연구》. 유홍준·정태인 옮김. 아카넷.

김건우. 2016. "디지털 경제, 과소평가되고 있다"(LGERI 리포트). 《LG Business Insight》 (4월 6일).

김낙년. 2012. "한국의 소득불평등, 1963-2010: 근로소득을 중심으로"(Working Paper). 낙성대경제연구소.

김동률. 2012. "[삶의 향기] 도금의 시대, 개츠비의 시대." 《중앙일보》(2012.4.10.)

김문조. 2008. 《한국사회의 양극화: 97년 외환위기와 사회불평등》. 집문당.

김미영. 2006. 《현대공동체주의: 매킨타이어, 왈저, 바버》. 한국학술정보.

김원동. 2007. 《미국 오레건주 포틀랜드 광역생활권의 대중교통체계 구축과 친환경적 지역 발전 실태》(연구보고서). 강원발전연구원.

_____. 2008. "미국 포틀랜드지역의 농민시장 운영 실태에 관한 사례연구: 저소득층의 시장 이용 촉진을 위한 프로그램을 중심으로." 《농촌사회》 18(2): 37-86.

_____. 2010. "춘천 농민시장 현실과 과제—춘천 소양로'번개시장 '사례 연구를 중심으로." 《농촌사회》 20(2): 81-115.

_____. 2011. "도농통합형 생활공동체 형성과 지속가능성의 매개공간으로서의 농민시장: 미국 오리건주 포틀랜드지역의 '농민시장' 사례를 중심으로." 《농촌사회》 21(2): 173-222.

_____. 2012a. "미국 농민시장의 지역사회통합 잠재력과 정책적 함의—샌프란시스코 페리 플라자 농민시장 홈페이지 사례 분석을 중심으로." 《정보통신기술을 활용한 지역사회 통합방안 연구보고서》(사회통합위원회 보고서): 177-229.

_____. 2012b. "[서평] 한국의 농촌·농업의 현주소와 쟁점 및 과제." 《농촌사회》 22(1): 345-352.

_____. 2014a. "페리 플라자 농민시장의 사회학적 함의와 시사점." 《지역사회학》 15(2): 219-260.

_____. 2014b. "미국 북서부지역의 공동체지원농업에 대한 사회학적 탐색과 시사점." 《농촌사회》 24(1): 201-254.

_____. 2015. "베이비붐 세대의 귀농: 향수 너머의 현실과 활성화 방안 탐색." 《농촌사회》

25(2): 91-142.

_____. 2016. "미국의 농민시장과 공동체지원농업: 배태성의 관점에서 본 특징과 활성화 방안 탐색."《한국사회학》50(1): 75-117.

김원동·최흥규·박준식. 2014. "강원도 폐광지역의 사회경제적 기반 조성을 위한 새로운 방향 모색—먹거리 협동조합의 활성화를 중심으로."《농촌사회》24(2): 61-120.

김정호. 2012.《가족농 연구: 농가와 농업경영의 과거·현재·미래》. 한국농촌경제연구원.

김종덕. 2004a. "미국의 공동체지역농업(CSA)."《지역사회학》5(2): 153-176.

_____. 2004b. "미국의 농민시장."《사회연구》15: 213-238.

_____. 2009.《먹을거리 위기와 로컬푸드》. 이후.

_____. 2012.《음식문맹자, 음식시민을 만나다》. 따비.

김철규. 2008. "현대 식품체계의 동학과 먹거리주권."《ECO》12(2): 7-32.

_____. 2010. "한국의 농촌사회학과《농촌사회》20년—과거를 통해 미래를 꿈꾸다."《농촌사회》20(2):7-27.

_____. 2011. "한국 로컬푸드 운동의 현황과 과제—농민장터와 CSA를 중심으로."《한국사회》12(1): 111-133.

_____. 2015. "현대사회의 먹거리와 농업: 현대 농식품체계의 이해."《한국의 먹거리와 농업: 한국 농식품체계의 과거와 현재 그리고 대안》. 따비.

김철규·김진영·김상숙. 2012. "대안 먹거리운동과 한국의 생협—한살림을 중심으로."《지역사회학》14(1): 117-143.

김철규·김태헌·김흥주·윤수종·박민선·송정기·이해진·박대식·김종덕·허미영·윤병선. 2012.《새로운 농촌사회학》. 집문당.

김태연·정문수. 2017. "로컬푸드 운동의 진화 과정: 완주군 사례를 중심으로."《전환의 시대, 한국 농업·농촌의 지속가능성을 찾아서》(한국농촌사회학회 2017년도 정기학술대회 자료집).

김흥주. 2004. "슬로우푸드운동과 대안식품체제의 모색."《농촌사회》14(1): 85-118.

김흥주·안윤숙·이현진. 2015. "먹거리복지와 공공급식."《한국의 먹거리와 농업: 한국 농식품체계의 과거와 현재 그리고 대안》. 따비.

농림축산식품부. 2016. "'쌀·보리 등 7대 곡물 외국산 점유율 75% 돌파'《경향신문》(2016.7.22) 보도 관련 설명." http://www.mafra.go.kr.

로런스, 제프리·제인 딕슨(Lawrence, Geoffrey·Jane Dixon). 2016. "농식품의 정치경제학: 슈퍼마켓."《세계 농업과 먹거리의 정치경제학》. 윤병선 외 옮김. 따비.

로스, 도로시Dorothy Ross. 2008a.《미국 사회과학의 기원 1》. 백창재·정병기 옮김. 나남.

_____. 2008b.《미국 사회과학의 기원 2》. 백창재·정병기 옮김. 나남.

박덕병. 2004. "미국의 농민시장에서 농촌지도요원의 역할."《한국농촌지도학회지》11(2): 279-290.

_____. 2005. "미국의 Local Food System과 공동체지원농업(CSA)의 현황과 전망: 미네소타주 무어헤드시의 올드 트레일 마켓Old Trail Market의 사례연구."《농촌사회》15(1): 133-174.

박민선. 2009. "초국적 농식품체계와 먹거리 위기." 《농촌사회》 19(2): 7-36.
박재홍·전찬익. 2010. "미국의 소농 현황과 시사점." 《NHERI 리포트》 131: 1-22.
부산대학교 한국민족문화연구소 엮음. 2017. 《세계의 시장을 가다》. 북코리아.
손상목. 2000. "미국의 유기농업, CSA운동 및 유기식품 생산기준." 《한국국제농업개발학회지》 12(3): 226-237.
스티글리츠, 조지프Joseph E. Stiglitz. 2003. 《세계화와 그 불만》. 송철복 옮김. 세종연구원.
_____. 2013. 《불평등의 대가: 분열된 사회는 왜 위험한가》. 이순희 옮김. 열린책들.
신광영. 2004. 《한국의 계급과 불평등》. 을유문화사.
실링, 크리스·필립 멜러Chris Shilling·Philip A. Mellor. 2013. 《사회학적 야망》. 박형신 옮김. 한울.
오스터비르, 피터·데이비드 A. 소넨펠드Oosterveer, Peter·David Allan Sonnenfeld. 2015. 《먹거리, 지구화 그리고 지속가능성》. 김철규 외 옮김. 따비.
유팔무·김원동·박경숙. 2005. 《중산층의 몰락과 계급양극화》. 소화.
위키백과. 2017. "도금 시대."(https://ko.wikipedia.org/wiki/%EB%8F%84%EA%B8%88_%EC%8B%9C%EB%8C%80).
윤병선. 2009. "지역먹거리운동의 전략과 정책과제." 《농촌사회》 19(2): 93-121.
_____. 2015. "한국의 대안 농식품운동." 《한국의 먹거리와 농업: 한국 농식품체계의 과거와 현재 그리고 대안》. 따비.
윤병선·김선업·김철규. 2011. "농민시장 소비자와 배태성: 원주 농민시장 참여 소비자의 태도에 관한 경험적 연구." 《농촌사회》 21(2): 223-262.
_____. 2012. "원주 농민시장 참여생산자의 특성과 배태성 효과에 관한 경험적 연구." 《산업경제연구》 25(3): 2279-2307.
이영길·지경배·조근식·김대건·김원동·신승춘. 2016. 《강원도 사회적 건강 개선방안》. 강원발전연구원.
이재혁. 2016. "신뢰와 시민사회: 한미 비교연구." 《한국사회학》 40(5): 61-98.
이현송. 2006. 《미국문화의 기초》. 한울.
이해진. 2015. "먹거리정치: 담론과 실천." 《한국의 먹거리와 농업: 한국 농식품체계의 과거와 현재 그리고 대안》. 따비.
이해진·이원식·김홍주. 2012. "로컬푸드와 지역운동 네트워크의 발전—원주 사례를 중심으로." 《지역사회학》 13(2): 229-262.
임경수. 2017. "'로컬푸드 운동의 진화 과정: 완주군 사례를 중심으로'에 대한 토론." 《전환의 시대, 한국 농업·농촌의 지속가능성을 찾아서》(한국농촌사회학회 2017년도 정기학술대회 자료집).
정은정. 2012. "[서평] 우리가 사는 곳에서 로컬푸드 씨 뿌리기." 《농촌사회》 22(1): 353-358.
정은정·허남혁·김홍주. 2011. "텃밭 공간을 통해 본 여성과 장소의 정치: 전국여성농민회총연합 '언니네텃밭' 사업을 중심으로." 《농촌사회》 21(2): 301-344.
정진영·손상목·김영호. 2001. "미국과 일본의 CSA운동의 등장, 유형 및 활동사례." 《한국 유기농업학회지》 9(1): 2-17.
조명기. 2013. "미국 파머스마켓 운영 현황과 시사점." 《세계농업》 156: 1-21.
크루그먼, 폴Paul Krugman. 2008. 《미래를 말하다》. 예상한·한상완·유병규·박태일 옮김. ㈜웅진싱크빅.
캐롤란, 마이클Michael Carolan. 2013. 《먹거리와 농업의 사회학》. 김철규 외 옮김. 따비.
파이퍼, 데일 앨런. 2016. 《석유식량의 종언》. 김철규·윤병선 옮김. 고려대학교출판문화원.
폴라니, 칼Karl Polanyi. 2009. 《거대한 전환: 우리 시대의 정치·경제적 기원》. 홍기빈 옮김. 길.
한병철. 2012. 《피로사회》. 김태환 옮김. 문학과지성사.
황성혁·정준호. 2013. 《미국의 농산물 직거래 현황과 시사점(연구보고서)》. 농협경제연구소.
히가시타니 사토시東谷 曉. 2014. 《경제학자의 영광과 패배: 케인스에서 크루그먼까지 현대 경제학자 14명의 결정적 순간》. 신현호 옮김. 부키.

Abbott, Carl. 2011. *Portland in Three Centuries: The Place and The People*. Oregon State University Press.
Alkon, Alison. 2008a. "From value to values: sustainable consumption at farmers markets." *Agriculture and Human Values* 25(4): 487-498.
_____. 2008b. "Paradise or pavement: the social constructions of the environment in two urban farmers' markets and their implications for environmental justice and sustainability." *Local Environment* 13(3): 271-289.
Alkon, Alison H. and Christie Grace McCullen. 2011. "Whiteness and Farmers Markets: Performances, Perpetuations ... Contestations?" *Antipode* 43(4): 937-959.
Andreatta, Susan. 2011. "A Brief Report on the State of U.S. Agriculture and Fisheries." *Culture, Agriculture, Food and Environment* 33(2): 107-116.
Bader, Michael D.M., Marnie Purciel, Paulette Yousefzadeh, Kathryn M. Neckerman. 2010. "Disparities in Neighborhood Food Environments: Implications of Measurement Strategies." *Economic Geography* 86(4): 409-430.
Barney and Worth, Inc. 2008. *Growing Portland's Farmers Markets: Portland Farmers Markets/Direct-Market Economic Analysis*(Research Report).
Brom, Frans W.A. 2000. "Food, Consumer Concerns, and Trust: Food Ethics for a Globalizing Market." *Journal of Agricultural and Environmental Ethics* 12(2): 127-139.
Brown, Allison. 2001. "Counting Farmers Markets." *Geographical Review* 91(4): 655-674.
_____. 2002. "Farmers' Market Research 1940-2000: An Inventory and Review."

American Journal of Alternative Agriculture 17(4): 167-176.
Brown, Cheryl and Stacy Miller. 2008. "The Impacts of Local Markets: A Review of Research on Farmers Markets and Community Supported Agriculture." *American Journal of Agricultural Economics* 90(5): 1296-1302.
Bruhn, John G. 2005. *The Sociology of Community Connections*. Springer.
Byeong-Seon Yoon, Sun-Up Kim, and Heung-Ju Kim. 2004. "Values of Organic Farming and the Establishment of a Local Circulatory Economy." *Korean Regional Sociology* 15(3): 197-219.
California Department of Food and Agriculture. 2017. "Certified Farmers' Markets by County Current as of April 3, 2017." https://www.cdfa.ca.gov/is/docs/CurrentMrktsCounty.pdf.
City of Eugene, City of Springfield and Lane County. 2013. "Eugene-Springfield 2013/14 One Year Action Plan." http://www.springfield-or.gov/dpw/HousingBlockGrants/SupportFiles/2013_OYAP_Complete.pdf.
City of Springfield. 2011. "2011/12 Consolidated Annual Performance and Evaluation Report (CAPER) Narrative Statements Eugene-Springfield Consortium." http://www.springfield-or.gov/DPW/HousingBlockGrants/SupportFiles/2012CAPER.pdf.
______. 2016. "Proposed Amendments to Prior Year One Year Action Plans for Community Development Block Grant(CDBG) Funds 30-day Notice of Public Hearing and Written Comment Period." http://www.springfield-or.gov/dpw/documents/CDBGOYAPSubstantialAmendments_3.25.2016.pdf.
Collins, Patricia Hill. 2010. "The New Politics of Community(2009 Presidential Address)." *American Sociological Review* 75(1): 7-30.
Connell, David J., John Smithers & Alun Joseph. 2008. "Farmers' markets and the 'good food' value chain: a preliminary study." *Local Environment* 13(3): 169-185.
CUESA(Center for Urban Education about Sustainable Agriculture). 2010. "the 2010 Annual Report." https://cuesa.org/sites/default/files/cuesa_annual_report_2010.pdf.
______. 2011. "the 2011 Annual Report." https://cuesa.org/sites/default/files/cuesa_annual_report_2011.pdf.
______. 2012. "the 2012 Annual Report." https://cuesa.org/sites/default/files/cuesa_annual_report_2012.pdf
______. 2016. "the 2015-2016 Impact Report." https://cuesa.org/sites/default/files/2016-AR/index.html.
Dale, Gareth. 2011. "Lineages of Embeddedness: On the Antecedents and Successors of a Polanyian Concept." *American Journal of Economics and*

Sociology 70(2): 306-339.

Dodds, Gordon B. and Craig E. Wollner. 1990. *The Silicon Forest: High Tech in the Portland Area 1945-1986*. Oregon Historical Society.

Dollahite, Jamie S., Janet A. Nelson, Edward A. Frongillo & Matthew R. Griffin. 2005. "Building Community Capacity through Enhanced Collaboration in the Farmers Market Nutrition Program." *Agriculture and Human Values* 22(3): 339-354.

Duff & Phelps. 2016. "Food Retail Industry Insights-2016." http://www.duffandphelps.com/assets/pdfs/publications/mergers-and-acquisitions/industry-insights/consumer/food-retail-industry-insights-2016.pdf.

Farfan, Barbara. 2017. "U.S. Based 2016 World's Largest Supermarket and Retail Grocery Chains." https://www.thebalance.com/largest-us-based-grocery-chains-3862932.

Feagan, Robert B. and David Morris. 2009. "Consumer quest for embeddedness: a case study of the Brantford Farmers' Market." *International Journal of Consumer Studies* 33: 235-243.

Fischer, Claude S. and Greggor Mattson. 2009. "Is America Fragmenting?" *Annual Review of Sociology* 35: 435-55.

Gillespie, Gilbert., Duncan L. Hilchey, C. Clare Hinrichs, and Gail Feenstra. 2007. "Farmers' Markets as Keystones in Rebuilding Local and Regional Food Systems." pp.65-83 in C. Clare Hinrichs and Thomas A.Lyson.(eds.). *Remaking the North American Food System*. Univ. of Nebraska Press.

Glenn, Evelyn Nakano. 2011. "Constructing Citizenship: Exclusion, Subordination, and Resistance(2010 Presidential Address)." *American Sociological Review* 76(1): 1-24.

Guthman, Julie. 2008. "'If They Only Knew': Color Blindness and Universalism in California Alternative Food Institutions." *The Professional Geographer* 60(3): 387-397.

Hacker, Jacob S. and Paul Pierson. 2010. "Winner-Take-All Politics: Public Policy, Political Organization, and the Precipitous Rise of Top Incomes in the United States." *Politics & Society* 38(2): 152-204.

Havlik, Brooke. 2013. "Sprout Regional Food Hub 1st Anniversary." https://blogs.uoregon.edu/foodsystems/2013/10/04/sprout-regional-food-hub-1st-anniversary.

Hinrichs, C. Clare. 2000. "Embeddedness and local food systems: Notes on two types of direct agricultural market." *Journal of Rural Studies* 16: 295-303.

_____. 2003. "The practice and politics of food system localization." *Journal of Rural Studies* 19(1): 33-45.

Hinrichs, C. Clare and Thomas A. Lyson.(eds.). 2007. *Remaking the North American Food System*. Univ. of Nebraska Press.

Holm, Lotte. 2016. "Sociology of Food Consumption." Anne Murcott, Warren Belasco, and Peter Jackson (eds.), *The Handbook of Food Research*.

Howell, David R. 2013. "The Austerity of Low Pay: US Exceptionalism in the Age of Inequality." *social research* 80(3): 795-817.

Hughes, Megan Elizabeth and Richard H. Mattson. 1992. *Farmers' Markets in Kansas: A Profile of Vendors and Market Organization*. Kansas State University, Agricultural Experiment Station.

Jacobs, Lawrence R. and Joe Soss. 2010. "The Politics of Inequality in America: A Political Economic Framework." *Annual Review of Political Science* 13: 341-64.

Johnson, Renée. 2016. "The Role of Local and Regional Food Systems in U. S. Farm Policy." https://fas.org/sgp/crs/misc/R44390.pdf.

Kato, Yuki and Laura McKinney. 2015. "Bringing food desert residents to an alternative food market: a semi-experimental study of impediments to food assess." *Agriculture and Human Values* 32(2): 215-227.

Kearney, A.T. 2012. "Buying into the Local Food Movement." https://www.atkearney.com//documents/10192/709903/Buying+into+the+Local+Food+Movement.pdf/68091049-b5c2-4d2a-a770-ee5b703da8fd.

_____. 2013. "Buying into the Local Food Movement." https://www.fmi.org/docs/default-source/webinars/perspectiveon-marketdynamics.pdf?sfvrsn=2.

Kim, Won-Dong. 2014. "The U.S. Agricultural Policy, CSA and Their Implications for Korean Agriculture." *Korean Regional Sociology* 15(3): 221-261.

Kirwan, James. 2004. "Alternative Strategies in the UK Agro-Food System: Interrogatingthe Alterity of Farmers' Markets." *Sociologia Ruralis* 44(4): 395-415.

_____. 2006. "The interpersonal world of direct marketing: Examining conventions of quality at UK Farmers' Markets." *Journal of Rural Studies* 22: 301-312.

Knupfer, Anne Meis. 2013. *Food Co-ops in America: Communities, Consumption, and Economic Democracy*. Cornell University Press.

Lane County Farmers Market. 2017. "2017 Vendor Handbook." http://www.lanecountyfarmersmarket.org.

Lu, Wei and Feng Qiu. 2015. "Do food deserts exist in Calgary, Canada?" *The Canadian Geographer* 59(3): 267-282.

Lyon, Phil., Viv Collie, Eva-Britt Kvarnbrink, and Anne Colquhoun. 2008. "Shopping at the Farmers' Market: consumers and their perspectives." *Journal of foodservice* 20: 21-30.

Macedo, Stephen and Christopher F. Karpowitz. 2006. "The Local Roots of American Inequality." *Political Science & Politics* 39(1): 59-64.

Market Match. 2016. "Report: May 2015-April 2016(Statewide Report on Market Match." http://marketmatch.org/wp-content/uploads/2016/07/Market-Match-FINI-2016-Report_STATEWIDE.pdf.

Molm, Linda D., Monica M. Whitham and David Melamed. 2012. "Forms of Exchange and Integrative Bonds: Effects of History and Embeddedness." *American Sociological Review* 77(1): 141-165.

Morton, Lois Wright., Ella Annette Bitto, Mary jane Oakland, and Mary Sand. 2005. "Solving the Problems of Iowa Food Deserts: Food Insecurity and Civic Structure." *Rural Sociology* 70(1): 94-112.

Morris, Carol and James Kirwan. 2011. "Ecological embeddedness: An interrogation and refinement of the concept within the context of alternative food networks in the UK." *Journal of Rural Studies* 27(3): 322-330.

NEDCO(Neighborhood Economic Development Corporation). 2017. "Sprout! Regional Food Hub(Springfield, OR): Project Profile." https://www.hudexchange.info/community-development /lmi-benefit-scrapbook/content/project-profiles/SproutRegionalFoodHub_SpringfieldOR.pdf(접속일: 2017.5.26).

OECD. 2014. "United States: Tackling high inequalities creating opportunities for all." www.oecd.org/unitedstates/Tackling-high-inequalities.pdf.

Ozawa, Connie.(ed.). 2004. *The Portland Edge: Challenges And Successes In Growing Communities.* Portland State University.

Partners for a Hunger-Free Oregon. 2017. "Farmers markets matching SNAP." https://oregonhunger.org/farmers-markets-snap.

Pearson, David. 2013. "Koffee Rite." http://journalism.uoregon.edu/newsroom/content/koffee-rite.

Penker, Marianne. 2006. "Mapping and measuring the ecological embeddedness of food supply chains." *Geoforum* 37: 368-379.

Portland Farmers Market. 2017. "Fact Sheet 2017." http://www.portlandfarmersmarket.org/wp-content/uploads/2017/05/2017-5-17_Press_Kit-UPDATED.pdf.

Portland State University Population Research Center. 2017. "2016 Annual Population Report Tables"(April 15, 2017). https://www.pdx.edu/prc/population-reports-estimates.

Project Bread - The Walk for Hunger. 2017. "What is SNAP?" http://www.gettingfoodstamps.org/whatissnap.html. (접속일: 2017.5.2).

Putnam, Robert D. 2003. "APSA Presidential Address: The Public Role of Political

Science." *Perspectives on Politics* 1(2): 249-255.
Reardon, Thomas., C. Peter Timmer, Christopher B. Barrett, and Julio Berdegué. 2003. "The Rise of Supermarkets in Africa, Asia, and Latin America." *American Journal of Agricultural Economics* 85(5): 1140-1146.
Reeves, Richard V. 2017. *Dream Hoarders*. Brookings Institution Press.
Reid, Neil., Jay D. Gatrell, and Paula S. Ross(eds). 2012. *Local Food Systems in Old Industrial Regions: Concepts, Spatial Context, and Local Practices*. Ashgate.
Rice, Julie Steinkopf. 2015. "Privilege and exclusion at the farmers market: findings from a survey of shoppers." *Agriculture and Human Values* 32: 21-29.
Sachs, Carolyn E. 2007. "Going Public: Networking Globally and Locally." *Rural Sociology* 72(1): 2-24.
Shaw, Hillary J. 2006. "Food Deserts: Towards the development of a classification." *Geografiska Annaler* 88(2): 231-247.
Slocum, Rachel. 2006. "Anti-racist practice and the work of community food organizations." *Antipode* 38(2): 327-349.
_____. 2007. "Whiteness, space and alternative agrifood practice." *Geoforum* 38(3): 520-533.
Starr. Amory. 2010. "Local Food: A Social Movement?" *Cultural Studies/Critical Methodologies* 10(6): 479-490.
The City of Portland Oregon. 2017a. "2017 Farmers Market Listings." https://www.portlandoregon.gov/bps/article/303417.
_____. 2017b. "Farmers Market Study." https://www.portlandoregon.gov/bps/49940.
University of Kentucky-College of Agriculture. 2009. *2009 Survey of Community Supported Agriculture Producers*. http://www.uky.edu/Ag/CDBREC/csareport.pdf.
University of Oregon. 2017. "Get Cooking Sprout!" https://calendar.uoregon.edu/event/get_cooking_sprout#.WSeS0imwfcs.
USDA. 1948. "Farmers' Produce Markets In the United States(Part1: History and Description)." https://ia600501.us.archive.org/10/items/CAT11083501/CAT11083501.pdf.
_____. 1999. "1997 Census of Agriculture." http://www.agcensus.usda.gov/Publications1997/Vol_1_Chapter_1_U._S._National_Level_Data/us-51/us1_01.pdf.
_____. 2009. *Marketing U.S. Organic Foods: Recent Trends From Farms to Consumers*.
_____. 2010a. "What do we know about consumer demand for local food?" http://www.ams.usda.gov.

______. 2010b. "Are Farmers Markets a SNAP?" http://www.ams.usda.gov.
______. 2010c. "Farmers Market 2.0: Next-Generation Market Models for Farmers & Market Managers." https://www.ams.usda.gov/sites/default/files/media/WI%20-%20Michael%20Fields%20Agricultural%20Institute%20-%20%2475%2C000.pdf.
______. 2011. "Results of Dot Survey: USDA Outdoor Farmers Market, Washington, DC." https://www.ams.usda.gov//default/files/media/Results%20of%20Dot%20Survey%20USDA%20Outdoor%20Farmers%20Market%20Washington%2C%20DC.pdf.
______. 2012. "Access to Affordable and Nutritious Food: Updated Estimated of Distance to Supermarkets Using 2010 Data." https://www.ers.usda.gov/webdocs/publications/webdocs/publications/err143/33845_err143.pdf.
______. 2014a. "Supplemental Nutrition Assistance Program Provisions of the Agricultural Act of 2014-Implementing Memorandum." http://www.fns.usda.gov.
______. 2014b. "Nutrition Assistance in Farmers Markets: Understanding the Shopping Patterns of SNAP participants (Summary)."https://fns-prod.azureedge.net/sites/default/files/FarmersMarkets-Shopping-Patterns-Summary.pdf.
______. 2014c. "Nutrition Assistance in Farmers Markets: Understanding the Shopping Patterns of SNAP participants (Final Report)." http://www.fns.usda.gov.
______. 2014d. "From Food Stamps to the Supplemental Nutrition Assistance Program: Legislative Timeline." https://www.fns.usda.gov/sites/default/files/timeline.pdf.
______. 2014e. "2012 Census of Agriculture." http://www.agcensus.usda.gov/Publications/2012.Full_Report/Volume_1_Chapter_1_US/usv1.pdf.
______. 2015a. "Trends in U.S. Local and Regional Food Systems: A Report to Congress." https://www.ers.usda.gov/webdocs/publications/ap068/51173_ap068.pdf.
______. 2015b. "Where Do Americans Usually Shop for Food and How Do They Travel To Get There? Initial Findings From the National Household Food Acquisition and Purchase Survey." http://www.ers.usda.gov.
______. 2015c. "EBT: What is a Farmers' Market?" http://www.fns.usda.gov/ebt/what-farmers-market.
______. 2015d. "National Farmers Market Manager Survey Shows Farmers Markets Continue to Grow." http://www.ams.usda.gov.
______. 2015e. "2014 National Farmers Market Manager Survey Summary: A

Shapshot of the 2013 Farmers Market Season." http://www.ams.usda.gov.
______. 2015f. "Senior Farmers' Market Nutrition Program(SFMNP)." https://www.fns.usda.gov/sfmnp/senior-farmers-market-nutrition-program-sfmnp.
______. 2015g. "The Special Supplemental Nutrition Program for Women, Infants and Children (WIC Program)." https://www.fns.usda.gov/sites/default/files/wic/WIC-Fact-/WIC-Fact-Sheet.pdf.
______. 2015h. "Women, Infants and Children (WIC): About WIC-WIC at a Glance." https://www.fns.usda.gov/wic/about-wic-wic-glance.
______. 2016a. "Understanding the USDA Organic Label." https://www.usda.gov/media/blog/2016/07/22/understanding-usda-organic-label.
______. 2016b. "WIC Farmers' Market Nutrition Program(FMNP)." https://www.fns.usda.gov/fmnp/wic-farmers-market-nutrition-program-fmnp.
______. 2016c. "WIC Farmers' Market Nutrition Program." https://www.fns.usda.gov/sites/default/files/fmnp/WICFMNPFactSheet.pdf.
______. 2016d. "Senior Farmers' Market Nutrition Program." https://www.fns.usda.gov/sites/default/files/sfmnp/SFMNPFactSheet.pdf.
______. 2017a. "Supplemental Nutrition Assistance Program Participation and Costs." https://www.fns.usda.gov/sites/default/files/pd/SNAPsummary.pdf.
______. 2017b. "2016 Count of Certified Organic Operations Shows Continued Growth in U.S. Market." https://www.ams.usda.gov/press-release/2016-count-certified-organic-operations-shows-continued-growth-us-market.
______. 2017c. "Low-Income and Low-Supermarket-Access Census Tracts, 2010-2015." https://www.ers.usda.gov/webdocs/publications/eib165/eib-165.pdf?v=42752.
______. 2017d. "Supplemental Nutrition Assistance Program(SNAP): A Short History of SNAP." https://www.fns.usda.gov/snap/short-history-snap.
______. 2017e. "Supplemental Nutrition Assistance Program (SNAP): Eligible Food Items." https://www.fns.usda.gov/snap/eligible-food-items.
______. 2017f. "Nutrition Assistance Programs." https://www.nal.usda.gov/fnic/nutrition-assistance-programs.
______. 2017g. "Women, Infants, and Children(WIC)." https://www.fns.usda.gov/wic/women-infants-and-children-wic
______. 2017h. "Documentation." https://www.ers.usda.gov/data-products/food-access-research-atlas/documentation.
______. 2017i. "Local Food Directories: National Farmers Market Directory." https://www.ams.usda.gov/local-food-directories/farmersmarkets.
______. 2017j. "National Count of Farmers Market Directory Listings." https://www.ams.usda.gov/sites/default/files/media/National%20Count%20of%20

Operating%20Farmers%20Markets%201994-2016.jpg.
_____. 2017k. "Local Food Directory Registration & Update." https://www.ams.usda.gov/services/local-regional/food-directories-update.
_____. 2017l. "Welcome to the USDA's National Farmers Market Directory Update System." http://www.usdalocalfooddirectories.com/farmersmarketdirectoryupdate/FM_Portal_Public.aspx.
_____. 2017m. "Farmers Market GoogleMap." https://search.ams.usda.gov/farmersmarkets/googleMapFull.aspx.
_____. 2017n. "USDA Farmers Market." https://www.usda.gov/content/usda-farmers-market.
_____. 2017o. "Farmers Market Promotion Program 2016 Highlights." https://www.ams.usda.gov/sites/default/files/media/FMPP2016Highlights.pdf.
_____. 2017p. "Becoming a Certified Operation." https://www.ams.usda.gov/services/organic-certification/becoming-certified.
_____. 2017q. "Organic Integrity Database." https://organic.ams.usda.gov/integrity.
_____. 2017r. "USDA Organization Chart." https://www.usda.gov/sites/default/files/documents/usda-organization-chart.pdf.
Volscho, Thomas W. and Nathan J. Kelly. 2012. "The Rise of the Super-Rich: Power Resources, Taxes, Financial Markets, and the Dynamics of the Top 1 Percent 1949 to 2008." *American Sociological Review* 77(5): 679-699.
Willard bishop. 2016. "2016 The Future of Food Retailing." http://willardbishop.com/wp-content/uploads/2016/10/The-Future-of-Food-Retailing-2016.pdf.
Winter, Michael. 2003. "Embeddedness, the new food economy and defensive localism." *Journal of Rural Studies* 191(1): 23-32.
Wright, Erik Olin and Joel Rogers. 2011. *American Society.* W.W.Norton & Compan, Inc.
Zitcer, Andrew. 2015. "Food Co-ops and the Paradox of Exclusivity." *Antipode* 47(3): 812-828.

http://deckfamilyfarm.com
http://greenvillefarmsoregon.com
http://gratefulharvestfarm.com/Grateful_Harvest_Farm/home.html
http://heartofthecity-farmersmar.squarespace.com
http://lanecountyfarmersmarket.org
http://lanefood.org
http://malinowskifarm.com
http://pumpkinridgegardens.com/wordpress

http://sfgov.org/realestate/alemany-farmers-market
http://thecherrycountry.com
http://tilth.org
http://www.agcensus.usda.gov
http://www.ams.usda.gov
http://www.ams.usda.gov/AMSv1.0/FarmersMarkets
http://www.ca.gov
http://www.census.gov
http://www.choiskimchi.com
http://www.circlehorganicfarm.com
http://www.cuesa.org
http://www.cuesa.org/markets/ferry-plaza-farmers-market
http://www.cuesa.org/markets/jack-london-square-farmers-market
http://www.fns.usda.gov
http://www.geecreekfarm.com
http://www.lanecountyfarmersmarket.org
http://www.lanecountyfarmersmarket.org/blondie-s-blooms-berries
http://www.lanefood.org/thats-my-farmer.php
http://www.lfm.org.uk
http://www.lovefarmorganics.com
http://www.nal.usda.go
http://www.oecd.org
http://www.oregon.gov/Pages/index.aspx
http://www.oregonfarmersmarkets.org
http://www.pdx.edu/prc
http://www.peoples.coop
http://www.peoples.coop/farmers-market
http://www.portlandfarmersmarket.org
http://www.portlandfarmersmarket.org/our-markets/psu
http://www.portlandonline.com
http://www.springfieldfarmersmarket.net
http://www.sungoldfarm.com
http://www.thecherrycountry.com
http://www.usda.gov
http://www.wfp.org
http://www.wintergreenfarm.com
https://en.wikipedia.org/wiki/Albertsons
https://en.wikipedia.org/wiki/Eugene,_Oregon

https://en.wikipedia.org/wiki/Hypermarket
https://en.wikipedia.org/wiki/Kroger
https://en.wikipedia.org/wiki/Roundy%27s
https://en.wikipedia.org/wiki/Safeway_Inc
https://en.wikipedia.org/wiki/Sam%27s_Club
https://en.wikipedia.org/wiki/Sprouts_Farmers_Market
https://en.wikipedia.org/wiki/Target_Corporation
https://lonesome-whistle.myshopify.com
https://twitter.com/farmmarketeers
https://twitter.com/HeartoftheCity
https://www.ams.usda.gov/local-food-directories/farmersmarkets
https://www.cdfa.ca.gov
https://www.facebook.com/Alemany-Farmers-Market-174235636769
https://www.facebook.com/ChoisKimchi
https://www.facebook.com/heartofthecityfm
https://www.facebook.com/lanecountyfarmers
https://www.facebook.com/Marketplace.Sprout
https://www.gatheringtogetherfarm.com/markets
https://www.geecreekfarm.com/farmersmarket
https://www.instagram.com/lanecountyfarmersmarket
https://www.lovefarmorganics.com
The Register-Guard, "Getting double value on fruits and veggies"(2016.6.30.)